PROCÈS

DU GÉNÉRAL

DESPANS-CUBIÈRES,

Devant la Cour des Pairs.

PARIS. — TYPOGRAPHIE DE SCHNEIDER, RUE D'ERFURTH, 1.

PROCÈS

DU GÉNÉRAL

DESPANS-CUBIÈRES,

LIEUTENANT-GENERAL,
PAIR DE FRANCE, ANCIEN MINISTRE DE LA GUERRE,

DEVANT

LA COUR DES PAIRS.

PARIS,
PAGNERRE, ÉDITEUR,
RUE DE SEINE, 14 BIS.

1847.

PROCÈS

DU GÉNÉRAL

DESPANS-CUBIÈRES.

FAITS PRÉLIMINAIRES.

TRIBUNAL CIVIL DE LA SEINE.

(1re CHAMBRE).

Présidence de M. de Belleyme.

Audiences des 25 et 30 avril.

M. PARMENTIER, propriétaire à Lure, département de la Haute-Saône, a formé contre M. le lieutenant général DE CUBIÈRES, pair de France, ancien ministre de la guerre dans le cabinet du 1er mars; RENAULD, propriétaire à Vesoul; MELLET, ingénieur civil; VAN GOBBELSCHROY, ancien ministre du roi des Pays-Bas; HENRI, ingénieur des mines; PINTO DE ARANJO, propriétaire, une demande à fin de versement d'une somme de 1,200,000 francs dans la caisse du banquier de la société des mines de Gouhenans, et à fin de délivrance de deux mille actions de cette société.

M. Parmentier, assisté de Me Desgranges son avoué, se présente en personne à la barre, et expose ainsi les faits de la cause :

Les établissements de Gouhenans situés dans l'arrondissement de Lure, département de la Haute-Saône, à 24 kilomètres du canal du Rhône au Rhin, presque sur le tracé du chemin de fer qui doit relier Mulhouse à Dijon, consistent principalement en deux mines, l'une de houille, concédée le 30 juillet 1826, l'autre de sel gemme, concédée le 3 janvier 1843, toutes deux en pleine exploitation. Une telle réunion d'élémens sur le même point offrait des garanties de prospérité. Aussi une compagnie s'était organisée pour l'exploitation de ces mines. M. Parmentier était un des principaux intéressés de cette compagnie, dans laquelle plusieurs personnages éminents avaient pris des actions. Parmi eux on remarquait M. le général de Cubières.

M. le général de Cubières n'était pas encore pair de France en 1839; mais il se portait candidat à la députation pour l'arrondissement de Lure, et il saisit avec empressement l'occasion qui lui était offerte d'acquérir un centième pour 25,000 fr. Plus tard, il acquit six autres centièmes.

En 1842, la compagnie de Gouhenans était en instance pour obtenir une concession de gîte salifère. Il y avait de nombreuses démarches à faire; il fallait des appuis, des recommandations. C'est alors que M. le général de Cubières parla de son influence et se proposa pour mener à bien toutes les négociations. Son but, qu'il faut faire connaître dès à présent était d'augmenter ses parts sociales sans qu'il lui en coutât rien. Les offres de service de M. de Cubières furent agréées, et peu après pour faire croire à l'efficacité de ses démarches, M. de Cubières adressait la lettre suivante à M. Parmentier :

M. Parmentier donne lecture de cette lettre :

« 14 janvier 1842.

« Mon cher monsieur Parmentier,

« Tout ce qui se passe doit faire croire à la stabilité de la politique actuelle et au maintien de ceux qui la dirigent. Notre affaire dépendra donc des personnes qui se trouvent maintenant au pouvoir... Voici à ce sujet un mot de M. Leg... : « Les délais courent, mais il faut les « mettre à profit pour disposer la réussite et le succès de votre de- « mande en concession. Quand nous étions direction générale, les « droits des tiers étaient suffisamment garantis par notre impartiali- « té... Mais aujourd'hui il n'en est plus ainsi. Nous tenons à un mi- « nistère, et par conséquent à la politique... Une concession peut être « l'objet d'une décision du conseil des ministres. Je vous engage donc « à prendre vos précautions... » Je n'ai pas voulu tarder à vous communiquer cet avis, si important et si grave dans la bouche de celui qui me l'a donné. Il n'y a pas un moment à perdre, il n'y a pas à hésiter sur les moyens de nous créer un appui intéressé dans le sein même du conseil. J'ai les moyens d'arriver jusqu'à cet appui, c'est à vous d'aviser aux moyens de l'intéresser... La transformation de notre société entraînerait trop de lenteur... Je ne veux pas trop vous engager à ce que vous et moi soyons autorisés et même nantis pour parvenir au but sans être exposés à des délais et à des chicanes en raison de la négociation très-secrète qu'il nous faudra suivre... Dans l'état où se trouve la société de Gouhenans, ce ne sera pas chose aisée que d'obtenir l'unanimité et l'accord quand il s'agit d'un sacrifice. On se montrera sans doute très-disposé à compter sur notre bon droit, sur la justice de l'administration, et cependant rien ne serait plus puéril. N'oubliez pas que le gouvernement est dans des mains avides et corrompues, que la liberté de la presse court risque d'être étranglée sans bruit l'un de ces jours, et que jamais le bon droit n'eut plus besoin de protection.

« Général DE CUBIÈRES. »

Dans une autre lettre de M. le général de Cubières à M. Parmentier, on lit ce qui suit :

« 22 janvier 1842,

« ... Quelques mots échangés entre moi et la personne que je vous indiquais (M. Leg...) sont venus, depuis qu'elle a été écrite, corroborer mes conjectures et ajouter à mes craintes. »

« 26 janvier 1842.

« ... J'ai pris au sérieux le conseil qui me fut donné... Les mots de M. Leg... indiquaient un danger... Il ne faut pas s'y méprendre... Je sais bien que les concessions ne se délibèrent pas en conseil de ministres. Mais quand il s'agira de choisir entre nous et M. K..... (député), la préférence à lui donner pourra bien être délibérée en conseil..... Vous pensez que rien ne presse. Je voudrais pouvoir être de votre avis pour rentrer dans la quiétude qui me convient mieux que le rôle que j'ai cru devoir prendre pour vous stimuler. Mais... je passe ma vie au milieu des députés, je vais chez la plupart des ministres, dont je crois utile au succès de notre affaire de cultiver l'amitié... Des paroles qu'on m'adresse, des conversations que j'écoute, il résulte que M. K... a pris l'avance des sollicitations, et qu'il a... un espoir mieux fondé que celui qui reposerait uniquement dans notre bon droit.

« Général DE CUBIÈRES. »

M. le général de Cubières écrivait à M. Parmentier, dans une autre lettre :

3 février 1842.

« ... La convocation (de la société de Gouhenans) doit avoir aussi pour objet de fixer le nombre d'actions qui devra être mis à notre disposition pour intéresser, sans mise de fonds, les appuis qui seraient indispensables au succès de l'affaire.

« ... Au surplus je crois être en mesure d'obtenir, non-seulement la concession, mais au préalable, l'autorisation d'exploiter. »

24 février 1842.

« Maintenant c'est moi qu'on presse... Voici ce qu'on offre de soi-même, et nous pouvons y compter :

« 1° Stimuler votre P. (préfet) pour l'envoi complet et immédiat des pièces;

« 2° Faire désigner un rapporteur selon le bien de la chose ;

« 3° Résister au système de morcellement ;

« 4° Avoir, comme on l'a déjà dit, un président à souhait, et faire avorter les prétentions adverses, si elles étaient appuyées dans l'un ou l'autre conseil.

« Il n'y a plus à hésiter... on insiste pour cinquante (actions) ; tâchez donc d'obtenir le doublement... surtout point de délais, le char est lancé, ne le faisons pas verser en l'arrêtant trop court. »

26 février 1842.

« ... Je vous ai écrit avant-hier. Le paquet contenait une note cachetée (la note ci-dessus)... ; c'est d'après son contenu que vous devez agir. Vous comprenez avec quelle impatience j'attends le résultat de vos délibérations... Mais vous ne sauriez croire combien elle est partagée par ceux qui s'identifient avec le succès de l'affaire.

« De tout ce qui a été dit et fait, il résulte :

« 1° Impossibilité de traîner plus longtemps la négociation, ni de continuer à se débattre entre la concession déjà faite de vingt-cinq (actions) et les exigences successivement réduites de quatre-vingt à cinquante, mais qui ne paraissent pas devoir fléchir au-dessous de cette dernière limite ;

« 2° Nécessité de conclure promptement, et de trancher le différend entre trente à peu près promises et cinquante toujours exigées ;

« Nécessité de proposer quarante-cinq quand on sera en mesure d'effectuer cette promesse.

« Général DE CUBIÈRES. »

M. Parmentier donne lecture de plusieurs autres lettres qui se réfèrent à l'opération. Il s'attache ensuite à soutenir, au milieu de développements confus, souvent interrompus par M. le président, que M. le général de Cubières et Renauld se sont ligués tous deux d'abord, puis qu'ils se sont ligués avec MM. Van Gobbelschroy, Pinto de Aranjo, Henri et Mellet, afin de spolier les anciens propriétaires de Gouhenans, et principalement lui, M. Parmentier.

M. le général de Cubières, dit-il, ne croyait pas que le gouvernement fût dans des mains avides et corrompues, et que la société de Gouhenans, au lieu de compter puérilement sur son bon droit et sur la justice de l'administration, dût se créer un appui intéressé jusque dans le sein du conseil des ministres. S'il exprimait cette opinion, s'il se présentait comme ayant le pouvoir et la volonté d'arriver par la corruption jusqu'aux sommités administratives, c'était pour faire mettre à sa disposition une portion notable de l'intérêt social de Gouhenans qu'il se proposait de s'approprier.

M. Parmentier lit plusieurs lettres de M. Renauld dans lesquelles celui-ci s'applaudit de voir venir dans la société MM. Van Gobbelschroy, ancien ministre des finances du roi de Hollande, Pinto de Aranjo, le Rothschild de Portugal au dire de M. Renauld, qui assure dans une de ses lettres que ces deux capitalistes ont plus de douze millions de fortune. Quoi qu'il en soit, M. Parmentier se plaint aujourd'hui de ce que, malgré les arrangements pris par MM. de Cubières, Van Gobbelschroy, Pinto de Aranjo, Renauld, Henri et Mellet, les versements nécessaires pour l'exploitation des houillères et salines de Gouhenans n'ont pas encore été opérés. L'inexécution de ses engagements a pour cause, dit M. Parmentier, non pas une impuissance qui n'est que simulée, mais l'intention d'obliger les anciens propriétaires de Gouhenans à leur abandonner à vil prix, par l'intermédiaire de quelque prête-nom, ce qui leur appartient dans la société.

Me BILLAULT s'exprime ainsi au nom de MM. Van Gobbelschroy, Pinto de Aranjo, général de Cubières et consorts :

L'affaire que vous avez à juger est fort simple, mais elle a servi de prétexte à une mauvaise action, à un ignoble *chantage*.

Les concessions des houillères et salines de Gouhenans ont été accordées dans le principe à MM. Parmentier et Grellet, et exploitées d'abord par eux seuls au milieu de difficultés de toute nature. M Grellet céda plus tard une partie de son intérêt à MM. Renauld, de Cubières et autres. En 1845, la société manquait de capitaux. Il fallait songer ou à vendre les établissements de Gouhenans, ou à constituer une société nouvelle. M. Renauld fut chargé de se rendre à Paris pour y entamer des négociations. Au mois d'avril 1846, M. Renauld se mit en rapport avec MM. Van Gobbelschroy, ancien ministre du roi des Pays-Bas, Pinto de Aranjo, Henri et Mellet, et signa avec eux des conventions suivant lesquelles une société civile nouvelle devait être constituée au capital de six millions. Les valeurs actives de l'ancienne société devaient entrer pour quatre millions dans cette société, et deux millions en argent devaient être versés tant pour liquider les dettes de l'ancienne société que pour former un fond de roulement suffisant. Dans cet acte, MM. Van Gobbelschroy, Pinto de Aranjo, Henri et Mellet, s'engageaient à se rendre acquéreurs des 2,000 actions représentant les deux millions à fournir, ou à les faire souscrire par des personnes solvables.

Me Billault dit que ces conventions n'étaient pas définitives et ne devaient l'être qu'après un examen des établissemens de Gouhenans fait par un ingénieur choisi par MM. Van Gobbelschroy, Pinto de Aranjo et consorts. Aux termes de conventions ultérieures, il fut décidé que, sur les 4,000 actions attribuées aux anciens propriétaires, 1,000 devaient être attribuées à MM. Henri et Eyqueta, qui avaient été les négociateurs du traité principal et qui avaient promis leur assistance pour obtenir les deux millions nécessaires.

Le 30 juillet, ces conventions ont été ratifiées par tous les intéressés, et une société civile a été constituée, au capital de 6 millions, pour l'exploitation des houillères et salines de Gouhenans. Les versements devaient s'effectuer d'après des conditions déterminées. La crise qui s'est fait sentir si gravement n'a pas permis à tous les souscripteurs de verser aux époques convenues, et des poursuites ont dû être dirigées contre les retardataires au nom du conseil d'administration. Voilà le procès, dit Me Billault; c'est dans ces faits si simples que M. Parmentier a trouvé la matière de sa demande.

Me Billault soutient que la demande de M. Parmentier ne repose sur aucune base sérieuse, et qu'il y a lieu de déclarer son action mal fondée en ce qui concerne MM. Van Gobbelschroy, Pinto de Aranjo, Henri et Mellet.

Quant au général de Cubières, si je ne vous en ai rien dit jusqu'à présent, dit Me Billault, c'est que M. de Cubières n'est pour rien dans ce procès. Il n'a pris aucune part aux différentes négociations qui ont amené les deux traités d'avril et de juillet 1846, dont l'interprétation est soumise au Tribunal. Depuis longtemps M. de Cubières est retiré de l'administration de la société. Quel grief a donc contre lui M. Parmentier ? Ceci mérite une explication.

En 1842, M. Parmentier avait demandé à M. de Cubières de lui écrire certaines lettres propres à frapper l'esprit d'anciens intéressés. M. de Cubières a eu l'imprudence d'emprunter le style de M. Parmentier et d'écrire sous sa dictée quelques lettres confidentielles. Ces lettres, au reste, ont été expliquées dans un acte sous seing privé, en date du 17 novembre 1844, signé par MM. Parmentier et de Cubières, et qui a établi dans quel but avaient été écrites les lettres de M. de Cubières à M. Parmentier.

M. Parmentier, une fois en possession de ces lettres, n'a plus eu qu'une pensée, celle de les faire racheter à prix d'or.

Savez-vous ce que M. Parmentier a demandé à M. de Cubières; il lui a demandé seulement deux millions. C'est une somme modeste. Moyennant cette somme, M. Parmentier consentait à ne pas faire de scandale et à ne pas livrer à la publicité les lettres de M. de Cubières.

Messieurs, il y a un ignoble moyen de rançonner les gens timides qu'on a appelé de nos jours d'un nom énergique : *le chantage*. On vous menace du déshonneur et de l'infamie si vous n'achetez pas le silence. Permettez-moi de vous faire connaître quelques lettres de M. Parmentier, adressées au général de Cubières et même à la femme du général. Après avoir entendu la lecture de ces lettres vous vous demanderez de quel nom il faut appeler la demande de M. Parmentier, et si M. le général de Cubières, en résistant à toutes les menaces qui lui ont été adressées, n'a pas prouvé que sa conscience ne lui reprochait rien.

Me Billault donne lecture des lettres suivantes :

« 28 janvier 1845.

« Quoi qu'il m'en coûte, las que je suis, je prends le parti de déserter la lutte et de vous abandonner le terrain; mais ce n'est pas sans quelque compensation, et je vais vous dire comment j'entends la chose.

« Je vous vendrai, conjointement et séparément avec ma femme, les cinquante sur cent actions, ou parts d'intérêts, qui nous appartiennent dans la société de Gouhenans, y compris nommément les cinq que nous avions précédemment vendues à réméré à M. Pellapra, et que vous avez retirées en votre nom, et en remboursant de nos deniers. Vous vous substituerez à nous pour l'exécution de tous engagements et traités faits par la compagnie, et pour toutes les actions qui s'y rattachent. Le prix sera de deux millions.

« En outre, vous resterez chargé, en ce qui nous concerne, de toutes les suites du procès de Lyon, et vous serez substitué envers M. Grellet, à toutes les conséquences du procès de compte encore pendant à Besançon. Vous resterez chargé de notre part dans tout ce qui est dû par l'établissement, notamment aux banquiers et aux entreposeurs à cautionnement. Sur ce prix, 500,000 francs seront payés comptant chez moi, ou à Vesoul, à mon choix ; 700,000 francs seront payés dans un an, et 500,000 francs à la fin de chacune des deux années suivantes. L'intérêt à 5 pour 100, payable aux mêmes lieux à mon choix, le sera par moitié tous les six mois, jusqu'à parfait payement et sous réductions proportionnelles. Pour sûreté, il me sera donné des garanties convenables. Si vous l'aimez mieux, l'acte ne portera qu'un million de prix principal, payable en deux termes l'un, chaque année. Mais alors il faudra que, préalablement et sans frais à ma charge, un million soit déposé en mon nom à la Banque de France, et qu'il m'en soit dûment certifié. Toutes les autres conditions seront les mêmes; seulement, en cas d'inexécution de vos engagements, le million préalablement versé me sera irrévocablement acquis.

« Vous me ferez en conséquence, par lettre qui devra au plus tard me parvenir le jeudi 6 février prochain, la proposition de vous vendre conjointement et solidairement avec ma femme, sous les conditions avant dites. Nous vous répondrons, et le contrat sera formé, sauf à lui donner ensuite la forme authentique. Je n'admettrai aucune modification, aucune observation. Vous êtes parfaitement libre de vous refuser à cela, mais je suis libre aussi de publier un mémoire auquel je travaille déjà par précaution.

« PARMENTIER. »

« 5 février 1845.

« Il est bien de devancer le terme d'un jour. Mieux eût valu le devancer de cinq : cela eût pu faire supposer plus de convictions. Mais enfin, bien loin de modifier ma propre conviction, votre lettre du 5 courant la corrobore d'un élément de plus, et mon mémoire n'en sera que plus démonstratif. Mais ne croyez pas que ce mémoire-là, que vous appelez d'avance diffamatoire, n'osant pas l'appeler calomniateur, doive être produit tout exprès pour la publicité Non. Presque terminé qu'il est, et très-court qu'il doit être, il ne sera produit qu'à titre de libellé, imprimé peut-être, précédé d'une assignation par laquelle je me propose de vous appeler, vous et M. Pellapra, devant le tribunal civil de la Seine, pour vous obliger à me donner une sécurité qui m'est due et qui me manque. Ne croyez pas non plus que les preuves me fassent défaut. Votre correspondance, les souvenirs palpitants de trois amis, dont un de Paris a été témoin de toutes les tribulations que je vous devais, tels sont mes moyens de prouver, et comptez qu'ils sont péremptoires...

« En définitive, c'est sous prétexte de la nécessité d'une corruption à laquelle je n'ai eu que l'air de croire, à laquelle je n'ai voulu, et je vous ai dit pourquoi, que paraître m'associer, que vous aviez arraché ce dixième, et vous entendiez bien le conserver, quoiqu'il ne vous coûtât pas un centime, et vous ne vous êtes décidé à le rendre que par force, quand vous avez reconnu l'imminence des révélations. A qui encore persuaderez-vous le contraire ! N'ai-je pas les faits, les conventions, la correspondance ? Or, ces preuves-là, il faut que je les apporte à l'appui de l'action que je me propose d'intenter à vous et à M. Pellapra ; or cette action il est nécessaire que je l'intente. Si M. T... le pouvait encore, c'est de lui que je réclamerais l'intervention d'avocat ; mais je le prierai de m'en indiquer un, et le succès n'est pas douteux. Seulement, le tribunal civil pourrait n'être que l'antichambre d'une autre juridiction.

« Vous voyez que votre menace, car c'est vous qui en faites, votre menace de la loi n'a rien qui puisse m'effrayer, et je vous avoue même qu'elle me fait pitié. Je maintiens, du reste, tous les énoncés de ma lettre du 28 janvier, et toutes ses exigences. Peu m'importe comment vous feigniez de les apprécier ; ma conscience les approuve. Elle ne sera pas seule de son avis. S'il est vrai que vous ne puissiez pas céder à ces exigences, j'en suis fâché. Mais cela ne m'empêchera pas d'ouvrir mon action, et je l'ouvrirai si je n'ai pas reçu dimanche, 9 du courant, au plus tard, la proposition que je vous ai faite.

« En cas de silence ou de refus, j'agirai, et une fois commencées, mes démarches auront produit un effet irrévocable.

« PARMENTIER. »

« 9 février 1845.

« Je n'ai rien reçu de vous, général; en conséquence, je dispose tout pour vous tenir parole, et je serai prêt ce soir. Admettant, toutefois, que vous n'aviez pas le temps de vous disposer dans la journée d'avant-hier, et que vous pouviez encore avoir besoin de toute celle d'hier, reculant devant une démarche qui doit vous perdre à jamais; car, c'est cela, ne vous y trompez pas; j'attends jusqu'à mardi avant de faire un envoi qui ne me précédera que de peu de jours... Encore une fois, prenez garde, et tâchez de comprendre la position...

« PARMENTIER. »

« 14 février 1845.

« Epouvanté pour vous, général, de votre aveuglement, j'ai dépassé et je dépasse encore un peu le terme que j'avais fixé. C'est la dernière fois, soyez-en sûr. Ma résolution est immuable. Si je n'ai pas reçu d'ici à mercredi 19 la satisfaction que vous savez, et persuadez-vous bien que hors de là vous ne pouvez faire un seul pas qui ne vous enfonce plus avant dans le bourbier, ce jour-là même j'adresserai à Paris l'ordre de faire imprimer et distribuer ce que vous avez à lire.

« J'ai modifié mon plan. Comme les faits peuvent déterminer une poursuite criminelle, j'ai pensé que l'initiative en appartenait à la chambre des pairs, et ce n'est qu'après sa décision que, s'il y a lieu encore, je me pourvoirai au civil contre vous et M. Pellapra... Maintenant, général, reportez-vous au commencement de la présente, et ouvrez les yeux...

« PARMENTIER. »

Enfin, M. Parmentier ne craignait pas d'adresser à madame de Cubières la lettre suivante :

« 13 mars 1845.

« Madame,

« Je vais vous affliger, et il m'en coûte beaucoup, mais c'est le seul moyen qui me reste pour empêcher que M. de Cubières ne se perde par son aveuglement. Il a reçu de moi plusieurs lettres, dont la dernière contenait l'exposé destiné à l'impression pour la chambre des pairs, et que je vais résumer ici.

« Voilà, Madame, à quoi M. de Cubières est exposé, et je n'ai pas besoin de vous développer les conséquences; mais je dois vous dire ce que je lui ai proposé pour qu'il pût s'y soustraire, et les motifs qui m'ont déterminé. M. de Cubières pourra vous dire que, indépendamment des griefs ci-dessus, je lui reproche ses efforts incessants pour nous amener par le découragement à lui céder Gouhenans à vil prix... J'ai lutté, mais la lutte me fatigue, et j'ai pris le parti de céder le terrain. J'ai donc invité M. de Cubières à me proposer de lui vendre, conjointement et solidairement avec ma femme, la moitié de Gouhenans, qui nous appartient, et cela moyennant 2 millions et quelques accessoires, en me donnant aussi, par rapport aux suites du réméré, la sécurité à laquelle j'ai droit. M. de Cubières peut faire cela par lui-même et par ses amis, je le croyais déjà, et j'en suis sûr maintenant ; ce serait, d'ailleurs, une excellente affaire, et il le sait bien...

« Si je ne reçois pas mardi ou mercredi la réponse dont je vous prie de m'honorer, je croirai, ou que ma lettre a été interceptée, ou que vous ne voulez pas me répondre, et j'agirai en conséquence...

« PARMENTIER. »

Après cette lecture, Me Billault termine ainsi :

Vous connaissez maintenant la demande qui vous est soumise, je ne veux pas la qualifier de nouveau. La correspondance que je viens de vous lire me dispense d'insister auprès de vous. Vous repousserez l'action de M. Parmentier.

Me Cuzon, avocat de M. Renauld, soutient que son client n'a agi que sur les instructions de M. Parmentier, qui a connu tous les actes et les a approuvés.

Le tribunal remet à huitaine pour prononcer le jugement.

(*Extrait de la Gazette des Tribunaux.*)

CHAMBRE DES DÉPUTÉS.

Séance du 5 mai.

(Extrait du Moniteur.)

M. MURET DE BORT, *de sa place.* Je me propose d'adresser une interpellation au cabinet. Je voudrais savoir si la chambre trouve le moment opportun. Je ferai ce qu'elle jugera convenable.

Voix nombreuses. Tout de suite.

M. MURET DE BORT, *à la tribune.* Messieurs, je demande la parole sur ce chapitre, parce que mes interpellations s'adressent plus particulièrement à M. le ministre des travaux publics.

Messieurs, nous avons tous pu lire, et dans les journaux d'aujourd'hui et dans les journaux d'hier, un récit bien grave, un récit bien fait pour contrister tous les cœurs honnêtes dans cette chambre et au dehors. (Murmures d'approbation sur plusieurs bancs.)

Quant à moi, depuis que je l'ai lu, je puis dire que je suis sous le poids d'un sentiment pénible dont j'ai hâte de me décharger ici.

Au reste, je n'ai pas abordé un seul de mes collègues que je ne l'aie trouvé à l'unisson du même sentiment sur ce sujet. (Nouveau mouvement.)

La chambre comprend que je veux parler d'un fait relatif à une concession de houillère ou de mine de sel gemme qui a été demandée au gouvernement en 1842.

Je ne crois pas que le cabinet puisse plus longtemps garder le silence dans cette question sans compromettre la dignité du pouvoir. (Très-bien !)

Je viens donc lui demander sur cette question ce qu'il peut y avoir de vrai, ce qu'il en pense, ce qu'il se propose de faire. J'ai la certitude qu'il partage les impressions de la chambre; mais je serais heureux de recevoir l'assurance qu'il agira et donnera satisfaction à l'opinion publique justement alarmée.

M. LE MINISTRE DES TRAVAUX PUBLICS. Messieurs, le gouvernement partage la vive et pénible émotion que l'honorable préopinant vient d'exprimer à cette tribune.

Avant de répondre à son interpellation, je demande à la chambre la permission de lui expliquer comment de tout temps, au ministère des travaux publics, il a été procédé à la concession des mines.

Il est procédé aux concessions de mines avec la solennité, avec l'impartialité qui préside à la distribution même de la justice.

Lorsqu'une demande est formée, une enquête solennelle est ouverte, elle appelle la contradiction des intéressés et la surveillance du public; les résultats de cette enquête sont appréciés par le conseil général des mines; une ordonnance est préparée par les soins de l'administration; cette ordonnance est soumise à l'examen du conseil d'Etat réuni en assemblée générale. Il n'y a pas d'exemple, depuis que le ministère des travaux publics existe, que l'ordonnance définitive portant concession ait été contraire à la délibération du conseil d'Etat réuni en assemblée générale. Je dis qu'il n'y a pas d'exemple, je me trompe, il y en a un seul et je le cite, parce qu'il honore la fermeté de celui de mes prédécesseurs qui l'a donné.

Il s'agissait d'une question de principe, il s'agissait de savoir si de certains gîtes minéraux étaient susceptibles de concession ou ne l'étaient pas. Le conseil d'Etat avait donné un avis qui parut à l'administration contraire à la législation sur ces mines; c'était en 1839. Après un long examen, par des raisons que j'approuve, l'honorable M. Dufaure, alors ministre, crut devoir provoquer une ordonnance contraire à la décision du conseil d'Etat. (Mouvement). Il le fit publiquement, motivant, par les considérants de l'ordonnance, son dissentiment avec le conseil d'Etat et portant ce dissentiment à la connaissance du public par l'insertion de l'ordonnance dans le *Bulletin des lois*. Sauf cet exemple, il n'y a pas, depuis qu'existe le ministère des travaux publics, un seul cas dans lequel l'ordonnance portant concession ait différé de l'avis du conseil d'Etat.

Ces informations générales, mises sous les yeux de la chambre, voici ce qui s'est passé dans le cas particulier dont la chambre est occupée en ce moment.

Une concession de mines fut demandée, je suis obligé de citer les noms, par un sieur Parmentier et compagnie; cette demande de concession de mines a été l'objet d'une enquête. L'ingénieur des mines a été d'avis de la concession dans les termes où on l'a faite; le préfet a été du même avis que l'ingénieur; le conseil général des mines a été d'avis également de cette concession; enfin, le conseil d'Etat, en assemblée générale, a émis l'avis qu'il y avait lieu à faire la concession. Il s'était élevé sur la qualification de la société concessionnaire, entre l'administration et le conseil d'Etat, un dissentiment : c'est l'avis du conseil d'Etat qui a prévalu. J'ai collationné l'avis et l'ordonnance portant concession, il n'y a pas une syllabe de changée.

Je me demande comment, quand une affaire est instruite avec cette solennité, avec cette régularité ; comment, quand toutes les autorités qui sont chargées d'examiner la question sont successivement d'avis de la concession, depuis l'ingénieur des mines jusqu'au conseil d'Etat; je me demande comment il y aurait eu lieu à l'intervention de la faveur, et où étaient même l'utilité et la nécessité de la corruption.

J'oppose donc une dénégation absolue, en présence des faits que je viens de rappeler à la chambre, aux insinuations contenues dans la lettre dont nous sommes appelés à nous occuper.

Messieurs, des faits graves ont été articulés, le public s'en est occupé, ils ont ému la chambre, le gouvernement en a délibéré; le gouvernement prend des mesures pour que les faits soient complétement éclaircis, et qu'ils produisent les conséquences légales qu'ils doivent avoir. (*Au centre :* Très-bien.)

(M. Lherbette, étant monté à la tribune, cède la parole à M. Legrand.)

M. Legrand, *sous-secrétaire d'Etat des travaux publics*. Messieurs, la chambre comprendra le besoin que j'éprouve de venir donner ici quelques explications personnelles. Mon nom a été prononcé dans cette affaire. L'on m'a fait dire que les concessions de mines étaient délibérées et délivrées en conseil des ministres. Depuis quinze ans que j'ai l'honneur d'appartenir à l'administration des travaux publics, aucune concession n'a été délibérée ni délivrée en conseil des ministres; je n'ai donc pas pu dire que cette marche ait été suivie depuis la transformation de la direction générale des ponts et chaussées en ministère.

Mais dans une conversation que j'ai eue avec l'un des prétendants, on m'a posé à deux reprises la question de savoir si une concession de mine pouvait être délibérée et délivrée en conseil des ministres. J'ai répondu qu'en fait, jusqu'ici, aucune concession de mine n'avait été délibérée en conseil des ministres ; qu'en droit, la question n'était pas douteuse ; qu'une concession de mine était un acte de responsabilité; que la question, par conséquent, pouvait être portée au conseil des ministres par le ministre responsable ; qu'elle pouvait même y être évoquée par l'un de ses collègues, s'il croyait que la responsabilité du cabinet y fût engagée.

J'ignore si jamais dans la concession dont il s'agit on a eu la pensée d'élever la question jusqu'à la sphère du conseil des ministres ; en fait, elle n'y a pas été portée. L'affaire a été instruite dans l'intérieur du ministère, suivant les formes ordinaires, avec le soin le plus attentif et le plus consciencieux et en dehors de toute influence. Soumise au conseil général des mines, elle y a été rapportée, non pas par un rapporteur choisi, mais par l'inspecteur général chargé de la circonscription territoriale dans laquelle la mine était située. Le dossier a été communiqué au conseil d'Etat qui s'en est occupé en assemblée générale. L'ordonnance royale, qui est venue clore l'instruction, est exactement conforme à l'avis de ce conseil, et, pour le dire en passant, elle a réduit de plus des deux tiers le périmètre demandé.

Voilà tout ce que j'avais à dire pour bien établir ici la position de l'administration qui, dans cette affaire comme dans toutes les autres, n'a pas dévié un seul instant des règles établies.

M. Lherbette. Messieurs, c'est seulement en entrant à la chambre que j'ai eu connaissance des articles des journaux dont il vient d'être parlé. La chambre pense donc bien que je ne puis parler sur le fond de l'affaire ; je ne puis que lui faire part de l'impression que j'ai éprouvée, et dire ce qui me semble devoir être fait par les ministres.

Nous nous sommes souvent récriés contre l'immixtion des hommes politiques dans les affaires industrielles.

Voix nombreuses. C'est vrai.

M. LHERBETTE. — Nous avons montré combien cette immixtion est fâcheuse, en ce qu'au moment de la confection des contrats, elle peut quelquefois leur faire obtenir des conditions que n'auraient pas obtenues de simples particuliers ; et en ce qu'ensuite elle peut, en outre, arracher au ministère des modifications aux contrats arrêtés.

Nous avons montré aussi un autre danger pour la considération des chambres, lorsque leurs membres, immiscés dans ces affaires, se trouvent exécutés scandaleusement à la bourse.

Voici, messieurs, au sujet de cette immixtion des hommes politiques dans de telles affaires, quelque chose de grave : voici un aveu écrit, émané d'un membre d'une autre chambre, d'un ancien ministre. Permettez-moi de vous lire quelques passages de plusieurs lettres de lui.

M. DE LA ROCHEJAQUELEIN. — Lisez toutes les lettres ; nous ne les connaissons pas.

M. LHERBETTE. — Je ne puis les lire en entier ; elles sont trop longues : elles tiennent près d'une colonne de journal.

Quelques voix. — Quel est ce journal?

Voix nombreuses. — Lisez ! lisez !

M. LHERBETTE. — On me demande quel est ce journal. Si c'était un journal politique, on pourrait croire que les passions politiques s'en sont mêlées : c'est un journal judiciaire, *le Droit.*

Voici ce que j'y lis :

« Mon cher... notre affaire dépendra des personnes qui se trouvent maintenant au pouvoir... » Voici à ce sujet un mot de M. Leg...

M. CRÉMIEUX. — Il est convenu que c'est M. Legrand ; mais assurément personne ne met en question sa probité ; le soupçon ne peut l'atteindre. (Approbation.)

M. LHERBETTE. — Soit. Je continue :

« Les délais courent, mais il faut les mettre à profit pour disposer
« la réussite et le succès de votre demande en concession. Quand nous
« étions direction générale, les droits des tiers étaient suffisamment ga-
« rantis par notre impartialité ; mais aujourd'hui il n'en est pas ainsi.
« Nous tenons à un ministère, et, par conséquent, à la politique. Une
« concession peut être l'objet de la décision du conseil des ministres... »

« Je n'ai pas voulu tarder à vous communiquer cet avis, si important et si grave dans la bouche de celui qui me l'a donné. Il n'y a pas un moment à perdre ; il n'y a pas à hésiter sur les moyens de nous créer un appui intéressé dans le sein même du conseil. J'ai les moyens d'arriver jusqu'à cet appui ; c'est à vous d'aviser aux moyens de l'intéresser... La transformation de notre société entraînerait trop de lenteur... Je ne veux pas trop vous engager à ce que vous et moi soyons autorisés, et même nantis, pour parvenir au but sans être exposés à des délais et à des chicanes en raison de la négociation très-secrète qu'il nous faudra suivre... Dans l'état où se trouve la société de Gouhenans, ce ne sera pas chose aisée que d'obtenir l'unanimité et l'accord quand il s'agit d'un sacrifice. On se montrera sans doute très-disposé à compter sur notre bon droit, sur la justice de l'administration, et cependant rien ne serait plus puéril. N'oubliez pas que le gouvernement est en des mains avides et corrompues... »

Messieurs, c'est un ancien ministre qui parle. (Rires et mouvements divers.)

Plusieurs voix au centre. Il parle pour son compte.

M. Lherbette, *reprenant.* « N'oubliez pas que le gouvernement est en des mains avides et corrompues; que la liberté de la presse court risque d'être étranglée sans bruit l'un de ces jours, et que jamais le bon droit n'eut plus besoin de protection. »

Voici une autre lettre, 22 du même mois :

« Quelques mots échangés entre moi et la personne que j'indiquais sont venus, depuis qu'elle a été écrite, corroborer mes conjectures et ajouter à mes craintes. »

Voici une autre lettre du 26 janvier :

« Je passe ma vie au milieu des députés; je vais chez la plupart des ministres, dont je crois utile au succès de notre affaire de cultiver l'amitié... Des paroles qu'on m'adresse, des conversations que j'écoute, il résulte que M. K..., député. »

M. Manuel. Qu'est-ce que c'est que M. K...?

Un membre. Il est député.

M. Crémieux. M. K...! Il n'y a ici que M. Kœchlin et M. Keysère, dont le nom commence par un K.

M. Lherbette. Il résulte que K..., député, a pris l'avance des sollicitations, et qu'il a... un espoir mieux fondé que celui qui reposerait uniquement dans notre bon droit. »

Autre lettre, 5 février 1842 :

« La convocation doit avoir aussi pour objet de fixer le nombre d'actions qui devrait être mis à notre disposition pour intéresser, sans mise de fonds, les appuis qui seraient indispensables au succès de l'affaire. »

Enfin en voici une dernière, de mai 1842 :

« De tout ce qui a été dit et fait, il résulte :

« 1° Impossibilité de traîner plus longtemps la négociation, ni de continuer à se débattre entre la concession déjà faite de 25 (actions), et les exigences successivement réduites de 80 à 50, mais qui ne paraissent pas devoir fléchir au-dessous de cette dernière limite;

« 2° Nécessité de conclure promptement et de trancher le différent entre 50 à peu près promises et 50 toujours exigées ;

« Nécessité de proposer 45 quand on sera en mesure d'effectuer cette promesse. »

Après avoir entendu cette lecture, n'êtes-vous pas, messieurs, frappés de cette impression que nous avions nous tous qui, à plusieurs reprises, sommes montés à la tribune pour nous élever contre l'immixtion des hommes politiques dans de pareilles affaires?

Supposons que ces accusations auxquelles ils ont donné lieu ne soient pas vraies, ne sont-elles pas du moins crues par un très-grand nombre de personnes? n'ont-elles dû trouver de créance en raison de ce qui s'est passé jusqu'à ce jour? Et les lettres dont vous venez d'entendre la lecture ne donneront-elles pas une nouvelle force à cette croyance?

De deux choses l'une, en effet : ou le fait que les lettres attribuent à un personnage très-haut placé, à un ancien ministre, est un fait vrai...

M. LE MINISTRE DES TRAVAUX PUBLICS. Il ne l'est pas.

M. LHERBETTE. Ou il ne l'est pas.

S'il est vrai, l'accusé n'a qu'à courber la tête, et il y aurait à déposer une plainte très-grave contre lui ; ou le fait est faux, et alors il faut poursuivre la calomnie.

M. LE MINISTRE DES TRAVAUX PUBLICS. C'est ce que l'on a dit.

M. LHERBETTE. J'examine les deux cas.

Devez-vous permettre que l'on dirige contre un ministre, contre l'ancien chef de l'administration, une accusation si grave? Une telle calomnie ne doit-elle pas être poursuivie devant les tribunaux?

Au banc des ministres. Mais oui!

Plusieurs voix. Le ministre a déclaré qu'il le ferait.

M. LHERBETTE. Je suis heureux d'avoir obtenu de M. le ministre des travaux publics la déclaration qu'il poursuivrait...

M. LE MINISTRE DES TRAVAUX PUBLICS. — Vous ne l'avez pas obtenue, je l'ai dit avant vous.

M. LHERBETTE Je suis heureux d'entendre M. le ministre des travaux publics faire cette déclaration positive que l'auteur de pareilles accusations sera poursuivi en justice.

Au banc des ministres. Il n'y a pas de doute.

A gauche. Laissez parler.

M. GARNIER-PAGÈS. Laissez dire ces choses-là, il faut que le pays les entende.

M. LHERBETTE. Je serais encore heureux si ce sentiment d'indignation que manifeste la chambre entière contribue à éloigner les hommes politiques de pareilles affaires, et porte notre honorable collègue M. Crémieux à présenter de nouveau sa proposition, qui, je l'espère, d'après ce qui se passe, sera cette fois prise en considération à une grande majorité, si ce n'est à l'unanimité. (Vif assentiment à gauche.)

M. CRÉMIEUX. Je demande la parole.

M LE PRÉSIDENT. Vous avez la parole.

M. CRÉMIEUX. Messieurs, je renouvellerai ma proposition. (Mouvement.)

M. MANUEL. Vous avez raison.

M. CRÉMIEUX. Je n'avais pas attendu l'interpellation, si honorable pour moi, qui m'a été adressée par mon collègue et ami M. Lherbette ; je l'aurais faite sans cette provocation, et j'ose espérer qu'après les déplorables scandales qui ont eu lieu depuis deux ans, la chambre tout entière cette fois se lèvera pour me faire l'honneur d'adopter ma proposition, qui entre si bien dans ses sentiments de loyauté, dans ses sentiments de bien public. (Très-bien! très-bien!)

Cela dit, arrivons à l'affaire actuelle. Nous attendrons avec impatience et respect la décision des tribunaux, nous sommes heureux d'apprendre que le ministère va la provoquer ; nous lui demandons seulement de hâter le moment où il saisira l'autorité judiciaire. (Oui! oui!)

Mais permettez-moi quelques observations dont vous sentirez toute l'importance.

Où donc en sommes-nous dans ce pays en matière de pensées de corruption, je ne veux pas dire en faits de corruption même ? Quoi donc ! les divers tribunaux du royaume de France, dans ce pays de l'honneur, des sentiments généreux, sont depuis quelque temps, au moment même où je parle, sans cesse occupés à examiner de misérables questions de corruption électorale ! (Vive adhésion à gauche. — Interruption.)

En France ! ah ! je le demande, jamais aucun de nous aurait-il pensé qu'on en viendrait à ce degré d'avilissement désespérant pour tous ! (Très-bien ! très-bien !)

Eh bien, savez-vous jusqu'où l'on va comme cela, messieurs ? On va jusqu'à porter contre le pouvoir les accusations les plus énergiques, les plus désastreuses ; on affaiblit ainsi, dans les mains du pouvoir, tout ce qu'il y a de plus noble, tout ce qu'il y a de plus sacré pour lui ; c'est-à-dire, la pensée que l'on devrait avoir de son honnêteté, de sa probité. (Très-bien ! très-bien !)

Et cet affaiblissement déplorable, qui le provoque ? Vous allez le voir. (Mouvement.)

Croyez-vous donc qu'il soit suffisant de venir dire à cette tribune, vous ministre, que le conseil s'est occupé de savoir comment il faut procéder par les voies légales ? Sans doute, c'est nécessaire ; mais il y a, messieurs, d'autres enseignements à tirer de ce qui se passe aujourd'hui. Qu'un malheureux plaideur, voulant arracher d'un ministre ou d'un homme en place quelques concessions, se plaigne hautement, avec la publicité des audiences, d'abus de pouvoir ou de quelque acte de corruption plus ou moins démontré pour lui, on conçoit que la chambre ne doive pas être appelée à intervenir dans de pareils débats.

Mais qui donc parle aujourd'hui ? Qui donc écrit ces lettres incroyables ? C'est un ancien ministre, un ancien ministre du roi, comme on vous le dit si souvent à cette tribune (murmures au centre) ; et moi je dis un ancien ministre de la nation, du pays, qui a bien le droit de se plaindre à cette tribune, d'attaquer ici tout ministre indigne d'occuper le poste élevé qu'il occupe. Cet ancien ministre, savez-vous ce qu'il dit ?

Ecoutez, messieurs, ces mots textuels : « N'oubliez pas que le gouvernement est dans des mains avides et corrompues. » (Rumeurs et exclamations diverses.)

Comment ! quand à la tribune on vous disait naguère : « Prenez garde à la corruption, elle vous envahit de toutes parts, elle se répand d'en haut et tombe en bas, » vous vous êtes récriés ; nos accusations, vous les avez méprisées ; c'était une vaine clameur. Eh bien, voilà un ancien ministre qui dit ceci : « N'oubliez pas que le gouvernement est dans des mains avides et corrompues. »

Une voix au centre. C'est le 1er mars qui dit cela.

M. Crémieux. Prenez garde ! S'il n'y avait que cette accusation, je vous dirais encore qu'elle est effroyable ; mais il y a bien plus : à côté de l'accusation, il y a la précision des faits. (*A gauche.* Oui, c'est cela !)

M. Garnier-Pagès. Il y a les actions.

M. Crémieux. Il y a les faits, il y a les actions réclamées, les actions promises.

M. le Ministre des travaux publics. Il faudra les prouver.

M. Crémieux. Les actions, comme elles ont fait de belles choses depuis quelques années! Comme il est beau, messieurs les ministres, de soulever dans tous les esprits les appétits misérables des intérêts matériels. (Vif assentiment à gauche. — Acclamations.) Oui, c'est chez vous un système, un système arrêté. Voulez-vous que les intérêts moraux soient dominés par les intérêts matériels? Vous l'avez dit, vous l'avez proclamé. (Dénégation au banc des ministres.) Vous l'avez fait. (Adhésion à gauche.) Vous avez soulevé ces appétits, et vous n'avez été satisfaits que quand vous les avez vus à la curée avec toute l'avidité qui les caractérise. (Mouvement.) Eh bien, savez-vous ce qui en résulte? C'est que le reproche aujourd'hui s'élève jusqu'à vous, jusqu'à un de vous. Oui, c'est un de vos anciens collègues, c'est un homme ayant eu l'honneur de siéger au milieu de vous. (Réclamations au banc des ministres.) Je le répète, c'est un de vos anciens collègues, un homme qui a eu l'honneur de siéger au milieu de vous. (Nouvelles réclamations au banc des ministres.)

Vous ne me comprenez pas; je ne parle pas de celui qui écrit les lettres, je parle de celui dont il est question dans les lettres. Celui-là était bien votre collègue, membre de votre ministère, il siégeait avec vous; et c'est lui qu'on ose accuser ainsi! Lisez, lisez! (Mouvement.) « On a voulu avoir un intéressé dans le sein même du conseil des ministres! » Entendez-vous? dans le sein du conseil des ministres? (Dénégations au banc des ministres. — Vive approbation à gauche.)

A quel prix obtiendra-t-on cette protection intéressée! Au prix de 80 actions, qu'on veut bien réduire à 50.

Voici en effet le résumé de la dernière lettre :

« 1° Impossibilité de traîner plus longtemps la négociation, ni de continuer à se débattre entre la concession déjà faite de 25 (actions), et les exigences successivement réduites de 80 à 50, mais qui ne paraissent pas devoir fléchir au-dessous de cette dernière limite;

« 2° Nécessité de conclure promptement, et de trancher le différend entre 50 à peu près promises, et 50 toujours exigées;

« Nécessité de proposer 45 quand on sera en mesure d'effectuer cette promesse. « De Cubières. »

Voilà ce qui est écrit, textuellement écrit d'un ancien ministre par un ancien ministre.

Plusieurs ministres. Mais les faits ne sont pas vrais.

M. Crémieux. Ce n'est pas moi assurément qui, du haut de cette tribune, viendrai dire que le ministre ainsi accusé est un ministre coupable; ma conviction ne se forme pas sans examen; si je l'avais, cette conviction, je porterais à l'instant même, ici, une accusation contre lui, je ne reculerais pas devant mon devoir.

Mais non, mille fois non; l'accusation seule a parlé : il faut éclaircir les faits, il faut que la vérité apparaisse dans tout son jour. Ce que je veux seulement vous dire, le voici :

Il y a deux hommes devant vous, devant le public, je puis dire devant l'univers entier; car cette grande question de savoir jusqu'où peut aller la corruption au sein d'un ministère, corruption signalée par un ancien ministre, c'est une question qui, partie de la chambre, livrée aux tribunaux, occupera le monde entier.

De ces deux hommes, l'un est pair de France, lieutenant général, ancien ministre; l'autre est pair de France, président de la cour de cassation, ancien ministre.

A gauche. C'est cela ! c'est cela !

M. Crémieux. De quel côté sera le mensonge ? de quel côté sera la corruption ? Que des débats publics et solennels le disent ; mais en même temps tirons de cette triste affaire un grand et bel enseignement ! Montrons-nous, députés, au-dessus de tous ces vils intérêts après lesquels on nous accuse de courir. Oui, nous sommes accusés aussi, ne l'oubliez pas. A côté du ministère accusé, il y a le député soupçonné. (Agitation.)

Le député soupçonné, le voici dans une autre lettre du général :

« Des paroles qu'on m'adresse, des conversations que j'écoute, il résulte que M. K .., député, a pris l'avance. »

Quel est ce K... député ? Il n'y avait en 1843 que deux députés dont le nom commençait par la lettre K. C'était notre bon et regrettable ami M. Keysère et l'honorable M. Kœchlin ; l'un des deux est donc désigné, accusé, car, encore une fois, voici ce que dit ensuite la lettre :

« Des paroles qu'on m'adresse, des conversations que j'écoute, il résulte que M. K..., député, a pris l'avance des sollicitations, et qu'il a (lui, député, remarquez-le bien) et qu'il a un espoir mieux fondé que celui qui repose uniquement dans notre bon droit. »

Et en effet, qu'est-ce que le bon droit aujourd'hui ? rien ; c'est la députation qui est tout. Le bon droit ! on le foule aux pieds ; c'est l'*abus des influences* des députés qui est tout. M. le ministre des affaires étrangères traduit ainsi le mot corruption. (*A gauche.* Très-bien ! très bien !)

J'ai voulu, messieurs, appeler l'attention de la chambre sur les détails qu'elle me semblait n'avoir pas bien saisis. Elle comprend maintenant l'importance de ces débats. C'est une grande leçon que nous recevons aujourd'hui ; mais rappelez vos souvenirs, messieurs ; nous en avons reçu plus d'une depuis le jour où j'avais eu l'honneur de présenter mon amendement. Cet amendement, dans votre honnêteté, vous l'aviez accueilli par un vote favorable, par un vote dont l'honnêteté du ministre aurait dû s'emparer ; mais non, il le combattit devant la chambre des pairs, qui le repoussa, puis devant vous, qui, malheureusement, avez cédé.

Depuis lors, mes collègues, combien de fois nous avons été témoins de misérables scandales ! Oui, des hommes éminents par leur position, des membres du pouvoir législatif, ont été exécutés à la Bourse, entendez-vous bien ? exécutés à la Bourse ! (Mouvement général.) à la Bourse, où l'on vendait non pas les actions de tel chemin de fer, mais les actions qu'on décorait du nom de ces hommes, membres du pouvoir législatif, qu'on exécutait, eux qui étaient entrés comme chefs dans les conseils d'administration !

J'espère que vous voudrez honnêtement, en députés de France, c'est-à-dire, en députés qui représentent la terre de l'honneur et de la délicatesse des sentiments, vous voudrez mettre un terme à de pareils scandales. (*A gauche.* Oui ! oui !)

Je déposerai aujourd'hui ma proposition. (Vive approbation.) — L'orateur descend de la tribune au milieu d'une grande agitation dans l'assemblée. Il reçoit de nombreuses félicitations.)

M. Garnier-Pagès. Je demande la parole.

Messieurs, le ministère public a pris l'engagement de poursuivre, mais j'espère qu'il ne mettra pas dans cette circonstance la même négligence qu'on a déjà mise dans des affaires du même genre, dans l'affaire Bénier, par exemple.

Comme l'a fort bien dit notre honorable collègue, M. Crémieux, c'est le système qu'il faut accuser. (Légères rumeurs.) Je dis que c'est le système ; en voici une preuve évidente dont je me souviens ici, et que je dois citer : un ministre qui siége sur ces bancs est venu dire dans cette chambre, et vous l'avez tous entendu, qu'il avait pris 250 actions dans une compagnie, ni plus ni moins. (Sensations prolongées.)

M. Kœchlin. Monsieur le président, je demande la parole pour un fait personnel. J'ai une lettre du général de Cubières qui va expliquer ce qui vient d'être dit sur mon compte.

De toutes parts. Parlez ! parlez !

M. Kœchlin. Je quitte la commission des douanes, où je viens d'apprendre ce qui vient de se passer à la chambre.

Je ne connaissais pas le procès Parmentier, dans lequel il paraît que M. le général de Cubières figure. J'ai été étonné avant-hier au soir de recevoir de M. le général de Cubières une lettre que voici :

« Monsieur, à l'occasion d'un procès pendant à la 1re chambre, où je figure avec les administrateurs de la saline de Gouhenans, les journaux judiciaires publient ce matin des extraits de plusieurs lettres écrites par moi, en 1842, à M. Parmentier, qui, après avoir essayé de faire acheter leur suppression, les a produites à l'appui d'une accusation qui sera reconnue sans aucun fondement.

« Toutefois, je ne pouvais différer d'un instant les explications que nécessite un passage de la correspondance divulguée par ma partie adverse.

« Une compagnie qui, en 1842, sollicitait une concession de sel en concurrence avec la compagnie de Gouhenans, se trouve désignée dans plusieurs extraits de la correspondance par l'initiale de votre nom. J'ai toujours ignoré si cette affaire vous concernait personnellement ; mais il était naturel que la compagnie de Gouhenans regardât comme sérieuse, et même comme dangereuse pour elle, la concurrence qui pouvait s'autoriser d'un nom très-haut placé dans le commerce et dans les entreprises industrielles ; c'est ce qui justifie les inquiétudes que donnèrent alors les démarches et les sollicitations des seuls adversaires que Gouhenans pût redouter.

« En parlant des démarches et des sollicitations rivales, je n'ai jamais mis en doute qu'elles ne fussent avouables sur tous les points, et entièrement conformes à la considération dont jouit en France le nom que vous portez.

« Je désavoue toute interprétation qui ne serait pas conforme aux sentiments que je viens d'exprimer, et avec lesquels j'ai l'honneur d'être votre serviteur,

« Général Cubières. »

(M. Kœchlin descend de la tribune.)

Plusieurs voix à gauche. Est-ce là tout?

M. Kœchlin, *à sa place.* Je dois ajouter que je ne sais pas si j'étais député lorsque la concession de la mine de sel dont il est question a été demandée.

CHAMBRE DES PAIRS.

Séance du 6 mai.

L'ordre du jour de la chambre des pairs annonçait aujourd'hui une communication du gouvernement, et l'on savait qu'il s'agissait d'une ordonnance royale constituant la chambre en cour de justice.

Le nombre des pairs présents est beaucoup plus considérable qu'aux séances précédentes. M. le général Despans-Cubières, qui est l'un des secrétaires de la chambre, est assis au bureau. M. le président Teste n'est pas présent.

Après la lecture du procès-verbal, M. le garde des sceaux monte à la tribune, et s'exprime ainsi, au milieu d'un profond silence :

« Messieurs, nous avons l'honneur de présenter à la chambre et de remettre aux mains de M. le chancelier une ordonnance du roi, en date d'aujourd'hui, qui convoque la cour des pairs et la charge de procéder au jugement de M. le lieutenant général Despans-Cubières, pair de France, à raison des inculpations dirigées contre lui. »

M. le garde des sceaux remet le texte de l'ordonnance à M. le chancelier, qui invite M. le comte Daru, l'un des secrétaires, à en donner lecture.

M. le comte Daru donne lecture de l'ordonnance, qui est ainsi conçue :

« Louis-Philippe, roi des Français ;

« Considérant que M. le lieutenant-général Despans-Cubières, pair de France, se trouve en ce moment inculpé à raison de faits qualifiés crimes et délits par les articles 179 et 405 du Code pénal (1) ;

« Vu l'article 29 de la Charte constitutionnelle ;

« Sur le rapport de notre garde des sceaux, ministre secrétaire d'Etat au département de la justice et des cultes ;

(1) Art. 179. Quiconque aura contraint ou tenté de contraindre par voies de fait ou menaces, corrompu ou tenté de corrompre par promesses, offres, dons ou présents, un fonctionnaire, agent ou préposé de la qualité exprimée en l'art. 177 (fonctionnaire public de l'ordre administratif ou judiciaire, agent ou préposé d'une administration publique) pour obtenir soit une opinion favorable, soit des procès-verbaux, états, certificats ou estimations contraires à la vérité, soit des places, emplois, adjudications, entreprises ou autres bénéfices quelconques, soit enfin tout autre acte du ministère du fonctionnaire, agent ou préposé, sera puni des mêmes peines que le fonctionnaire, agent ou préposé (dégradation civique) ; toutefois, si les tentatives de contrainte ou de corruption n'ont eu aucun effet, les auteurs de ces tentatives seront simplement punis d'un emprisonnement de trois mois au moins, et de six mois au plus, et d'une amende de 100 à 300 fr.

Art. 405. Quiconque, soit en faisant usage de faux noms ou de fausses qualités, soit en employant des manœuvres frauduleuses pour persuader l'existence de fausses entreprises, d'un pouvoir ou d'un crédit imaginaire, ou pour faire naître l'espérance ou la crainte d'un succès, d'un accident ou de tout autre événement chimérique, se sera fait remettre ou délivrer des fonds, des meubles, ou des obligations, dispositions ou décharges, et aura, par un de ces moyens, escroqué ou tenté d'escroquer tout ou partie de la fortune d'autrui, sera puni d'un emprisonnement d'un an au moins et cinq ans au plus, et d'une amende de 50 francs au moins et de 3,000 francs au plus.

« Nous avons ordonné et ordonnons ce qui suit :

« Art. 1er. La cour des pairs est convoquée.

« Les pairs absents de Paris seront tenus de s'y rendre immédiatement, à moins qu'ils ne justifient d'un empêchement légitime.

« Art. 2. Cette cour procédera sans délai au jugement de M. le lieutenant général Despans-Cubières, inculpé de faits prévus et punis par la loi pénale.

« Art. 3. Elle se conformera, pour l'instruction et le jugement, aux formes qui ont été suivies par elle jusqu'à ce jour.

« Art. 4. M. Delangle, notre procureur général près la cour royale de Paris, remplira les fonctions de notre procureur général près la cour des pairs.

« Il sera assisté de M. Glandaz, avocat général en la même cour, faisant fonction d'avocat général et chargé de remplacer le procureur général en son absence

« Art. 5. Le garde des archives de la chambre des pairs et son adjoint rempliront les fonctions de greffiers près notre cour des pairs.

« Art. 6. Notre président du conseil des ministres et notre garde des sceaux secrétaire d'Etat au département de la justice et des cultes seront chargés, chacun en ce qui les concerne, de l'organisation de la présente ordonnance, qui sera insérée au *Bulletin des lois*.

« Donné à Paris, au palais des Tuileries, le 5 mai 1847.

« LOUIS-PHILIPPE.

Par le roi :

« Le ministre secrétaire d'Etat au département de la justice et des cultes,

« Signé Hébert. »

M. le chancelier : La chambre donne acte de l'ordonnance du roi dont elle vient d'entendre la lecture, et pour son exécution elle sera convoquée demain en cour de justice, à une heure.

M. le général Despans-Cubières : Je demande la parole. (Mouvement.)

M. le général Despans-Cubières monte à la tribune et s'exprime ainsi :

Messieurs, éloigné de vos séances par une assez longue indisposition, je devais attendre avec une vive impatience le moment de reparaître devant vous. Je regrette de n'être plus à temps de porter à cette tribune quelques explications sur les faits si graves qui ont occupé et qui occupent encore l'attention publique.

Mais en présence de la communication qui vient de vous être faite, je n'ai pas à devancer les informations que vous ordonnerez de prendre.

Personne n'est plus intéressé que celui qui vous parle à ce que la vérité se fasse connaître, à ce qu'elle apparaisse dans tout son jour. Dans cette enceinte, elle n'a pas à surmonter les clameurs des passions. Vous rechercherez la vérité avec l'impartialité, avec le calme qui caractérisent la sagesse de la chambre des pairs. Vous saurez l'apprécier aujourd'hui comme toujours, et c'est avec la plus grande confiance que j'attends le résultat des informations que vous aurez prescrites et l'effet de vos résolutions.

La chambre a repris ensuite le cours de ses travaux ordinaires au milieu d'une assez vive agitation.

Depuis l'arrêt prononcé le 6 décembre 1815 contre le maréchal Ney, c'est la sixième fois que la chambre des pairs est constituée en cour de justice pour juger un de ses membres. Il n'est pas sans intérêt de rappeler ces précédents.

Le 31 janvier 1818, la cour fut appelée à connaître de la plainte déposée par la comtesse de Saint-Morys contre le duc de Grammont. M. de Saint-Morys avait été tué en duel par le colonel Barbier-Dufay, et sa veuve signalait de la part de M. de Grammont un fait de complicité, parce qu'il avait, selon la plainte, rendu le duel nécessaire. La cour décida qu'il n'y avait lieu à suivre contre le duc de Grammont.

Le 17 juillet 1819, elle rendit une décision semblable sur la plainte portée par le sieur Selves contre M. le baron Séguier.

Le 21 décembre 1825, la cour fut constituée par une ordonnance royale qui, sans désigner aucun des pairs inculpés, convoquait la cour « pour procéder à l'instruction et au jugement, le cas échéant, » de la plainte portée par le procureur du roi contre Ouvrard et autres, dans l'affaire dite des *marchés d'Espagne*. L'instruction avait été dirigée d'abord contre des inculpés justiciables des tribunaux ordinaires; mais comme ledit le procureur général Bellart en présentant à la chambre des pairs l'ordonnance de convocation : « La cour royale « de Paris avait cru que certains détails auxquels se rattachaient des « noms supérieurs à son autorité, et qui ne reconnaissaient que celle « de la pairie, devaient être soumis à une autre juridiction, et elle « s'était déclarée incompétente. » Dans les affaires dont nous avons parlé plus haut, la compétence étant suffisamment établie par l'indication du nom des pairs inculpés, il n'y avait pas lieu de rendre sur cette question préjudicielle un arrêt distinct de l'arrêt du fond : mais dans l'affaire des *marchés d'Espagne* aucun pair n'étant désigné par l'ordonnance royale de convocation, et les faits signalés ne constituant aucun des crimes appartenant à la juridiction de la cour des pairs, la cour déclara surseoir à statuer sur sa compétence, jusqu'à ce que l'examen préalable de l'information eût révélé des indices quelconques contre un ou plusieurs membres de la chambre. Ce fut seulement après cette information que la cour, s'étant, en la forme, déclarée compétente, décida, par son arrêt du 5 août 1826, qu'il n'existait aucune charge à l'appui des faits de corruption et d'arrestation arbitraire, imputés aux lieutenants généraux comte de Bordesoulle, et comte Guilleminot, et qu'il n'y avait lieu à suivre contre eux. Le même arrêt renvoya devant les tribunaux ordinaires les individus inculpés de tentatives de corruption restées sans effet.

Enfin, deux poursuites ont eut lieu devant la cour des pairs depuis 1830. L'une contre M. de Kergorlay, pour délit de presse. L'arrêt du 24 novembre 1830 condamnait M. de Kergorlay à six mois d'emprisonnement. La seconde poursuite a été dirigée contre M. le comte de Montalembert, pour ouverture d'une école sans autorisation. L'arrêt du 20 septembre 1832 prononça 100 francs d'amende. Dans l'une et l'autre de ces affaires, la cour consacra de nouveau un principe qu'elle avait déjà posé dans l'affaire des *marchés d'Espagne*, à savoir : que l'indivisibilité du délit entraîne l'indivisibilité de la poursuite, et que la cour est compétente pour statuer sur le sort des coprévenus ou complices des pairs inculpés.

Tels sont les précédents auxquels se réfère l'ordonnance royale qui a été déposée aujourd'hui sur le bureau de la chambre.

Ainsi que l'a annoncé M. le chancelier, c'est demain que la cour se réunira pour entendre les réquisitions du procureur général et délibérer sur sa compétence.

Déjà la justice ordinaire avait commencé l'information. M. Parmentier a été appelé hier devant l'un des juges d'instruction du tribunal de la Seine.

COUR DES PAIRS.

Présidence de M. le duc Pasquier, chancelier.

Audience du 7 mai.

Aujourd'hui, à une heure et demie, la cour des pairs s'est réunie en séance secrète, à l'effet de délibérer sur l'ordonnance du roi qui lui a été communiquée à la séance d'hier, et qui la convoque pour procéder au jugement de M. le lieutenant général Despans-Cubières, inculpé de faits prévus par la loi pénale.

M. Delangle, procureur général, assisté de M. Glandaz, avocat général, nommés par la même ordonnance, ont été introduits dans le sein de la cour.

M. le procureur général Delangle a déposé sur le bureau de la cour des pairs un réquisitoire qui expose les faits du procès, et analyse la correspondance dont plusieurs extraits ont été produits dans le procès jugé aujourd'hui par la 1re chambre du tribunal civil de la Seine. (V. la *Gazette des tribunaux* du 1er mai.) Les conclusions de ce réquisitoire sont textuellement reproduites dans l'arrêt de la cour que nous allons rapporter.

Après avoir entendu la lecture du réquisitoire de M. le procureur général, la cour s'est formée en chambre du conseil.

L'appel nominal a constaté la présence de deux cent onze pairs.

Après avoir délibéré sur le réquisitoire du ministère public, la cour a rendu l'arrêt suivant :

« La cour des pairs :

« Vu l'ordonnance du roi en date du 5 de ce mois ;

« Vu l'art. 29 de la charte constitutionnelle ;

« Ouï le procureur général du roi en ses dires et conclusions ;

« Et après en avoir délibéré ;

« Donne acte audit procureur général du dépôt par lui fait sur le « bureau de la cour, d'un réquisitoire ainsi conçu :

« Nous, procureur général près la cour des pairs ;

« Vu l'ordonnance du 5 de ce mois ;

« Attendu que de la correspondance précédemment analysée, ré« sultent des indices, soit des crimes de corruption ou tentative de « corruption d'un fonctionnaire de l'ordre administratif, soit des délits « d'escroquerie ou tentative d'escroquerie;

« Crimes et délits prévus par les articles 177, 179 et 405 du code « pénal;

« Requérons qu'il plaise à la cour :

« Nous donner acte du contenu au présent réquisitoire, portant « plainte contre M. le lieutenant général Despans-Cubières, pair de « France, et par voie de connexité contre tous autres auteurs et com« plices desdits crimes et délits, lesquels, à raison de la qualité de la « personne susnommée, seraient de la compétence de la cour des « pairs, aux termes de l'article 19 de la charte constitutionnelle;

« Ordonner que, par M. le chancelier, président de la cour, et par « ceux de MM. les pairs qu'il lui plaira commettre, il sera procédé à « la continuation de l'instruction commencée contre le sieur Par« mentier et tous autres qui pourraient être ultérieurement inculpés, « pour ladite instruction terminée, être par le procureur général re« quis, et par la cour, statué ce qu'il appartiendra ;

« Ordonner que les pièces à conviction et les pièces de la procédure « et actes d'instruction déjà faits seront apportés au greffe de la cour.

« Fait au parquet de la cour des pairs, le 7 mai 1847.

« Delangle. »

« Ordonne que, par M. le chancelier de France, président de la cour, et par tels de MM. les pairs qu'il lui plaira commettre pour l'assister et le remplacer en cas d'empêchement, il sera sur-le-champ procédé à une instruction sur les faits énoncés audit réquisitoire, pour ladite instruction faite et rapportée, être, par le procureur général requis, et par la cour, statué ce qu'il appartiendra ;

« Ordonne que les procédures et actes d'instruction déjà faits seront apportés sans délai au greffe de la cour ;

« Ordonne également que les citations et actes d'huissiers seront faits par les huissiers de la chambre;

« Ordonne que le présent arrêt sera exécuté à la diligence du procureur général du roi. »

Délibéré le vendredi 7 mai 1847, en la chambre du conseil où siégeaient :

MM.	MM.
Le duc Pasquier, chancelier de France, président.	Le comte d'Argout,
Le duc de Mortemart.	Le baron de Barante,
Le duc de Broglie.	Le marquis de Dampierre,
Le duc de Brissac.	Le comte Mollien.
Le baron Séguier.	Le comte de Pontécoulant.
Le marquis de Talaru.	Le comte Reille.
Le comte de Noë.	Le marquis d'Aramon.
Le duc de Massa.	Le comte de la Villegontier.
	Le marquis de Pange.

MM.

Le comte Portalis.
Le duc de Crillon.
Le duc de Coigny.
Le comte de Vaudreuil.
Le comte de Saint-Priest.
Le maréchal comte Molitor.
Le comte d'Haubersart.
Le marquis de Courtarvel.
Le comte de Richebourg.
Le duc de Plaisance.
Le vicomte Dode.
Le vicomte Dubouchage.
Le duc de Brancas.
Le comte Boissy-d'Anglas.
Le duc de Noailles.
Le comte Lanjuinais.
Le marquis de Laplace.
Le marquis de Chabrillan.
Le vicomte de Ségur Lamoignon.
Le marquis de Lauriston.
Le duc de Périgord.
Le comte de Sainte-Aulaire.
Le comte de Ségur.
Le marquis de Barthélemy.
Le marquis d'Aux.
Le comte d'Anthouard.
Le comte de Caffarelli.
Le comte Philippe de Ségur.
Le baron Girod (de l'Ain).
Le baron Atthalin.
Aubernon.
Cousin.
Le comte Dutaillis.
Le duc de Fezenzac.
Le baron de Fréville.
L'amiral baron Roussin.
Le marquis Turgot.
Villemain.
Le comte de Ham.
Le comte de Mareuil.
Le vice-amiral Jurien-Lagravière.
Le baron Berthezène.
Le comte de Colbert.
Le comte de la Grange.
Félix Faure.
Le comte Daru.
Le baron Neigre.
Le baron Duval.
Le comte de Beaumont.
Le comte de Saint-Cricq.
Barthe.

MM.

Le comte de Gasparin.
Le comte d'Hédouville.
Le baron Aymard.
De Cambacérès.
Le comte Corbineau.
Le baron Feutrier.
Le baron Fréteau de Pény.
Le marquis de la Moussaye.
Le vicomte Pernety.
Le comte de la Riboissière.
Le marquis de Rochambeau.
Le comte de Rambuteau.
Le comte d'Alton Shée.
De Bellemare.
Le prince d'Eckmuhl.
Le comte Bresson.
Le marquis d'Audiffret.
Le comte de Monthion.
Le marquis de Belbeuf.
Le baron de Brigode.
Chevandier.
Le baron Darriule.
Le baron Dupin.
Le baron d'Escayrac de Lauture
Le duc d'Harcourt.
Kératry.
Le vice-amiral Halgan.
Le comte Marchand.
Mérilhou.
Odier.
Paturle.
Le baron de Vendeuvre.
Le comte Pelet de la Lozère.
Le baron Petit.
Le baron de Schonen.
Le vicomte de Villiers du Terrage.
Le baron Rohault de Fleury.
Laplagne Barris.
Rouillé de Fontaine.
Le vicomte Sébastiani.
Le baron de Daunant.
Le comte de Castellane.
Le duc d'Albuféra.
Le vice-amiral de Rosamel.
Maillard.
Le duc de la Force.
Le comte de la Pinsonnière.
Le baron Nau de Champlouis.
Gay-Lussac.
Le comte de Grammont d'Aster.
Le comte de Greffulhe.

MM.
Le comte Schramm.
Le marquis de Boissy.
Le vicomte Borrelli.
Le vicomte Cavaignac.
Cordier.
Le duc d'Estissac.
Lebrun.
Le comte Eugène Merlin.
Persil.
Le comte de Sainte-Hermine.
Le baron Teste.
De Vandeul.
Viennet.
Bérenger de la Drôme.
Le comte Foy.
Le marquis de Gouvion-Saint-Cyr.
Le marquis de Gabriac.
Le comte Mathieu de la Redorte.
Le comte de Montesquiou-Fezensac.
Romiguières.
Le vice-amiral Bergeret.
Le comte Arthur Beugnot.
Le vicomte de Bondy.
Franck Carré.
Le président de Gascq.
Le baron Gourgaud.
Le baron d'Oberlin.
Le comte Alexis de Saint-Priest.
Le président Boullet.
Le vicomte de Flavigny.
Le marquis d'Harcourt.
Ferrier.
Le baron de Bussière.
Passy.
Gabriel Delessert.
Le comte Jaubert.
Le vice-amiral Grivel.
Pèdre la Case.
Le duc de Choiseul-Praslin.
Le baron Marbot.
Le duc de Trévise.
Le baron Achard.
Le vicomte Victor Hugo.
Martell.
Bertin de Vaux.
Le comte de Tilly.

MM.
Le duc de Valençay.
De la Coste.
Le vicomte Duchâtel.
Le comte de Chastellux.
Le baron de Crouseilhes.
Vincent-Saint-Laurent.
Lesergeant de Monnecove.
Le marquis de Raigecourt.
Le marquis de Portes.
Le vicomte Lemercier.
De Montépin.
Anisson-Duperron.
Le comte de Morlay.
Le baron Doguereau.
Le baron Durrieu.
Le baron Girot de l'Anglade.
Fulchiron.
Le baron Fabvier.
Le baron Tupinier.
Laurens Humblot.
Raguet-Lépine.
Le baron Rœderer.
Paulze d'Ivoy.
Mesnard.
Le président Legagneur.
Le comte de Montozon.
Le vicomte Bonnemains.
Hartmann.
Flourens.
De Lagrenée.
Legentil.
Le baron Rapatel.
Renouard.
Le comte Achille Vigier.
Poinsot.
Le comte Cornudet.
Le marquis de Maleville.
Troplong.
Lafond.
Reynard.
Le baron de Schauenburg
Wustemberg.
Le comte du Moncel.
Le baron Depouthon.
Le comte de Pontois.
Harlé.

Assistés de MM. Eugène-François Cauchy, greffier en chef, et Léon de la Chauvinière, greffier en chef adjoint de la cour.

S'étaient excusés pour raison de santé et de service public :

MM.

Le marquis de Jancourt.
Le comte Lemercier.
Le comte de la Roche-Aymon.
Le duc Decazes.
Le comte Raymond de Bérenger.
Le comte d'Houdetot.
Le baron Dubreton.
Le comte de Tascher.
Le comte de Breteuil.
Le comte de Montalivet.
Le comte Chollet.
Le marquis de Crillon.
Le comte de Turenne.
Le comte d'Aubusson de la Feuillade.
Le prince de Beauvau.
Besson.
Le président Boyer.
Gautier.

MM.

Le comte Heudelet.
Le baron Thénard.
Le comte Bérenger.
Le comte Baudrand.
Le maréchal comte Gérard.
Le comte de Montalembert.
Le comte de Saint-Aignant.
Le comte Durosnel.
Le vicomte d'Abancourt.
Le baron Dupont.
Delporte
Le comte Serrurier.
Le comte de Latour-Maubourg.
Girard.
Jard-Parviller.
Le marquis de Béthizy.
Barbet de Magnoncourt.
Le baron Janin.

En exécution de cet arrêt, M. le chancelier a délégué pour l'assister :

MM. le duc de Broglie, le duc Decazes, le comte Portalis, le vicomte Dode, le baron Girod (de l'Ain), le duc de Fezensac, Barthe, Persil, le président Legagneur, Renouard.

La cour s'est séparée à trois heures.

TRIBUNAL CIVIL DE LA SEINE.

(1re CHAMBRE.)

Présidence de M. Barbou.

Audience du 7 mai

Une affluence considérable se pressait dans l'enceinte de la première chambre pour entendre le jugement qui devait être rendu dans cette affaire : quelques personnes s'attendaient même à un incident nouveau, mais, à l'appel de la cause, la retenue a été prononcée purement et simplement, et M. le président a donné lecture du jugement suivant :

« Attendu que la demande de Parmentier et ses conclusions additionnelles tendent principalement à ce qu'il plaise au tribunal de condamner les sieurs de Cubières, Renauld, Henry, Mellet, Van-Gobbelschroy et Pinto, solidairement à verser immédiatement dans la caisse du banquier de la société formée pour l'exploitation des mines de houille et de sel de Gouhenans la somme de deux millions, formant l'apport en espèces dont il est parlé en l'article 4 de l'acte constitutif de la société, des 28 et 30 juillet 1846, déposé chez Me Ferran, notaire à Paris, le 29 octobre suivant.

« Attendu que Cubières est complétement étranger à cet apport; qu'il est constant, d'une part, qu'il ne figure pas parmi les individus dénommés dans l'article 4 du contrat des 28 et 30 juillet, comme contribuant a cet apport dans des proportions y déterminées ; que, d'autre part, il n'est justifié d'aucun acte ou d'aucun fait qui puisse le faire considérer comme engagé, soit directement, soit indirectement, à quelque titre que ce soit, à contribuer audit apport;

« Attendu que les autres défendeurs comme souscripteurs d'un certain nombre d'actions ne peuvent être tenus qu'au versement, chacun en ce qui le concerne, du montant des actions qu'ils ont souscrites ; qu'il n'est justifié d'aucune stipulation de solidarité; que la solidarité ne se présume pas et doit être expresse ; que par des conventions antérieures à l'acte de société Van-Gobbelschroy, Pinto, Henry et Mellet s'étaient bien, il est vrai, engagés à se rendre acquéreurs dans la nouvelle société de 2,000 parts ou actions représentant deux millions ; mais avec la faculté alternative de faire souscrire les 2,000 actions par des personnes solvables, dans un délai donné, ce qui a eu lieu; que rien ne constate qu'ils se soient obligés à rester garants solidaires de ces souscripteurs; que les conventions établissent même le contraire.

« Attendu que la solidarité ne résulte pas non plus de l'article 10 de l'acte des 28 et 30 juillet 1846; que la solidarité y prévue s'applique à tout autre cas que celui du procès ; qu'en effet, cet article est relatif aux actionnaires en retard pour le payement des sommes dues par eux; que c'est à cette occasion qu'il est dit que les souscripteurs primitifs et leurs cessionnaires demeureront solidairement responsables du payement intégral de 1,000 fr. par part d'intérêt; que les souscripteurs dénommés en l'art. 5 de l'acte des 28 et 30 juillet ne sont pas cessionnaires des défendeurs, mais souscripteurs directs, acceptés en cette qualité par Renauld, liquidateur de l'ancienne société et mandataire de Parmentier et consorts ;

« Attendu que pour atteindre le général Cubières, Parmentier poursuit les défendeurs comme membres du conseil d'administration ;

« Attendu que la responsabilité des défendeurs en cette qualité n'est pas engagée par suite du défaut de payement de quelques souscripteurs ; qu'il est bien dit dans les statuts qu'à défaut par un sociétaire de payer dans les délais fixés un ou plusieurs cinquièmes, les administrateurs auront à poursuivre les retardataires, mais qu'on ne saurait en induire raisonnablement qu'en cas de non payement les administrateurs payeront de leurs deniers ; qu'une pareille conséquence est complétement inadmissible et ne pourrait être accueillie qu'en cas de dol ou de négligence équivalant à une faute lourde ;

« Qu'il n'est justifié d'aucun fait de cette nature imputable aux défendeurs, considérés comme administrateurs et relativement aux obligations que leur imposait cette qualité ;

« Attendu que le chef de conclusions relatif à la fixation de l'échéance des cinquièmes est sans intérêt; que, d'ailleurs, par des conventions postérieures à celles invoquées par Parmentier, il a été entendu que les délais successifs pour les versements par cinquièmes pourraient être répartis dans le cours d'une année ; que la fixation faite par l'acte de société est donc régulière ;

« Attendu que la partie des conclusions de Parmentier tendant à ce que les défendeurs soient condamnés à lui verser immédiatement 2,000 actions de 1,000 francs, lui revenant dans la nouvelle société, n'est pas plus fondée que celles sus-énoncées ;

« Attendu, d'une part, que ce n'est pas 2,000 actions qui sont dues à Parmentier, mais 1,500 seulement, puisque 500 ont été distraites des 2,000 au profit d'Eyquem et de Henry ;

« Attendu, d'autre part, qu'il est dit dans l'article 8 de l'acte constitutif de la société, que les certificats constatant la propriété des trois mille parts attribuées aux membres de l'ancienne société ne seront délivrés à Parmentier, Grellet et consorts, chacun dans la proportion de leur intérêt, qu'après la remise des titres de propriété, la justification de l'entier paiement du prix, l'accomplissement des formalités de la purge des hypothèques et la radiation des inscriptions qui pourraient grever les immeubles mis en société ;

« Attendu que ces dernières formalités n'ont pu être commencées que depuis la réalisation définitive de l'acte de société, qui n'a eu lieu que le 29 octobre dernier, deux mois avant la demande, et ne sont pas encore mises à fin ;

« Attendu que le chef de demande relatif aux dommages-intérêts à donner par état est repoussé par les motifs ci-dessus déduits, puisque ces dommages-intérêts ne sont demandés que comme conséquence de fautes ou d'inexécution d'obligations que le tribunal ne reconnaît pas ;

« Attendu que les conclusions prises contre Renauld personnellement en termes vagues et généraux, ne sont pas justifiées ; qu'il n'est pas démontré, en effet, que Renauld ait excédé son mandat ou ait manqué aux obligations qui en dérivent ;

« Attendu que les défendeurs concluent reconventionnellement à la suppression des mémoires produits par Parmentier ;

« Attendu que si, aux termes de l'art. 25 de la loi du 17 mai 1819, les écrits produits devant les tribunaux ne donnent pas lieu à l'action en diffamation ou injure, les juges saisis de la cause peuvent cependant, en statuant sur le fond, prononcer la suppression des écrits injurieux ou diffamatoires ;

« Attendu qu'il est constant que Parmentier a produit à l'appui de sa demande et distribué au tribunal deux mémoires qui contiennent contre les défendeurs, et particulièrement contre Despans-Cubières, des imputations injurieuses et diffamatoires, étrangères à la cause ;

« Attendu que le tribunal n'a pas à examiner si ces imputations sont ou non fondées ; que la suppression des mémoires produits dans un procès n'est pas l'application d'une peine pour un délit, ni même la réparation civile d'un dommage pour quasi-délit, mais une mesure de police que les tribunaux sont autorisés à prononcer, même d'office, dans l'intérêt du respect que commande l'administration de la justice ; qu'il est porté atteinte à ce respect, lorsque, comme dans l'espèce, une des parties dépasse les limites de la défense, sans excuse légitime et en dehors des besoins de sa cause.

« Le tribunal déboute Parmentier de sa demande, lui donne acte de ce que les défendeurs reconnaissent qu'ils doivent tenir à sa disposition 1,500 actions, quand le cas prévu sera arrivé ;

« Ordonne la suppression des mémoires produits par Parmentier, et condamne ledit Parmentier aux dépens. »

COUR DES PAIRS.

Présidence de M. le duc Pasquier, chancelier.

Séances des 21, 25 et 26 juin.

EXTRAIT DU RAPPORT DE LA COMMISSION (1).

M. le chancelier et les pairs chargés par lui de l'assister n'ont rien négligé pour arriver à la connaissance des faits, et pour en éclairer les moindres détails. De longs interrogatoires ont été subis, à plusieurs reprises, par chacun des inculpés; des témoins ont été entendus; de nombreuses pièces et de volumineuses correspondances ont été déposées ou saisies, tant à Paris que dans la Haute-Saône; des perquisitions ont été faites; les ministres des finances et des travaux publics, et le Conseil d'Etat, ont mis à notre pleine disposition tous leurs documents. La cour tout entière assistera, en quelque sorte, aux investigations de l'instruction par la lecture des pièces qui ont été imprimées. Comme il importe que la vérité soit connue, et que l'impossibilité de réticences, même involontaires, demeure démontrée, il a paru convenable d'étendre les impressions de pièces fort au delà du strict nécessaire, afin qu'aucun détail, même parmi ceux qui sembleraient superflus, ne puisse échapper à l'attention et à la sollicitude de personne.

La nature de cette affaire commandait d'en agir ainsi, et il importait à la morale publique, justement alarmée, que les investigations fussent portées aussi loin qu'elles pouvaient s'étendre. Une accusation d'escroquerie dirigée contre un pair de France est un sujet de profonde douleur; une accusation de manœuvres corruptrices, auxquelles on imputerait à un haut fonctionnaire de s'être prêté, attristerait plus péniblement encore la nation tout entière, car la nation met une louable fierté à aimer que son respect accompagne son obéissance; elle veut et a droit de vouloir que la gestion de ses intérêts soit confiée à des hommes intègres et purs.

Contre de telles douleurs, il n'existe qu'un remède vrai, c'est de les sonder d'une main courageuse, sans fausse complaisance pour personne; l'opinion publique ne s'égare pas quand on lui dit tout. En France, pays d'honneur et de justice, on sait remplir un double devoir, celui de ne tolérer aucun méfait, de quelque part qu'il vienne, celui de ne condamner personne sans une pleine conviction de sa culpabilité.

Pour comprendre cette affaire, pour reconnaître, au milieu de nombreux documents et de détails infinis, la position véritable de chacun

(1) Le ra[illegible]ort qui a été fait par M. Renouard dans la séance du 21 juin présente d'abo[illegible]n résu[illegible] des faits et des actes de la procédure jusqu'au 7 mai. Ces faits et ces act[illegible] étant relatés co[illegible]létement dans la 1re livraison de notre compte rendu, nous nous a[illegible]stenons de les repro[illegible]ire ici.

de ceux qui y ont été mêlés, il est indispensable de se faire d'abord une idée exacte de ce qu'est l'établissement de Gouhenans, et de la concession qui a été demandée et obtenue.

La loi du 17 juin 1840 contient les dispositions suivantes :

« Art. 1er. Nulle exploitation de mines de sel, de sources ou de puits d'eau salée naturellement ou artificiellement, ne peut avoir lieu qu'en vertu d'une concession consentie par ordonnance royale délibérée en conseil d'Etat.

« Art. 3. Les concessions seront faites de préférence aux propriétaires des établissements légalement existants.

« Art. 4. Les concessions ne pourront excéder 20 kilomètres carrés, s'il s'agit d'une mine de sel, et 1 kilomètre carré pour l'exploitation d'une source ou d'un puits d'eau salée...

« Art. 19 et dernier. Les dispositions de la présente loi qui pourraient porter atteinte aux droits de la concession faite au domaine de l'Etat, en exécution de la loi du 6 avril 1825, n'auront effet, dans les départements dénommés en ladite loi, qu'après le 1er octobre 1841. Jusqu'à cette époque, les lois et règlements existants continueront à recevoir leur application dans lesdits départements. »

La loi du 6 avril 1825 est celle qui a autorisé l'Etat à concéder pour quatre-vingt-dix-neuf ans, à titre de régie intéressée, les salines de l'Est et la mine de sel gemme de Vic.

Le 1er juillet 1840, Parmentier, Grillet et compagnie déposèrent à la préfecture de la Haute-Saône une demande en concession de 20 kilomètres carrés de sel gemme sis à Gouhenans et communes circonvoisines.

Qu'étaient MM. Parmentier, Grillet et compagnie?

Par acte du 24 juin 1826, Parmentier, Grillet, Sironvalle et Stiefvater avaient formé une société dont le capital était divisé en cent parts. Par ordonnance royale du 30 juillet 1828, cette société obtint, sous le titre de *concession de Gouhenans*, l'exploitation de gîtes houillers sis à Gouhenans et communes circonvoisines. L'étendue de cette concession était de 15 kilomètres carrés 78 hect.

Cette société, en fouillant les terrains de houille, découvrit une mine de sel gemme, dont elle demanda la concession. Par ordonnance royale du 3 décembre 1828, sa demande fut repoussée comme portant atteinte aux droits assurés au domaine de l'Etat par la loi du 6 avril 1825.

Parmentier et ses associés ne s'en livrèrent pas moins à l'extraction, à la fabrication et à la vente du sel.

Parmentier fut poursuivi correctionnellement. Après de longues procédures et plusieurs arrêts de la cour de cassation, un arrêt de la cour royale de Lyon, du 16 octobre 1834, condamna Parmentier en 500 francs d'amende, ordonna la cessation de ses travaux d'exploitation de la saline, et donna acte des réserves faites au nom du domaine de l'Etat à fin de dommages et intérêts. Le pourvoi contre cet arrêt fut rejeté par la chambre criminelle de la cour de cassation, le 17 janvier 1835. La saline fut fermée le 5 février 1835, et pour exécuter les mandements de la justice, il fallut avoir recours à l'intervention de la force armée.

Le 10 février 1835, l'administration des domaines et la compagnie des salines de l'Est demandèrent contre la compagnie Parmentier la somme de 1,300,000 francs de dommages et intérêts. Il fut jugé qu'il n'existait entre les copropriétaires qu'une société civile, et les poursuites furent continuées individuellement contre Parmentier, Grillet et Stiefvater.

Le tribunal de Lure avait rejeté cette demande, et le jugement avait été confirmé par la cour royale de Besançon, par arrêt du 21 juillet 1836. Mais cet arrêt a été cassé le 7 août 1839, et l'affaire renvoyée devant la cour royale de Lyon.

Devant la Cour de Lyon, l'Etat et la compagnie des salines conclurent à 1,609,580 francs de dommages et intérêts. Un arrêt du 27 août 1841 condamna Parmentier, Grillet et Stiefvater, solidairement et par corps, à indemniser l'Etat et les salines de l'Est du préjudice causé par la concurrence des sels de Gouhenans. La cour se réserva de fixer ultérieurement le chiffre de l'indemnité dont elle consacrait le principe. Un pourvoi de Parmentier contre cet arrêt fut rejeté par la chambre des requêtes de la cour de cassation, le 15 février 1843. Par arrêt du 24 mai 1844, la cour royale de Lyon a réglé l'indemnité à 147,580 fr.

Ce serait détourner l'attention de la cour sur des détails superflus, que d'indiquer, même par une très-succincte analyse, les nombreux procès qui se sont agités entre les copropriétaires de Gouhenans. Il est une circonstance de ces procès sur laquelle on revient sans cesse dans les lettres qu'on lira à la suite du présent rapport, et qui doit être mentionnée pour l'intelligence de cette correspondance, bien que n'ayant qu'indirectement trait à l'affaire actuelle : c'est l'établissement judiciaire d'un séquestre, par arrêt du 18 novembre 1834, et la nomination, à cet effet, d'un sieur Garnier, chargé d'administrer dans l'intéret commun. Parmentier, que cette mesure contrariait fort, a toujours attaché une grande importance à la suppression de ce séquestre : elle a été prononcée le 5 août 1842.

Un arrêt de la cour royale de Besançon, du 18 mars 1834, a fixé à quarante-quatre centièmes la part de M. Grillet. Les cinquante-six autres centièmes étaient, à ce moment, répartis ainsi qu'il suit : cinquante à M. Parmentier, cinq à M. Stiefvater, un à M. Cardot.

A l'époque où la demande de concession fut formée, le général Cubières était propriétaire d'un centième. Voici, d'après des notes de sa main et les déclarations de l'instruction, le résultat de ses acquisitions diverses, jusqu'à l'ordonnance de concession du 3 janvier 1843.

1er mars 1839, un centième acheté de Grillet, moyennant.	25,000 fr.
5 septembre 1841, un centième acheté de Fumerey.	20,000
6 et 28 mars ou mai 1842, deux centièmes achetés de Grillet.	34,000
15 septembre 1842, deux centièmes achetés de Grillet	50,000
9 novembre 1842, un centième acheté de Grillet. . .	30,000
Total, sept centièmes achetés moyennant.	159,000 fr.

L'instruction administrative, sur la demande de concession formée par Parmentier, Grillet et compagnie, le 1er juillet 1840, avait été ajournée, à raison de plusieurs irrégularités dans la forme de cette demande, qui rappelait, hors de propos, les anciennes contestations avec l'administration, et aussi dans l'attente prochaine du règlement destiné à l'exécution de la loi du 17 juin 1840, et annoncé par cette loi. De plus, le ministère des finances insistait auprès du ministère des travaux publics pour que l'instruction de ces sortes d'affaires, dans les dix départements de l'Est, fût retardée jusqu'au 1er octobre 1841. L'ordonnance royale portant règlement a été rendue le 7 mars 1841.

Le 24 avril 1841, Parmentier, Grillet et compagnie ont renouvelé leur demande. C'est après cette seconde demande que les démarches ont été actives, et que le général Cubières y a pris un rôle.

Les demandeurs s'appuyaient sur leur double qualité d'inventeurs de la mine de sel gemme et de concessionnaires de la houille superposée à la mine de sel. L'instruction administrative à laquelle cette affaire a donné lieu, sans leur reconnaître le caractère d'inventeurs proprement dits, et sans leur accorder la concession de la mine de sel pour toute l'étendue que couvre leur concession de houille, a cependant constaté qu'ils avaient des droits, et comme ayant atteint et mis à découvert le sel gemme par leurs travaux, et comme exploitants du gîte houiller sis au-dessus du gîte salifère.

Mais, malgré ces droits, ils redoutaient plusieurs natures d'objections et d'obstacles, qui leur faisaient prévoir que la concession ne serait pas obtenue par eux sans difficultés.

Les longs procès qu'ils avaient soutenus contre l'administration, devant tant de juridictions différentes, et qui n'étaient pas arrivés à leur terme, pouvaient, d'une part, inspirer contre eux défiance et défaveur, et, d'autre part, faire naître des doutes sur leur solvabilité. Le chiffre de l'indemnité réclamée par le domaine de l'Etat et par la compagnie des salines de l'Est n'était pas encore judiciairement fixé; l'administration devait croire ses prétentions bien fondées; et il était naturel que le recouvrement d'une somme éventuelle de 1,600,000 francs lui parût difficile, et lui commandât des précautions.

Les jugements et arrêts rendus dans les procès qui avaient divisé les copropriétaires de Gouhenans faisaient naître, sur la nature et les conditions de leur société, des doutes qui ont toujours arrêté le ministère des finances; qui lui ont, jusqu'à la fin, paru si graves, qu'ils ont été le principal motif d'une opposition formée par ce ministère devant le conseil d'Etat, à l'adoption de l'ordonnance de concession; qui, enfin, ont décidé le conseil d'Etat, ainsi qu'on le verra ci-après, à modifier, en un point, le projet d'ordonnance préparé par le ministère des travaux publics.

Trois autres demandes de concession sur le territoire de Gouhenans avaient été formées, l'une, le 1er août 1840, par M. Lissot, propriétaire d'une concession houillère à Athesans; une seconde, le 8 août 1840, par M. Prinet; une troisième, le 21 janvier 1841, par M. Kœchlin.

Les demandeurs paraissent avoir quelque temps redouté la possibilité d'une autre concurrence. On leur faisait craindre que le domaine de l'Etat, dont le monopole sur les salines de l'Est devait expirer le 1er octobre 1841, n'élevât la prétention d'obtenir lui-même une concession, comme le pouvaient faire des particuliers.

Restait enfin un point important. La concession était demandée pour vingt kilomètres carrés, c'est-à-dire, pour le maximum d'étendue fixé par la loi de 1840. La compagnie de Gouhenans avait à l'obtention d'un aussi vaste périmètre le double intérêt d'agrandir son exploitation et d'empêcher ou d'éloigner les concurrences. Elle s'attendait à une réduction de sa demande ; mais elle insistait pour obtenir les quatorze kilomètres qu'embrassait sa concession houillère. Elle avait à craindre que l'administration supérieure ne donnât la préférence au système des petites concessions.

Les hommes probes appuient leurs prétentions sur leurs droits. Les consciences faciles étendent très-loin la maxime que le bon droit a besoin d'aide, et n'ont, sur les questions même de justice, une ferme confiance que dans la faveur. Ceux à qui la faveur ne suffit pas, et qui demandent aide à la corruption, sont justiciables du code pénal. La cour aura à rechercher s'il est vrai que Parmentier et le général Cubières ont eu recours ou tenté de recourir à la corruption pour triompher des difficultés qui pouvaient empêcher le succès de leur demande en concession.

Le général Cubières s'accuse d'en avoir conçu le projet. Son système de défense consiste à prétendre que ce projet n'a point été mis à exécution : que, trompé par de faux rapports et par les erreurs de ses jugements, il a eu le tort de rassembler les moyens d'accomplir ce projet, mais qu'il y a volontairement renoncé ; qu'aucune tentative de corruption n'a été essayée auprès d'aucun fonctionnaire public ; que les moyens de corruption mis à sa disposition par Parmentier et par la société de Gouhenans ont été pleinement et intégralement restitués par lui à ceux qui les avaient confiés entre ses mains, sans que lui-même en ait rien employé, rien versé à qui que ce soit, rien gardé pour son propre compte.

Parmentier soutient n'avoir jamais cru à la sincérité des projets de corruption annoncés par le général Cubières. Suivant lui, le plan du général était de s'emparer, sans bourse délier, d'un dixième de l'intérêt social, afin de l'ajouter aux parts qu'il possédait déjà ; c'est pour y parvenir que le général s'est fait remettre ce dixième en deux fois, feignant de le destiner à des dépenses de corruption. Lui, Parmentier, n'osait pas déjouer ces manœuvres ; il craignait que le général, abusant de sa connaissance des affaires de Gouhenans, n'en livrât le secret à des concurrents, et ne leur portât le secours de son crédit et de son influence.

Parmentier déclare avoir imaginé une autre feinte pour combattre celle-là ; il faisait semblant de croire aux projets de corruption, de les favoriser, d'y participer ; mais il avait grand soin d'insérer dans les actes certaines clauses à double sens, dans lesquelles le général croirait lire que des sommes ou des parts d'intérêts lui seraient confiées avec dispense d'en rendre compte, tandis que leur signification réelle l'obligerait à des comptes qu'il ne pourrait jamais rendre, puisqu'il n'aurait rien dépensé ; ce qui le constituerait débiteur personnel de tout ce qu'il aurait reçu, et le conduirait à la nécessité d'une restitution.

L'un de ces systèmes est-il vrai, ou sont-ils faux tous les deux ? Contiennent-ils un mélange de vrai et de faux ? La corruption, dont tous les deux repoussent et la tentative et l'exécution, a-t-elle été exécutée ou tentée ? Y a-t-il lieu d'examiner la conduite de personnes autres que MM. Parmentier et Despans-Cubières, et d'étendre le cercle des inculpations ?

Ce n'est point à l'aide de simples conjectures que l'on doit résoudre ces questions. La cour voudra en chercher la réponse dans un examen attentif des faits, des actes, des correspondances, des témoignages.

Comme cette affaire est chargée de détails, il est bon, pour plus de clarté, d'en diviser l'étude en plusieurs époques correspondantes aux actes les plus importants qui distinguent et caractérisent ses diverses phases.

Première époque.

Depuis la seconde demande de concession du 24 *avril* 1841, *jusqu'à l'acte authentique du* 5 *février* 1842.

Au début de cette affaire, tout s'explique légitimement.

MM. Parmentier et Cubières ont un intérêt commun. Ils se concertent pour le succès de la demande en concession ; ils se communiquent leurs observations et les résultats de leurs démarches.

Le général Cubières n'est encore propriétaire que d'un centième. M. Parmentier s'emploie de son mieux pour lui faire acquérir d'autres parts d'intérêt. Un centième est acheté de M. Fumerey, le 5 septembre 1841, moyennant 20,000 fr.

Les ministres auprès desquels les démarches semblent nécessaires sont MM. les ministres des travaux publics et des finances. Tous les deux reçoivent le général Cubières avec la bonne grâce et les égards qui devaient naturellement résulter de leur situation respective.

M. le ministre des travaux publics reçoit M. Parmentier, qui use, en se présentant à lui, du droit appartenant à tout administré, de défendre ses intérêts auprès de l'administration supérieure. M. Parmentier avait d'ailleurs un titre particulier à un accueil bienveillant de M. Teste, qui avait eu occasion, lorsqu'il était avocat, de rédiger à sa demande une consultation.

M. Teste, s'il faut en croire la correspondance, est favorable à la demande de concession. Il n'avait nul mystère à faire de ses bonnes dispositions, ni aucun motif de se refuser à des indications sur la marche à suivre. M. Humann fait des objections.

Les lettres de M. Parmentier au général Cubières, des 7 et 24 septembre 1841, indiquent un premier écart de la voie droite. Il y est dit, en parlant de M. Humann :

« Je crois qu'il désire une alliance avec nous. Vous savez que j'ai prévu cette éventualité, et vous vous rappelez ce que je vous en ai dit. Je crois maintenant qu'il serait utile pour nous de conclure cette alliance, alors tout s'aplanirait devant nous. Les négociations mêmes, dussent-elles ne pas finir par cette alliance, nous seraient très-utiles. Connaissant sur ce point, comme sur tous les autres, le bon esprit de nos principaux associés, je crois inutile de les prévenir de ma démarche actuelle. Elle a pour objet, si vous pensez comme moi, de vous prier de sonder les dispositions de M. Humann, de lui demander, le cas échéant, un rendez-vous pour vous et moi, le plus rapproché possible, et de me mander aussitôt.

« Quoi qu'en dise M. Humann, et vous l'avez bien vu, nous ne pouvons pas compter sur sa franchise. Il restera encore assez au pouvoir pour nous nuire s'il le veut, et, n'y fût-il plus, son hostilité serait encore à craindre. Je persiste donc à penser qu'une alliance avec lui serait éminemment utile, et qu'une négociation commencée dans ce but, ne dût-elle rien produire en définitive, suspendrait au moins les effets de son mauvais vouloir, et pourrait même assurer notre avenir. Si donc vous jugez à propos et sans inconvénient de tenter une nouvelle démarche, afin de lui faire rompre son prudent silence, il me semble que vous pourriez réussir. Je crois qu'il désire notre alliance, et peut-être que la seule cause qui l'a empêché de vous en parler à votre dernière entrevue, c'est qu'il pensait vous en avoir assez dit lors de la précédente. Pesez tout cela dans votre sagesse, et, quant à l'exécution, personne ne pourrait mieux que vous manier cette délicate négociation. »

Interrogé le 26 mai sur ces lettres, M. Parmentier a dit : « Il n'y a rien de plus simple. M. Humann était à la fois ministre des finances et l'un des plus forts intéressés dans l'entreprise de Dieuze. La saline de Dieuze avait été longtemps la rivale, et la rivale heureuse de Gouhenans. J'exprimai la pensée qu'il serait utile que les propriétaires des deux établissements s'entendissent ; il n'y a pas là l'ombre d'une pensée de corruption.

D. Lorsqu'on s'adresse à un ministre pour lui demander un concours favorable pour une entreprise que l'on forme, et lorsqu'on s'adresse en même temps à son intérêt privé pour obtenir ce concours, n'est-on pas bien voisin de la pensée de corruption? — R. Telle n'a pas été du tout ma pensée. M. Humann n'était pas le ministre de la chose. Je ne le considérais dans cette affaire que comme un particulier puissant, ayant beaucoup de crédit, et qui était intéressé dans une entreprise rivale. Le mot d'alliance exprimait bien clairement ma pensée.

La suite de la correspondance montre que cette insinuation faite par Parmentier a été considérée comme non avenue, ou est demeurée sans résultat. Pour ne pas revenir sur ce point, on peut se borner à citer le post-scriptum d'une lettre à lui écrite par le général Cubières, le 24 avril 1842 : « P. S. du 25. Cette lettre n'étant pas partie hier, je l'ouvre pour vous annoncer la mort de M. Humann, d'une attaque d'apoplexie, pendant que nous enterrions le maréchal Moncey aux Invalides. Ce sera un embarras pour le ministère, mais nous n'aurons pas personnellement à en souffrir pour les sels. »

Le 15 novembre 1841, Parmentier écrit au général : « Nous n'avons pas, pour le moment, à nous occuper du fond spécialement, devant l'administration supérieure. Cependant je crois utile de vous transmettre quelques détails, en attendant que j'aille vous dire tout ce qui ne peut pas entrer dans une lettre ; ce que je ferai incessamment. »

A la fin de novembre, Parmentier vient à Paris. L'instruction ne révèle pas ce qui, pendant ce voyage, s'est passé entre le général Cubières et Parmentier ; mais après le retour de celui-ci à Lure, une lettre à lui écrite par le général, le 14 janvier 1842, appelle toute l'attention de la cour (1).

(1) Voir page 6.

Le 22 janvier, le 26 janvier, nouvelle insistance du général. Le 5 février, il écrit de Paris (1).

Pendant que, le 5 février, le général écrivait ainsi de Paris, tout était préparé au siége de la société pour mettre ses propositions à exécution. Les sociétaires réunis à Vesoul ont, le 5 février, signé presque tous, par-devant Me Lamboley, notaire, un acte qui occupe une grande place dans cette affaire. M. Dessirier, l'un des sociétaires, entendu à Vesoul comme témoin le 2 juin, a dit que l'acte a été rédigé chez lui, et paraissait chose déjà convenue entre les principaux intéressés.

Par cet acte, les cent parts anciennes d'intérêts ont été divisées en cinq cent vingt-cinq parts ou actions Sur ce nombre, cinq cents actions ont été déclarées appartenir aux sociétaires dans la proportion de ce que chacun avait auparavant, c'est-à-dire que le droit à une des portions anciennes a donné droit à cinq des nouvelles.

Puis vient la clause suivante :

« Le nombre qui excède cinq cents dans les nouvelles portions ou actions est mis à la disposition de M. le général Cubières et de M. Parmentier, qui s'en serviront pour le bien et l'amélioration des établissements, sans être obligés d'en rendre compte ; à cet effet, il leur sera délivré deux grosses de la présente convention, et un plus grand nombre s'ils le jugent convenables ; ils sont même autorisés, pour rendre ces vingt-cinq portions ou actions plus disponibles, à créer eux-mêmes vingt-cinq titres au porteur, qu'ils signeront Parmentier, Grillet et compagnie, autorisant, dès ce jour, M. le lieutenant général Cubières à se servir de cette signature dans cette circonstance. »

Il n'est pas besoin d'insister sur le sens et la portée de cet acte, qui mettait à la disposition commune de MM. Parmentier et Cubières les instruments de corruption réclamés par celui-ci.

Deuxième époque.

Depuis l'acte du 5 février 1842 jusqu'aux actes du 18 juin suivant.

Après la signature de l'acte du 5 février, M. Parmentier se rendit à Paris. Il en repartit le 25 février, rappelé à Lure par deux nécessités : celle de faire rédiger un nouvel acte social ; celle de préparer de nouveaux sacrifices.

M. Parmentier alla donc à Lure, et y fit faire l'acte notarié du 2 mars 1842.

L'autre motif du retour de M. Parmentier à Lure était la demande de nouveaux sacrifices. Cette partie de l'affaire est des plus graves, et exige des développements.

(1) Voir page 7.

A partir de l'acte du 5 février, les projets et les propositions de corruption étaient à front découvert dans la correspondance entre Parmentier, le général, et Lanoir, aujourd hui décédé. Le général et Parmentier agissent; Lanoir est leur confident ; un autre confident a été M. Renauld, de Vesoul, entendu comme témoin dans l'instruction.

La correspondance imprimée à la suite du présent rapport, et dont il faut, en cette partie, peser attentivement tous les termes, expose, suivant l'ordre des dates, les incidents à travers lesquels la négociation, vraie ou fausse, de corruption aurait passé. Il est bon de rechercher ici le rôle spécial que chacun semble avoir joué, et de faire successivement connaître ceux qui ont paru comme acteurs.

Parlons d'abord de ce qui concerne le général Despans-Cubières.

Le général reçoit les propositions de corruption ; il les transmet à Parmentier, en pressant celui-ci de réunir les sommes ou les actions nécessaires à leur exécution. Déjà l'acte du 5 février venait de créer, par-devant notaire, vingt-cinq actions destinées à cet usage; mais cette création ne suffit pas: la corruption se met à plus haut prix. Il faut obtenir des sociétaires de Gouhenans le doublement de ces actions, c'est-à-dire, les porter à cinquante par la création de vingt-cinq actions nouvelles. Il se pourra que l'on traite à moins, peut-être à quarante-cinq ; peut-être à quarante, mais sans quarante, point d'affaire.

La négociation devait déjà avoir été poussée fort loin pendant le séjour de Parmentier à Paris; car, dès le 24 février, lendemain de son départ, le général lui écrit : « Maintenant, c'est moi qu'on presse ; on m'a relancé hier et ce matin ; on se montre très-ardent, très-désireux de terminer dans le plus bref délai. » La correspondance continue sur ce ton jusqu'à la fin d'avril, époque à laquelle Parmentier revient à Paris. Une cruelle douleur domestique, la perte de sa fille aînée, décédée au commencement d'avril, l'avait empêché pendant quelque temps de s'occuper d'affaires.

Rien n'est plus pressant que les lettres du général. Espérances, craintes, cajolerie, confidences, avertissement inquiétant sur la pensée secrète, intime des agents secondaires de l'administration, il emploie tous les moyens pour décider et hâter la détermination de Parmentier. C'est ce que démontre avec la dernière évidence la simple lecture de ses lettres.

Le général est accusé par M. Parmentier d'avoir joué une odieuse comédie pour s'approprier des actions. Les détails circonstanciés dans lesquels entre sa correspondance, quels que soient leur suite, leur nombre, leur prévision, leur concordance, ne seraient qu'invention pure; ils auraient été concertés avec le prétendu intermédiaire, M. Pellapra, complice de la friponnerie du général. Le haut fonctionnaire, si souvent et si nettement désigné comme allant au-devant de la corruption, a été indignement calomnié; jamais il n'a été question de corruption que dans les mensongères confidences de M. de Cubières et de ses conversations.

Le général repousse cette accusation. Il s'est trompé de bonne foi; il n'a agi, ou plutôt n'a manifesté l'intention d'agir, que dans l'intérêt de la compagnie de Gouhenans. Ses lettres, il ne les dénie pas; mais on aurait tort d'y voir la preuve d'une corruption exécutée, ou même sérieusement tentée; il rétracte ce qu'elles pourraient, en apparence, présenter de compromettant contre M. Teste, auquel on n'a point fait l'offense d'une proposition coupable, et qu'il se reproche d'avoir, trop légèrement, paru mettre en jeu dans sa correspondance. Il déclare, dans son interrogatoire du 8 mai, avoir voulu parler, non de personnes considérables, mais, au contraire, de personnes placées à l'autre extrémité de l'échelle. Il convient, dans son interrogatoire du 28 mai, que quelques passages sont applicables à M. Pellapra. Ses lettres, dont il s'applique à atténuer les effets et à éteindre le sens, ont, du reste, été écrites sous l'impression de faux rapports et de préjugés injustes. La cour comparera ces explications avec la teneur des lettres.

Les démarches et les lettres du général, depuis le 5 février jusqu'au 18 juin 1842, offrent à choisir entre trois systèmes, en ce qui concerne l'intérêt personnel en vue duquel Parmentier l'accuse d'avoir agi. Le général a-t-il, ainsi que lui même le soutient, uniquement agi dans l'intérêt de la compagnie de Gouhenans? A-t-il, ainsi que le soutient Parmentier, uniquement agi dans son intérêt propre? A-t-il agi, tout à la fois, et pour procurer la concession à la compagnie, et pour s'approprier personnellement des profits particuliers?

Tout en poursuivant sa négociation principale, le général n'a pas un instant mis en oubli son projet d'acquérir de nouvelles parts d'intérêt dans la compagnie.

Une autre spéculation était faite par le général ; il voulait obtenir la disposition de l'entrepôt de Gouhenans à Paris. Un grand nombre de lettres parlent de cette concession d'entrepôt.

Ce projet du général Cubières d'obtenir pour lui-même l'entrepôt de Paris, sauf à le faire gérer, était une idée à laquelle il tenait beaucoup, et dont il a longtemps poursuivi l'exécution avec persévérance. On le le voit, en 1844, discuter avec M. Hézard, directeur des établissements de Gouhenans, un traité qui le constituait personnellement entreposeur, et qui est resté en projet à cause de difficultés relatives au cautionnement.

Ce qui dans cette promesse d'entrepôt doit cependant attirer l'attention, ce sont les termes dans lesquels elle est rapportée en la note fort importante qui était incluse, cachetée, dans la lettre à Parmentier du 24 février 1844, note contenant les stipulations du marché de corruption. On lit dans cette note : « L'entrepôt de Paris serait à concéder d'avance, et dès à présent, en rémunération des services rendus et à rendre par... » On pourrait conclure de ces expressions que la promesse d'entrepôt faite à M. Cubières était la part que ses associés lui allouaient pour prix de ses démarches.

Interrogé, le 10 mai, sur ce passage de la note, M. Cubières n'a point avoué que la personne à qui il s'agissait de concéder l'entrepôt était lui-même ; ce qui a depuis été démontré par les lettres saisies et par l'instruction. Voici ses réponses :

D. Quelle est la personne que vous avez voulu désigner? — R. C'est une des personnes avec lesquelles j'étais en relation, et que je ne veux pas nommer.

D. Je vous fais remarquer que la concession de l'entrepôt de Paris n'est pas seulement destinée, suivant vous, à récompenser des services à rendre, mais des services rendus. De quelle nature étaient ces services? — R. Je crois que cette personne se donnait plus de mouvement qu'elle ne nous rendait de services réels. Je n'ai aucun souvenir de services particuliers qu'elle nous ait rendus.

Ni de la spéculation consistant en achat d'actions, ni de l'intention de se faire attribuer l'entrepôt de Paris, ne résulte aucune preuve contre M. Cubières d'avoir voulu, ainsi que Parmentier le lui impute, s'approprier les actions qu'il réclamait de ses associés pour dépenses de corruption. Une note écrite de la main du général (58e pièce imprimée) doit-elle porter à croire que l'accusation est vraie, mais en partie seulement? Faut-il induire de cette pièce que l'intention du général, au moment où elle a été écrite, a été de s'approprier, non la totalité, mais une partie des actions? Le général proteste contre cette interprétation.

La note commence par une évaluation des actions de Gouhenans. Chaque cinq-cent-vingt-cinquième donnerait un revenu de 1,525 fr., ce qui représenterait, à 7 pour cent, un capital de 21,800 francs. L'évaluation semble fort exagérée, si on la compare au prix des actions qui ont été vendues le plus cher. Mais ce n'est pas dans le plus ou moins d'inexactitude de l'évaluation que consiste l'importance de la note.

Ce qui importe, c'est qu'on y trouve plusieurs projets de répartition de quarante actions, nombre égal au minimum d'actions sollicité de la compagnie de Gouhenans comme condition du marché de corruption. Or, on voit, dans un des projets de répartition, que, sur quarante actions, vingt-cinq seraient attribuées à M. C..., initiale que M. Cubières a reconnu être la désignation de son nom. Un autre projet de répartition porte C. pour dix actions, et P. C. pour quinze actions.

Cette pièce a été représentée au général dans son interrogatoire du 1er juin. Il l'a reconnue pour être de sa main et l'a visée. On lui a demandé à quelle époque il aurait fait ce projet de répartition; il a répondu : « Il a dû être fait en prévision d'un sacrifice qui pourrait devenir nécessaire et indispensable, et par conséquent il doit remonter à l'époque où il s'agissait d'intéresser quelqu'un, et où je demandais que des actions fussent, non pas mises à ma disposition personnelle, mais rendues disponibles. » Quant à son initiale mise à côté de celle de M. de Pellapra, relativement à quinze actions, il ne se l'explique pas. Il dit : « La note n'indique pas si ces quarante actions devaient être cédées gratuitement ou pour une partie seulement de leur prix réel. » Il dit encore : « Quant à ce qui me concerne personnellement, et à ce qui concerne M. Pellapra, cela ne pouvait se faire que du consentement de la compagnie, au prix débattu avec elle. » Plus loin, il ajoute : « J'avais pensé qu'en réduisant le nombre des actions de rémunération, il en resterait dix que je pourrais acquérir ou faire acquérir par des personnes dont le concours serait utile à l'entreprise. »

Quelle a été pendant cette même époque, du 5 février au 18 juin 1842, la conduite de M. Parmentier?

Interrogé sur les lettres à lui écrites par M. Cubières avant le 5 février, Parmentier a répondu qu'il y avait vu trois choses : nécessité de corrompre, pouvoir de corrompre, vouloir de corrompre; mais il n'avait pas cru le général, et s'il ne le lui avait pas dit, c'était pour ne pas le tourner contre les intérêts de la compagnie, contre laquelle il aurait agi mystérieusement.

Parmentier est le principal rédacteur de l'acte passé devant Me Lamboley, le 5 février. Il déclare avoir, dans la rédaction de cet acte, pris ses précautions pour déjouer les tromperies du général. Les vingt-cinq actions nouvellement créées, et mises à leur disposition commune n'étaient pas négociables : l'événement l'a prouvé : on a inutilemen cherché à les négocier. Une autre clause de l'acte autorisait MM. Cu bières et Parmentier à se servir de ces actions pour le bien et l'amélioration des établissements, sans être obligés de rendre compte. Parmentier déclare s'être arrangé pour que cette clause fût à double sens. Il laissait croire au général qu'elle s'entendait des dépenses de corruption ; mais lui, Parmentier, se réservait intérieurement la faculté d'y attacher plus tard le sens que, dans son interrogatoire du 12 mai, il lui a donné dans les termes suivants : « J'entendais par là la partie matérielle des établissements, les bâtiments et toutes les dépenses qui auraient été faites par nous dans le but de les améliorer, et de l'utilité desquelles nous n'aurions pas été tenus de justifier, tout en rendant compte du fait même de la dépense. »

Le calcul de Parmentier est-il celui-ci? Si le général, quand il aurait fallu compter, avait entendu attacher à la clause son sens apparent, Parmentier lui aurait offert de plaider, et il comptait d'avance sur l'impossibilité où se serait trouvé le général de soutenir un tel système devant les tribunaux.

Le système aujourd'hui invoqué par Parmentier, et que lui-même présente comme une tromperie savamment préparée de longue main, suppose nécessairement, d'après lui, qu'il croyait à une escroquerie, et s'arrangeait pour s'en défendre. Il lui a été représenté, dans son interrogatoire du 27 mai, qu'une autre explication s'offrirait non moins naturellement, s'il était vrai que, tout en coopérant activement aux manœuvres corruptrices, il se serait, dès le principe, forgé des armes pour se faire restituer, plus tard, le prix de la corruption, après en avoir profité.

Les négociations de corruption avaient été évidemment commencées pendant le séjour de Parmentier à Paris. Il écrit, le 23 février, jour de son départ : « J'ai trouvé, en rentrant hier au soir, les pièces convenues. Comptez que je vais agir activement dans le sens des données acquises, des circonstances que j'ai connues et appéciées. »

Le 24, le général lui écrit comme à un homme très au courant de tout ce qui a déjà été fait.

La cour appréciera ces lettres ; elle jugera si elles émanent d'un homme qui feint de croire aux projets de corruption, mais qui n'y croit pas réellement.

Interrogé comment il explique son langage confiant, dévoué, affectueux envers un homme dont il aurait, dès cette époque, connu les fourberies, Parmentier a répondu qu'il avait pris ce ton pour mieux feindre.

Interrogé comment, s'il se défiait tant de M. de Cubières, il employait ses efforts à le faire entrer plus avant dans l'affaire, en lui procurant un plus grand nombre d'actions, il a répondu, le 26 mai : « Avec la crainte que m'inspiraient les dispositions dans lesquelles je supposais que M. Cubières pouvait être à notre égard, je ne devais pas craindre qu'il augmentât son avoir ; au contraire, plus il aurait été engagé avec nous par son intérêt, moins il était à craindre qu'il s'unît à nos concurrents pour nous faire tort : ainsi, sous ce rapport, je devais le pousser à se rendre acquéreur de nouvelles actions, bien loin de chercher à l'en détourner. »

Un autre personnage apparaît dans l'affaire. M. Pellapra. C'est lui que Parmentier déclare avoir désigné lorsqu'il parle de l'intermédiaire chargé d'aboutir au ministre. M. Renauld, entendu comme témoin, le 14 juin, parle dans le même sens de l'intervention que Parmentier attribuait à M. Pellapra. Interrogé, le 1er juin, sur la pièce n° 58, relative à des projets de répartition de quarante actions, le général Cubières déclare y avoir désigné M. Pellapra, sous l'initiale P.; mais en ajoutant que cette mention devait s'entendre d'actions à acheter de la compagnie, à prix débattu. M. Pellapra, interrogé, le 1er juin, sur la même note, a énergiquement repoussé toute induction qu'on voudrait en tirer contre lui. Toutefois, comme le nom de M. Pellapra ne se trouve ouvertement prononcé, dans la correspondance, qu'à partir de la vente à réméré à lui consentie le 18 juin, il convient de n'exposer que plus tard ce qui le concerne spécialement.

Le moment est venu de commencer à entretenir la cour de ce qui concerne un de ses membres, aujourd'hui l'un des magistrats les plus haut placés dans la hiérarchie judiciaire, et alors ministre des travaux publics.

Tous les inculpés, tous les témoins, ont été unanimes, dans l'instruction, pour s'appliquer à écarter de M. Teste les accusations et les soupçons de corruption. Tous déclarent qu'aucune parole équivoque n'est sortie de sa bouche, qu'aucune proposition outrageante n'a frappé son oreille.

Cette tardive réserve des auteurs des lettres dont la Cour prendra lecture concorde mal avec la gravité des imputations dont leur correspondance est remplie. Ce ne sera qu'en avançant davantage dans le récit des faits que l'on pourra reconnaître ce qu'il faut penser de ces confidences épistolaires. Il s'agit, en cet instant, non de les apprécier et de les peser, mais de commencer à en faire un exposé qui ne se complétera qu'ultérieurement et dans l'ordre des dates; il s'agit de les entendre sérieusement et avec patience, et de suspendre son jugement.

Dès le début de la correspondance, les bonnes dispositions de M. Teste, en faveur de la demande de concession de Gouhenans, sont annoncées.

Les premières paroles qui recèlent une imputation injurieuse, non contre les actes de M. Teste, mais contre les dispositions qu'on lui suppose, sont contenues dans la lettre de M. Cubières, du 14 janvier 1842, déjà citée, dans laquelle il parle de se créer un appui intéressé dans le sein même du conseil.

M. Parmentier écrit, le 25 février : « J'ai trouvé, en rentrant hier au soir, les pièces convenues. Comptez que je vais agir activement, dans le sens des données acquises, des circonstances que j'ai connues et appréciées.... M. de Cheppe est saisi des dossiers qui arrivent; il les garde plus ou moins longtemps, et désigne le rapporteur. Pour nous, d'après les dispositions manifestées par M. Teste, il pourrait se faire qu'il indiquât lui-même le rapporteur à M. de Cheppe, et lui commandât de saisir immédiatement ce rapporteur, et il le choisirait bien, sans doute. A ce moyen, il pourrait arriver que nos concurrents n'eussent le temps ni de bavarder, ni même de se reconnaître, et que la concession nous arrivât presque sans qu'ils s'en fussent doutés. Je vous livre ces réflexions. »

Dans la lettre du général, du 24 février, le ministre n'est pas nommé comme auteur des offres qui y sont relatées. Le général, dans son interrogatoire du 28 mai, a prétendu avoir voulu, en partie, parler de M. Pellapra. Mais, à la simple lecture de cette lettre, on voit que ce n'était pas M. Pellapra qui pouvait « stimuler le préfet, faire désigner « un rapporteur, selon le bien de la chose; résister au système de morcellement; avoir, au conseil d'Etat, un président à souhait. »

L'une des lettres qui s'attaquent le plus directement à M. Teste est celle du général, du 26 février, dont tout le langage suppose la présence d'un intermédiaire traitant avec le ministre. Il est parlé d'un mot que M. Teste aurait dit à MM. Cubières et Parmentier, au sujet d'un quatrième concurrent. M. Cubières demande si ce ne serait pas un épouvantail pour faire céder plus facilement aux exigences. Puisque c'est de la bouche de M. Teste que le mot serait sorti, c'est donc à lui qu'on impute d'avoir eu intérêt à faire céder aux exigences, et à jeter en avant un épouvantail. M. Teste, à qui cette lettre a été représentée le 10 juin, après avoir protesté contre son contenu, a ajouté qu'il n'a jamais été question que de trois concurrents, et que le général lui-même, dans un passage de son interrogatoire lu au témoin, a indiqué, comme étant ce quatrième concurrent, M. Lissot, qui est un des trois concurrents dont l'existence est bien connue, ce qui démontre l'erreur.

Entendu sur cette même lettre le 21 mai, M. Legrand a dit : « Je ne vois rien là que je n'aie pu dire; mais je déclare n'avoir conservé aucun souvenir de la conversation qui est rapportée dans cette lettre. Jamais on ne m'a demandé communication du rapport; et, si on me l'avait demandée, je l'aurais impitoyablement refusée. »

M. Cubières, interrogé, le 21 mai, après l'audition de M. Legrand, a répondu, après lecture de sa lettre du 25 juin, qu'il croit avoir rendu un compte exact de la conversation de M. Legrand, avec lequel il n'a été que ce jour-là, accidentellement, en relations. Il ajoute : « M. Pellapra m'a communiqué les renseignements qu'il avait eus de son côté, comme je lui ai communiqué ceux que j'avais reçus moi-même. Cette lettre n'est que le résumé de ce que j'avais appris d'un côté et de l'autre. »

D. Avez-vous vu de vos yeux le billet du patron dont vous rapportez la substance dans votre lettre? — R. Je ne m'en souviens pas. On me l'aura montré, ou bien on m'aura dit ce qu'il contenait.

D. Mais vous êtes bien sûr d'en avoir au moins rapporté fidèlement la substance? — R. Je dois le croire.

Enfin, M. Pellapra, interrogé sur cette même lettre le 25 mai, a répondu : « Je ne vois pas en quoi je serais coupable pour avoir communiqué aux intéressés les renseignements que le ministre avait la bonté de me donner. J'ai fait cela dans beaucoup d'affaires, et cela ne m'a pas mené aussi loin.

D. Avez-vous conservé le billet dont la substance est rapportée dans cette lettre? — R. Non, monsieur; j'ai reçu plusieurs fois des lettres de M. Teste; je les ai détruites, n'y attachant pas d'importance. Quand j'écrivais au ministre pour lui demander où en était une affaire, il me répondait; mais je ne gardais pas ces lettres, qui n'avaient point d'autre intérêt. »

Le 28 juin, le général écrit à M. Parmentier : « Agissons-nous prudemment en pressant M. Teste de ne pas arrêter cette délibération?

En le priant de laisser l'affaire à son cours naturel, ne donnons-nous pas à M. Teste un argument contre nous-mêmes? Ne serait-il pas fondé à nous dire plus tard : Je voulais vous faire obtenir l'ancien périmètre houiller ; vous ne l'avez pas voulu, contentez-vous donc de 7 kilomètres.... » Viennent ensuite les détails sur la possibilité du retour de M. Teste pour le 12 ou le 15, et sur une note demandant que la décision du conseil des mines ne dépasse pas le 12 ou le 15.

Entendu le 19 mai sur cette lettre, M. Teste a dit : « Il y a une harmonie parfaite entre toutes les parties de la correspondance du général Cubières avec M Parmentier, mais il n'y a aucune harmonie entre cette correspondance et les faits : j'y vois d'abord qu'on aurait conçu l'espoir qu'un départ de Paris pour Néris, le 25 ou le 26 juin, pouvait être suivi d'un retour au 12 juillet, ce qui, eu égard aux exigences du régime thermal, était matériellement impossible ; j'y vois encore qu'on se serait vanté que, grâce à ma protection, l'affaire serait, immédiatement après mon retour, soumise au conseil des mines, afin qu'elle pût passer ensuite au conseil d'Etat avant les vacances. Or, mon retour a été avancé de plusieurs jours, non assurément à cause de l'affaire de Gouhenans, mais parce que j'ai été rappelé par un courrier extraordinaire qui m'annonçait la mort de S. A. R. Mgr le duc d'Orléans, et cependant l'affaire n'a été soumise au conseil des mines que le 5 août, et elle n'est sortie des bureaux pour arriver au conseil d'Etat avec un projet d'ordonnance portant réduction à six kilomètres, que le 21 novembre suivant, et l'ordonnance royale elle-même n'a été signée que le 5 janvier 1845. Tout cela prouve que cette affaire a été traitée avec maturité, sans aucune prédilection et sans autre faveur que celle qui s'attachait naturellement à son caractère d'urgence. »

Le 12 juillet, le général écrit à Parmentier : « M. Pellapra attend de pied ferme le retour des eaux de la personne qui doit mettre en train et suivre l'expédition de notre demande ; des notes qui m'ont été communiquées prouvent qu'on a hâte d'en finir. »

M. Pellapra a été entendu, le 14 mai, comme témoin. Il faut lire avec soin sa déposition tout entière pour reconnaître avec quel art il a cherché à s'y montrer peu au courant de l'affaire de Gouhenans. En 1842, M. Cubières a voulu le faire entrer dans cette affaire. Plus tard, il lui a proposé de prêter à la société 100,000 francs, ou de lui ouvrir un crédit de cette somme. Il n a examiné lui-même ni l'acte du 5 février, qui créait les vingt-cinq actions qu'on lui offrait, ni les titres de Parmentier aux vingt-cinq actions que celui-ci a vendues à réméré ; il a laissé ce soin à son notaire. Il est très-facile en matière de crédit, et n'a pris aucune information sur la compagnie de Gouhenans, avec laquelle il traitait par considération pour M. Cubières. Quant à la concession, il n'a su qu'une seule chose, c'est qu'elle ne pouvait pas être refusée : M. Parmentier le lui a dit la seule fois qu'il l'ait vu. Il a prêté son concours pour l'obtention de la concession, en ce sens qu'il est allé plusieurs fois au ministère, pour savoir où en était l'affaire ; ce qu'il a fait cent fois dans sa vie, dans l'intérêt de diverses personnes. Il s'est adressé, soit aux bureaux, soit au ministre, qu'il avait quelquefois l'honneur de voir. Il n'a eu aucune correspondance avec M. Parmentier ; il croit cependant lui avoir écrit deux fois pour lui dire, pendant l'absence de M. Cubières, où en était l'affaire.

Le lendemain, 15 mai, on saisissait, au domicile de M. Parmentier, cinq lettres à lui adressées par M. Pellapra en juillet et août 1842 ; une autre du 26 juillet 1845, et la copie d'une lettre du 16 octobre 1844, écrite par M. Pellapra à M Cubières, et dont on verra par la suite l'extrême importance. Il a paru, en conséquence, nécessaire de ne plus entendre désormais M. Pellapra dans l'instruction que sous mandat de comparution. Lors de son interrogatoire du 16 mai, M. le chancelier lui a dit : « Il résulte des pièces qui ont été saisies depuis votre audition que vous n'avez pas dit la vérité, comme votre devoir vous y obligeait. Par suite, vous paraissez aujourd'hui comme inculpé : c'est la conséquence du peu de sincérité que malheureusement vous avez apporté dans vos réponses. »

Le général Cnbières avait été obligé de s'absenter de Paris. C'est M. Pellapra qui se charge d'instruire, à sa place, M. Parmentier de tout ce qui se passe.

Le 5 août, le général Cubières écrit à M. Parmentier :

« Nous sommes maintenant à l'abri d'un remaniement ministériel, qui ne saurait avoir lieu en ce moment, et qui, dans tous les cas, ne se ferait pas avant la signature et la promulgation de l'ordonnance qui nous intéresse. »

L'ajournement au vendredi 29 juillet n'avait pas eu lieu; c'est le vendredi suivant, 5 août, que le conseil des mines a délibéré et a donné son avis définitif. M. Pellapra rend compte à M. Parmentier de cette séance par lettre du 6 août. Il explique d'abord pourquoi la séance n'a pas eu lieu le 29 juillet. « Les circonstances calamiteuses que nous venons de subir ont empêché la réunion de ce conseil vendredi de la semaine précédente.

« M. le ministre n'a pas voulu qu'il eût lieu sans sa présence; il aurait plutôt convoqué une assemblée extraordinaire, si le sous-secrétaire d'Etat, qui a été constamment pour nous très-bien, ne lui avait fait observer que ces convocations extraordinaires, étant hors des usages suivis, paraîtraient entachées de partialité et pourraient mécontenter quelques membres. »

Viennent ensuite des détails sur le nouveau rapport de M. Gueny-veau, exacts en ce sens seulement que, sans s'occuper de la concessionalité, il s'en référait aux conclusions de son premier rapport sur ce point, sans reproduire les objections; puis des détails, démentis par les dépositions des témoins, sur la violence extrême de la discussion et sur les opinions émises par les divers membres du conseil. Ensuite il dit :

« On a été aux voix ; il y a eu cinq voix contre et quatre voix pour les quatorze kilomètres ; le ministre n'a pas voté ; mais sur-le-champ il a fait insérer dans le procès-verbal qu'il ne votait pas, pour que le partage des votes ne gênât pas la discussion ; puis il a fait insérer la clause dont je vais vous parler, et qui nous donne gain de cause complet. Elle porte que, pour les portions du terrain dont MM. Kœchlin, Lissot et Prinet ont demandé la concession et dont ils sont déboutés, vous êtes en droit de vous présenter, en concurrence avec eux ou tous autres, pour l'obtention des concessions ultérieures qui pourraient en être demandées et accordées ; le ministre en conclut que cela vaut pour vous la concession des quatorze kilomètres. Vous voilà donc avec un avis positivement exprimé par le conseil, votant pour que votre concession soit de six kilomètres.

M. Teste a déclaré que, si des détails de la nature de ceux que contiennent les lettres qui précèdent ont été donnés aux intéressés, ce n'est assurément pas par lui. « Mes communications avec eux, assez fréquentes du reste, a-t-il dit le 17 mai, se sont bornées à leur signaler les objections dont leur demande était susceptible, et à provoquer de leur part les explications propres à éclairer l'administration. En cela je remplissais un devoir, et je me conformais aux précédents... Les détails dont vous me parlez seraient donc une invention et une sorte de charlatanisme de la part de ceux qui les ont ainsi consignés dans une correspondance que je ne connais pas. » Lors de cette réponse, les lettres des 24 juillet et 6 août n'avaient pas été mises sous les yeux de M. Teste ; elles lui ont été lues le 19 mai ; après les avoir entendues, il continue à répondre dans le même sens. Il indique quelques points qu'il a pu faire connaître sans inconvénient, et ajoute :

« A cela près, la correspondance dont je viens de prendre connaissance n'est pas le moins du monde conforme aux souvenirs qui me sont restés, et je crois pouvoir affirmer qu'il n'y a eu dans les délibérations aucun des accidents de vivacité que les lettres rapportent. La lecture des procès-verbaux et celle du rapport donneront probablement la preuve que les choses se sont autrement passées. La question du périmètre n'a fait difficulté qu'à cause de la concession antérieure de la houille de la même compagnie ; sans cela, tout le monde aurait été de l'avis de la réduction. Je me suis abstenu de voter, précisément pour qu'il n'y eût pas un partage, au lieu de la majorité qui s'est manifestée, et pour conserver toute ma liberté d'action. J'en ai usé en faveur de la réduction, ainsi que le démontrent mon rapport au roi et le projet d'ordonnance.

« Il n'est pas possible que j'aie dit à M. Pellapra que le retranchement pourrait ultérieurement être repris par la compagnie Parmentier, car il était dès lors arrêté que les concurrents ajournés, en vertu de leur droit de priorité, seraient préférés à tous autres s'ils remplissaient les conditions de l'ordonnance. M. Pellapra s'est évidemment trompé en m'attribuant une autre pensée et un autre langage, et l'événement l'a bien prouvé. Au surplus, cette correspondance tend à représenter M. Pellapra comme un solliciteur heureux et influent ; il ne l'a pas été auprès du ministre des travaux publics. Je pourrais citer quatre affaires dans lesquelles M. Pellapra avait un intérêt bien plus important... Dans chacune de ces affaires, les sollicitations ont été très-actives, et n'ont pas obtenu le résultat qu'il en espérait. Je lui dois d'ailleurs la justice que son rôle n'est jamais sorti des bornes que tout solliciteur doit respecter dans ses démarches auprès de l'autorité publique. »

Après lecture de la lettre du 6 août 1842, M. Legrand a dit, le 21 mai : « Je ne conçois pas comment on a pu faire un tel récit d'une délibération qui a été très-calme, très paisible, très-grave, et qui n'a eu aucun des caractères qu'on lui prête. Je n'ai pas eu avec le ministre la conversation qu'on rapporte dans cette lettre ; ce serait M. Pellapra qui aurait rendu compte le lendemain de cette conversation ; mais je n'ai jamais vu M. Pellapra pour l'affaire de Gouhenans ; je l'ai vu pour d'autres affaires, pour celle des terrains du Havre, par exemple, et jamais je ne l'ai vu pour l'affaire Gouhenans. »

Tout le monde a reconnu l'exactitude de la lettre du 6 août en ce qui concerne le vote à cinq voix contre quatre, et l'abstention du ministre qui n'a pas voté. Il est inexact que mention de cette abstention ait été faite au procès-verbal; le procès-verbal contredit également ce que dit la lettre sur la durée de la séance.

Le 27 août, M. Pellapra écrivait à M Parmentier : « Nous sommes accrochés au ministère des finances depuis plus de quinze jours. » Le 7 septembre, le général Cubières, de retour à Paris, tient le même langage : «M. Teste m'a lui-même fortement engagé à rester pour combattre, par mon influence près M. Lacave-Laplagne, cette tendance cachée vers l'ajournement. Je crois, comme lui, que c'est le plus sérieux et le plus pressé. » M. Teste, à qui l'on a demandé, le 10 juin, s'il se souvient avoir donné ce conseil, a déclaré ne pas s'en souvenir du tout.

Le 9 septembre, le général écrit à M. Parmentier une lettre longue et détaillée : « M. Teste, pour gagner du temps, et croyant suivre les intentions de la loi, qui ne stipule qu'une communication au ministère des finances, avait adressé à M. Lacave-Laplagne un narré de l'affaire de Gouhenans, rédigé sous ses yeux; au bout de quelques jours, M. le ministre des finances réclama le dossier entier et complet, lequel fut immédiatement envoyé. Plusieurs jours se passèrent sans qu'on pût savoir ce qu'était devenu ce dossier; enfin, après de longues recherches, M. Pellapra découvrit que le dossier était à la direction des domaines, entre les mains d'un sous-chef; mais il était évident pour M. Pellapra que tous ces retards avaient un but; que ce but était d'ajourner l'obtention de la concession, de manière à ce que l'ordonnance ne fût signée ni publiée avant l'adjudication de la saline de Dieuze, fixée au 1er octobre. M. Teste en jugeait de même que M. Pellapra; il s'indignait de ce qu'il nomme les empiétements des finances; il offrit d'en faire une question d'attribution, qui sera jugée en conseil des ministres. M. Teste ne doutait pas que la loi de 1810 n'y fût interprétée conformément à sa propre opinion et à l'esprit de cette loi, qui n'a pas voulu que deux ministères concourussent ensemble, et avec un pouvoir égal, à l'octroi des concessions, mais qui n'impose réellement aux travaux publics d'autres obligations que celle d'avertir les finances. Dans cette situation, M. Pellapra ne pouvant vous consulter, attendant chaque jour mon retour, craignant une rupture entre les deux ministres, pria M. Teste d'ajourner la querelle qu'il voulait faire à son collègue, et de se borner à une explication sur le ton amical. Cette explication avait eu lieu le 5 septembre, mais elle ne se passa pas aussi doucement que le désirait M Pellapra...

« Voilà où en étaient les choses à mon arrivée. Le 7 au matin, M Pellapra m'en fit l'exposé; le même jour, à neuf heures, cet exposé m'était confirmé par M. Teste, avec lequel je concertai la discussion que j'engagerais directement et tête à tête avec M. le ministre des finances. Fortifié des avis de M. Teste, et croyant avoir trouvé le côté faible, je fis une charge à fond...

« Hier soir, j'ai rendu compte de tout à M. Teste, qui est persuadé que je suis parvenu à décrocher notre affaire. Voici ce qui est convenu entre nous. Je verrai Boursy demain; si le dossier est retiré du domaine, M. Teste se contentera de presser son collègue amicalement; si le dossier reste au domaine, il est décidé à en faire une question d'attribution, et à forcer le conseil des ministres à s'expliquer. Il doit aujourd'hui même faire délibérer le conseil des mines sur la manière dont la loi de juin 1844 doit être entendue quant à la participation du ministère des finances.

« Vous reconnaîtrez, sans doute, combien il est avantageux d'avoir en tout ceci l'aide de MM. Teste et Pellapra, et quels risques nous feraient courir les défenseurs de la fiscalité, si nous n'étions éclairés sur leurs manœuvres et soutenus contre leurs attaques.

« Je ne sais si vous serez de mon avis, mais je redoute la querelle à vider entre les deux ministères; je crains qu'elle n'occasionne de nouveaux délais; j'aimerais mieux qu'on finît à l'amiable. »

M. Teste, à qui cette lettre a été lue le 10 juin, a dit qu'elle contient un mélange de faux et de vrai, la part de l'imagination et celle de la vérité. Expliquant la difficulté d'attribution qui s'élevait entre les deux ministères, il dit qu'il n'est pas invraisemblable, qu'il est même fort possible qu'il en ait fait part à M. Cubières. Mais tout ce qu'on allègue de son indisposition contre son collègue des finances, et des motifs personnels qui l'auraient engendrée, n'a pas pu être dit par lui.

Le rapport, adopté le 20 septembre par le conseil de l'administration des domaines, conclut : « 1° au rejet de la demande de concession; 2° subsidiairement à ce que le domaine de la compagnie des salines soit reçu opposant, et à ce qu'il soit sursis à statuer jusqu'à ce que les demandeurs en concession, autres que les sieurs Parmentier, Grillet et Stiefvater, aient produit, ou aient signifié les titres justificatifs de leurs droits à la propriété des salines de Gouhenans. »

Le 22 septembre 1842, le général écrit à Parmentier : « Malgré toutes les démarches entreprises auprès du ministre des finances, je ne suis point parvenu à arracher notre dossier des mains du domaine. On répugnait à retirer une affaire dont l'instruction était à son terme; on tenait comme plus favorable à la moralité de l'affaire de ne point interrompre une marche régulière et ordinaire.

« ... Or, vous saurez que, pour presser ainsi M. Laplagne, nous avions deux motifs : celui d'en finir plus vite et celui d'en finir plus sûrement, M. Teste ayant tout disposé pour que la chambre des vacations du conseil d'Etat fût saisie immédiatement de notre demande et pût faire son rapport avant le 1er octobre. M. Teste se proposait de présider en personne la chambre des vacations, de préparer le conseil de façon à tirer de lui un avis plus large, qui, appuyé de l'imposante minorité du conseil des mines, permît au ministre d'être plus généreux dans la fixation du périmètre.

La note du général (pièce 58e), contenant des projets de répartition des actions, indique pour dix actions dans un projet, pour quinze dans un autre, M. T., initiale que M. Cubières a reconnu être la désignation de M. Teste. Le général, dans son interrogatoire du 1er juin, a prétendu que cette note avait été écrite pour le cas où M. Teste aurait voulu devenir propriétaire d'actions à prix d'argent, et par voie d'achat légitime. D'autres réponses de ce même interrogatoire sont moins positives sur ce point, et se rapportent au cas, qui ne se serait point réalisé, où il aurait été fait de ces actions un usage conforme aux vues et aux intentions de la compagnie, en faveur, soit de M. Teste, soit de toute autre personne qu'il aurait été utile et nécessaire d'intéresser au succès de l'affaire.

M. Teste, à qui cette pièce a été représentée le 10 juin, a dit : « Je n'ai pas besoin d'examiner longtemps cette pièce pour dire à la commission que M. de Cubières seul pourrait en rendre raison. Tout ce que je puis dire, c'est que jamais, directement ou indirectement, M de Cubières ni personne ne m'ont fait l'ombre d'une proposition ou d'une ouverture ayant pour but de me faire prendre un intérêt dans l'affaire de Gouhenans, et que ma règle de conduite inflexible a été de ne prendre aucune part, non-seulement dans les affaires qui ressortissaient à mon ministère, mais encore dans aucune autre affaire. »

Une note (60e pièce imprimée) sans date ni signature a été saisie dans les papiers du général, qui l'a reconnue comme étant de sa main. Cette note contient les stipulations, les conditions des demandeurs en concession. Le général n'a pas pu ou n'a pas voulu dire à qui elle était destinée, mais c'était à un personnage assez puissant pour garantir ce que l'on stipulait C'était à l'appui de l'administration que l'on entendait faire garantir pour le procès de Lyon, au succès duquel Parmentier avait personnellement un si grand intérêt.

« Garantir : 1° La concession de vingt kilomètres demandés. Il y a de bonnes raisons pour cela, ou du moins la concession du sel dans tout le périmètre déjà concédé pour la houille. Il y a d'excellentes raisons pour cela. Entre le périmètre demandé pour le sel et le périmètre déjà accordé pour la houille, la différence est de six kilomètres vingt-deux hect. ; il faudrait qu'on n'en disposât en faveur de personne, et nous en serions certains si on nous les accordait ;

« 2° L'avis favorable du ministre des finances ;

« 3° La bienveillance, l'aide, autant que possible l'appui de l'administration dans l'affaire de Lyon ;

« 4° Que les formalités seront poussées aussi activement que possible. »

On vient de voir, par les extraits qui précèdent, quelles étaient et les intentions et les paroles que l'on attribuait plus ou moins ouvertement à M. Teste. A la lecture qui lui a été donnée, M. Teste a répondu par des protestations énergiques contre leur contenu, et en a relevé occasionnellement plusieurs erreurs ou invraisemblances. On va voir que dans la correspondance ultérieure, et notamment jusqu'à l'ordonnance des concessions, les parties ont persisté dans le même langage, qu'elles démentent aujourd'hui.

Les longues négociations entreprises pour augmenter les instruments de corruption créés par l'acte du 5 février ont pris fin par la signature des actes du 18 juin, qu'il faut maintenant faire connaître.

Voici en quels termes le général Cubières annonçait ces actes à M. Lanoir le 10 juin 1841 : « Après bien des hésitations qui nous ont fait perdre du temps, mais qui ont eu pour résultat de réduire l'importance des sacrifices que semblent exiger les circonstances, nous sommes parvenus à nous procurer la somme, dont moitié par vente à réméré de vingt-cinq actions appartenant à M. Parmentier. Il a dû vous écrire aujourd'hui même pour la procuration notariée de sa femme... Il faut aussi que madame Parmentier adhère à l'acte du 5 février... Si les pièces demandées nous arrivent en règle, nous serons vingt-quatre heures après en pleine route vers le port sans avoir rien à craindre des vents contraires. Ceci entre nous seuls. »

Deux actes ont été signés le 18 juin 1842 : l'un, par-devant Me Roquebert, notaire à Paris, entre les sieurs et dame Parmentier et

M. Pellapra; l'autre, sous seings privés, entre MM. Cubières et Parmentier.

Par l'acte notarié, M. Parmentier, en son nom et en celui de sa femme, a vendu à M. Pellapra vingt-cinq actions à eux appartenant. Cette cession a été faite moyennant le prix de 100,000 fr., et à charge de réméré, dont la faculté a été réservée aux vendeurs jusqu'au 1er janvier 1845.

L'acte sous seings privés rappelle d'abord l'acte reçu par Me Lamboley le 5 février. Il expose que, dans le but indiqué par cet acte, il fallait une somme de 200,000 fr. ; que MM. Cubières et Parmentier n'ont trouvé à négocier, ni pour 200,000 fr., ni pour une somme quelconque, les vingt-cinq actions dont la compagnie Gouhenans les a autorisés à disposer. En conséquence, et pour arriver à mettre à la disposition de M. Cubières les 200,000 fr., deux opérations ont été faites : 1° les vingt-cinq actions nouvelles sont transférées à M. Cubières moyennant 100,000 fr., desquels il reste dépositaire, à la charge par lui de les employer à l'usage convenu entre lui et M. Parmentier ; 2° les 100,000 fr., prix de vingt-cinq actions vendues à réméré par M. et madame Parmentier à M. Pellapra, sont remis à M. Cubières, qui en reste dépositaire, à la charge de les employer au même usage, et qui en donne reçu à M. et madame Parmentier.

M. Renauld a rendu compte de ce qui se serait passé lors d'un voyage qu'il a fait à Paris en mars ou avril 1842. A cette époque, M. Parmentier lui aurait parlé de l'intermédiaire, mais sans le nommer; il ne lui aurait dit que plus tard que c'était M. Pellapra. Voici comment M. Renault a déposé :

« Quand je vins à Paris, M. Parmentier me conduisit chez M. de Cubières : nous parlâmes de l'affaire Gouhenans, qui nous intéressait tous les trois ; mais il ne fut nullement question, dans cette entrevue, de la remise des actions. Quelque temps après, M. Parmentier me dit que l'intermédiaire qui se mêlait de l'affaire demandait un plus grand nombre d'actions, et qu'il faisait prévoir des difficultés insurmontables si l'on ne faisait pas droit à sa demande ; il ajouta que l'intermédiaire avait dit que, si la société ne mettait pas un nombre suffisant d'actions à sa disposition, on s'en apercevrait bien à l'accueil que ferait le ministre la première fois qu'on se prononcerait chez lui. A quelque temps de là, nous allâmes chez le ministre, M. de Cubières, M. Parmentier et moi. Nous trouvâmes le ministre dans son cabinet ; il avait sur son bureau le dossier de Gouhenans ; il nous dit qu'il avait examiné ce dossier ; que notre demande lui paraissait juste, mais que l'opposition du ministre des finances lui paraissait grave, gravissime (ce sont les propres expressions dont il se servit) ; que, du reste, son avis était que nous devions obtenir la concession ; qu'il nous donnerait sa voix au conseil des ministres, mais qu'il n'avait que sa voix, et que c'était le conseil qui déciderait. Enfin il nous parut être favorable à notre demande en ce qui le concernait.

« Quand nous sortîmes, ces messieurs firent la réflexion que la conduite du ministre leur avait paru toute naturelle ; que, s'il n'avait pas donné une assurance entière de la concession, c'était parce qu'il venait de prendre connaissance de l'opposition du ministre des finances. Cette réflexion conduisit à cette autre observation, que l'intermédiaire pourrait bien avoir réclamé un plus grand nombre d'actions dans son intérêt personnel ; ça été mon opinion dès ce moment-là. »

Troisième époque.

Du 18 juin 1842 au 3 janvier 1843, date de l'ordonnance de concession.

Pendant que les faits précédemment exposés se passaient, l'instruction administrative avait suivi son cours ordinaire, et l'affaire arrivait au conseil des mines. Voici ce qui résulte des documents administratifs et des pièces officielles.

M Guenyveau, inspecteur général adjoint des mines , chargé de la division de l'est, déposa, le 21 juin 1842, son rapport, daté et signé de lui. Le choix du rapporteur était indiqué d'avance par les usages constants de l'administration. Dans les affaires importantes, le rapporteur se trouve désigné, de plein droit, par l'arrondissement d'inspection auquel appartient la mine qu'il s'agit de concéder.

Il résulte du dossier administratif que, par lettre conforme aux usages, et dont la formule est imprimée, les pièces furent transmises, le 23 juin, au rapporteur, avec indication que l'affaire serait discutée au conseil des mines le lendemain 24.

Le 24, l'affaire ne vint pas. Le conseil ne fut appelé à délibérer que le 23 juillet, et ledit jour, il émit l'avis suivant : « Pense, avant de se prononcer sur la demande de MM. Parmentier, Grillet et compagnie, qu'il y a lieu de renvoyer à M. l'inspecteur général Guenyveau les pièces concernant les quatre demandes dont il s'agit, pour qu'il les comprenne dans un rapport unique, et qu'il fasse sur le tout telles propositions qu'il jugera convenables. » Le procès-verbal officiel constate que la séance, ouverte à onze heures sous la présidence du ministre, a été levée à quatre heures, et que l'on s'y est occupé de deux autres affaires avant celle de Gouhenans.

Le 3 août 1842, M. Guenyveau déposa son second rapport, daté et signé de lui, et entièrement consacré à discuter les demandes de MM. Lissot, Prinet et Kœchlin. Le rapporteur persiste dans les conclusions de son premier rapport, quant à la demande de la compagnie Parmentier ; il est d'avis qu'il y a lieu d'ajourner les trois autres demandes, jusqu'à ce que leurs auteurs aient fait les justifications exigées.

Le 5 août, le conseil des mines, après des considérants longuement motivés : « adopte les conclusions du rapporteur, concernant la concession des mines de sel à instituer au territoire de Gouhenans, en faveur de MM. Parmentier, Grillet et compagnie, en faisant observer que les clauses générales de cette concession devront être les mêmes que celles qui ont été insérées dans les ordonnances de concession des mines de sel du département de la Meurthe et dans les cahiers des charges y annexés ; et pense, en outre, qu'il n'y a pas lieu de statuer, quant à présent, sur la destination à donner aux terrains autres que ceux qui seraient concédés à MM. Parmentier, Grillet et compagnie en vertu du présent avis ; MM. Prinet, Lissot et Kœchlin n'ayant pas fait les justifications voulues par les articles 4 et 5 de l'ordonnance du 7 mars 1841. » Une partie des longs motifs qui précèdent cet avis est consacrée à établir qu'il n'y a pas entre l'exploitation houillère et l'exploitation salifère liaison absolue et connexité nécessaire ; ce qui écarte l'obligation de concéder les 15 kilomètres 78 hect. affectés à la concession de houille faite en 1828. Il résulte aussi des motifs que le conseil a entendu, par la compagnie Parmentier, celle qu'a constituée l'acte du 2 mars 1842.

Le procès-verbal officiel constate que la séance a été ouverte à onze heures sous la présidence de M. le ministre. Le procès-verbal ne contient, suivant l'usage, aucun détail sur la délibération et sur la répartition des voix. Après cette affaire, il énonce que M. le ministre et M. le sous-secrétaire d'Etat quittent la séance à une heure et demie. Le conseil s'occupe ensuite d'autres affaires, et la séance est levée à quatre heures.

Ces faits officiels ont été, dans la correspondance des parties, l'objet de commentaires et d'amples détails dont il faut maintenant donner connaissance à la cour.

Les démarches auprès du ministre étaient faites par M. Cubières, par M. Parmentier, et surtout par M. Pellapra.

M. Pellapra, ancien receveur général, est un très-riche capitaliste. Plusieurs des parties paraissent avoir pensé qu'il avait avec M. Teste des liaisons intimes. M. Teste a dit, le 10 juin, n'avoir jamais eu, soit avec M. Cubières, soit avec M. Pellapra, que des rapports de société, et ceux qui sont résultés des affaires qu'ils avaient à poursuivre auprès de l'administration dont il était le chef. C'est M. Pellapra que les intéressés, dans leur correspondance, désignaient comme l'intermédiaire aboutissant au ministre. Quels ont été la mesure de son intérêt dans l'affaire, le but, la destination de la vente à réméré à lui consentie, l'emploi des sommes formant le prix de ce réméré ? C'est ce qui ne s'expliquera que plus tard. Toujours est-il qu'on va le voir déployer un zèle infini, et multiplier les démarches pour l'obtention de la concession.

Voici une note dont la minute est écrite par le général, qui est destinée au ministre, et qui a été adressée le 25 juin à M. Pellapra : « L'affaire de Gouhenans devait être discutée en conseil des mines, le vendredi 24 juin. Dès le matin elle fut rayée du rôle, et on assure que le conseil n'aura à s'en occuper qu'au retour du ministre, c'est-à-dire vers le 20 juillet. Nous savons aujourd'hui que, dans cette circonstance, il n'a été rien fait qui ne soit dans l'intérêt de l'affaire et pour assurer son succès. Toutefois cet ajournement nous préoccupe ; il nous cause quelques inquiétudes, et nous croyons devoir appeler votre attention sur les conséquences fâcheuses qu'il pourrait avoir. Si le conseil des mines n'est saisi de l'affaire qu'au retour du ministre, et après le temps nécessaire pour changer les dispositions du rapporteur, pour améliorer son opinion sans modifier les conclusions du rapport, il est évident que l'affaire n'arrivera pas au conseil d'Etat assez tôt pour qu'il puisse statuer avant les vacances. »

Entendu sur cette note, M. Teste a dit, le 19 mai : « Je n'ai pas la moindre idée que l'affaire ait éprouvé un retard quelconque occasionné par mon absence, ni qu'aucune note m'ait été remise pour la faire expédier par le conseil des mines avant mon départ ; et j'ai encore moins l'idée qu'il me soit venu le dessein de profiter d'un intervalle quelconque pour faire changer les conclusions du rapport, qui n'était, après tout, que l'expression de mon opinion. »

25 juin, le général Cubières à M. Parmentier : « Vers quatre heures, j'allai rue des Saints-Pères, où j'appris que le conseil des mines tenait ses séances rue Saint-Dominique : je m'y rendis pour attendre la fin de la séance et pour savoir de M. Legrand lui-même ce qui s'y serait passé. Force fut de rester là jusqu'à près de cinq heures. Enfin M Legrand sortit. Je l'abordai, et en quelques mots je lui fis comprendre que le ministre nous avait promis de s'occuper de notre demande avant de quitter Paris, et que je venais m'informer s'il avait pu le faire M. Legrand me répondit ce qui suit : « Le rapporteur avait reçu l'ordre d'être prêt mercredi ; il a, en effet, ledit jour, déposé son rapport ; l'affaire était avec le nº 1 à l'ordre du jour pour la séance qui vient de finir ; mais, le matin même, le ministre s'est fait remettre le dossier en le biffant de l'ordre du jour. » Je ne témoignai aucune surprise et m'informai du motif de ce retrait. M. Legrand me répondit qu'il l'ignorait ; il crut pouvoir m'avouer que le rapport était favorable, mais que le ministère des finances paraissait mal disposé, bien que M. Teste eût annoncé à lui M. Legrand que les difficultés étaient aplanies de ce côté ; il ajouta que M. Teste paraissait être dans de très-bonnes intentions à notre égard ; que je ferais bien de lui écrire pour solliciter de lui que l'affaire fût représentée au conseil des mines. Il me dit que si l'on attendait le retour du ministre, nous pourrions courir le risque de n'avoir l'avis du conseil d'Etat qu'après les vacances.

« Je sortis assez préoccupé, comme vous devez le croire. Je courus sur le quai ; j'y trouvai mon homme, qui faisait courir après moi depuis le matin, et dont les exprès s'étaient présentés deux fois rue de Clichy pour me donner communication d'un billet du patron, dont voici la substance : « Vendredi matin. Le rapport est loin d'être conforme à ce que je voulais qu'il fût ; il est même contraire sur un point important ; je ne veux pas qu'il soit discuté dans cette forme, et, pour avoir le temps d'aviser, je retire l'affaire de l'ordre du jour. Sitôt arrivé à N., je m'occuperai des moyens à prendre pour rentrer dans la bonne voie : c'est un retard de cinq ou six jours au plus. »

« Il résulte de tout ceci que ce qui est trouvé favorable par M. Legrand n'est pas tel aux yeux de M. Teste. D'où je conclus que le rapport est dans le sens des morceleurs. Toutefois, comme l'observation de M Legrand sur le retard que doit occasionner le retrait du dossier, et sur le risque d'arriver au conseil d'Etat au moment des vacances, est d'une grande importance; comme il se pourrait que cette observation eût échappé à M. Teste, ou qu'il n'eût pas calculé les chances du retard, je viens de rédiger une note qui sera expédiée aujourd'hui même au patron, afin de lui faire apprécier combien serait dommageable pour nous toute mesure ou tout empêchement qui retarderait forcément la solution de notre affaire jusqu'en octobre.

« Maintenant, ce que je désire connaître, ce sont les termes du rapport ; j'en demanderai lundi communication à M. Legrand, et, si elle ne pouvait m'être accordée de ce côté, je l'obtiendrai un peu plus tard du patron lui-même. »

Entendu, le 19 mai, sur cette lettre, M. Teste a dit : « La commission comprend qu'après un délai de cinq ans, je ne saurais me souvenir de ce que j'aurais pu écrire à telle ou telle personne, et spécialement à M. Pellapra, car c'est à lui qu'aurait été adressé, à ce qu'il paraît, le billet auquel la lettre de M. de Cubières fait allusion. Mais ce qui me confirmerait dans la pensée que je n'ai pas écrit un tel billet, c'est que ce prétendu billet me montre disposé à l'époque de sa date, à seconder les espérances que la compagnie Parmentier avait conçues d'obtenir un périmètre de treize kilomètres *au minimum*, et attribue à cette disposition la retenue du rapport et le retard que j'aurais fait subir à l'instruction de l'affaire, dans le but d'en rendre les conclusions plus favorables à la compagnie, tandis que j'ai le souvenir précis et la conviction profonde que, systématiquement, et dans tous les actes qui se rapportent à l'exécution de la loi du 17 juin 1840, je n'ai pas cessé d'avoir pour règle de conduite que les concessions à faire devaient être morcelées autant que le permettrait une bonne exploitation.

Le 6 octobre, le général annonce cet avis à M. Parmentier. Il a su, par M. Boursy, que le ministre des finances est très-piqué d'une lettre de son collègue des travaux publics. « M. Teste, que j'ai vu en sortant des finances, ne me paraît point alarmé ; il a écouté en souriant tout ce que j'avais recueilli de contraire à nos prétentions ; il ne met pas en doute que le conseil d'Etat repoussera le système que M. le ministre des finances voudrait faire prévaloir ; enfin sa sécurité est complète. Je voudrais la partager ; mais j'avoue que ma confiance n'est pas arrivée au même degré que la sienne. Je pense aussi que la concession nous sera accordée, mais que la délibération du conseil d'Etat sera orageuse. »

Une lettre du général, du 8 octobre, après un long récit de ses démarches au ministère des finances, ajoute : « M. Teste a eu dans la journée ma visite, pour lui raconter tout ce qui est détaillé ci-dessus ; il persiste à ne compter pour rien l'avis qui nous est opposé. »

Le 11 octobre, la même lettre est continuée. Elle parle d'une nouvelle conversation avec le secrétaire général du ministère des finances, et dit : J'ai de suite donné connaissance de ces détails à M. Teste : il doit voir aujourd'hui son collègue ; il le pressera de faire promptement expédier le renvoi des pièces qui seront aussitôt transmises au conseil d'Etat. »

Le général Cubières écrit le 18 octobre : « M. Teste a eu le dossier avant son départ ; il nous a fait dire d'être tranquilles, de ne point agir près du conseil d'Etat avant son avis de le faire ; il ne veut aucune démarche auprès de M. Legrand ; *à la bonne heure*, comme on dit en mer, même quand le capitaine est mort. »

M. Teste a fait, le 10 mai, sur cette lettre, une observation qui s'applique aussi à un grand nombre des lettres précédentes.

« A en croire la correspondance de M. de Cubières, on supposerait que je le voyais tous les jours, tandis que je l'ai vu quatre ou cinq fois dans le cours de l'instruction administrative. Si vous ajoutez à cela les visites de M. Pellapra, dont il est parlé dans la même correspondance, il semblerait, en vérité, que je n'ai eu que l'affaire de Gouhenans à traiter pendant toute la période où elle s'étend. Quant au fait qui est rapporté dans cette lettre, que j'aurais engagé M. de Cubières à ne pas voir M. Legrand, je le nie formellement »

Le général écrit le 26 octobre : « M. Teste reviendra avant le 5 novembre, ou le 5 au plus tard. M. de Cheppe a eu l'ordre de tout préparer pour le conseil d'État, de sorte que nous devons espérer qu'avant un mois notre affaire sera terminée. Je pense que si vous venez à Paris vers le 16 novembre, ce sera pour assister dès votre débotté à la conclusion de cette bataille que vous livrez depuis si longtemps. » Parmentier, 28 octobre : « Nous aurons fièrement à causer quand je serai à Paris. »

Par mémoire au roi en son conseil d'État, signé de Me Fichet, avocat aux conseils, et enregistré le 21 octobre 1842, le ministre des finances, agissant au nom de l'Etat, et pour la compagnie des salines de l'Est, prit des conclusions tendantes au rejet de la demande en concession de mine de sel formée par la prétendue société Parmentier, Grillet et compagnie; subsidiairement, au sursis jusqu'à ce que les personnes qui se présentent comme copropriétaires de l'établissement de Gouhenans aient justifié d'un titre régulier de propriété.

Le 9 novembre, le secrétaire général du conseil d'Etat écrit au ministre des finances que la requête a été mise sous les yeux du comité du contentieux, lequel, considérant que les demandes en concession de mines sont hors de la juridiction contentieuse et appartiennent à l'autorité administrative, a pensé ne pouvoir en connaître. En conséquence, la requête sera transmise au comité compétent.

Le 6 décembre 1842, le comité des travaux publics de l'agriculture et du commerce, sur le rapport de M. le conseiller d'Etat Réal, donna son avis sur le projet d'ordonnance envoyé par le ministre des travaux publics, et auquel le ministre des finances avait formé opposition.

Le projet d'ordonnance accordait la concession de 6 kilomètres 48 hect. aux dix-sept personnes dénommées en l'acte du 2 mars 1842. Le comité considéra que ces personnes n'avaient pas satisfait aux conditions de publicité portées par la loi de 1810; qu'en outre, ce qui était plus grave, ce projet tendrait à faciliter une combinaison par laquelle, dans la prévision de l'exécution ultérieure de l'arrêt de la cour royale de Lyon du 27 août 1841, on transférerait à la société nouvelle des droits que des actes antérieurs, qu'une instruction commencée, que l'esprit de la loi, que tout enfin ouvrait en faveur de l'ancienne société, dont les membres étaient présumés débiteurs personnels de l'État. En conséquence, le comité fut d'avis d'accorder la concession aux sieurs Parmentier, Grillet et Stiefvater.

Le 21 décembre 1842, l'assemblée générale du conseil d'Etat délibéra sur l'ordonnance, sous la présidence de M. le ministre des travaux publics, qui défendit le projet d'ordonnance tel qu'il avait été préparé par son département. Le conseil d'Etat, adoptant, sauf une modification de rédaction, l'opinion de son comité, fut d'avis que la concession devait être faite à MM. Parmentier, Grillet et compagnie, aux noms et qualités qu'ils ont pris dans leur demande en concession du 1er juillet 1840.

C'est en ces termes que l'ordonnance du roi a été rendue le 5 janvier 1843.

M. Capin, entendu le 11 juin comme témoin, a dit : « Après que la concesssion eût été obtenue, je revis M. Ch. Lanoir à Lure; il me dit qu'il s'était passé dans cette affaire, pour l'obtention de la concession, des saletés, des vilenies; que, si les faits venaient à être connus du public, ils causeraient un grand scandale; qu'il existait entre les mains de M. Parmentier des lettres de M. Cubières relativement à ces tripotages, et que ces lettres étaient très-compromettantes. Je ne saurais dire précisément de quelles expressions M. Ch. Lanoir se servit ; mais tel fut le sens de ses paroles. »

Une seconde ordonnance royale, à l'effet d'autoriser les concessionnaires à mettre en activité et à agrandir la saline de Gouhenans, était nécessaire comme conséquence de l'ordonnance du 5 janvier 1843. Dans l'état de l'affaire, elle ne pouvait être l'objet d'aucune difficulté. Les parties étaient fort pressées de l'obtenir. M. Parmentier écrivait le 6 mars : « Il est bien temps que notre ordonnance d'usine soit expédiée. De là jusqu'à la fabrication, il ne peut pas s'écouler moins d'un mois ; ce n'est pas sur de tels retards que nous avons dû compter. »

L'ordonnance du roi, de maintien et agrandissement, a été rendue le 28 mars 1843. La cérémonie de l'inauguration de la saline a eu lieu le 12 juin suivant.

Les longs et minutieux détails qui viennent d'être exposés permettent maintenant à la cour d'apprécier les circonstances de la concession et le caractère des démarches faites pour l'obtenir.

M. le chancelier a pensé que, dans l'état de l'instruction, il était nécessaire d'entendre M. Teste sous mandat de comparution. Cité en cette forme le 18 juin, M. Teste a persisté dans ce qu'il avait dit comme témoin. Il a dit : « Je suis porté à remercier la commission de m'avoir fait sortir du rôle passif et muet de témoin, pour me donner une situation qui me permettra d'éclairer la cour et le public sur tout ce qui m'appartient réellement dans cette déplorable affaire. Jamais l'exercice du droit de défense ne m'a paru si précieux, non-seulement à cause des inductions fâcheuses auxquelles les pièces du procès pourraient donner lieu, mais encore en raison des bruits absurdes et injurieux dont j'ai été l'objet. »

Quatrième époque.

Depuis l'ordonnance de concession jusqu'au 22 novembre 1844, date de l'annulation des vingt-cinq actions au porteur.

Le 15 février 1843, le général donne à M. Hézard, directeur de Gouhenans, avis du renvoi qu'il lui fait, par MM. Mourgue et Lanoir, des vingt-cinq titres au porteur, créés le 5 février 1842, et qui n'ont donné lieu à aucun transfert par agent de change et doivent être annulés : « Vous jugerez sans doute comme moi que cette affaire ne doit être traitée qu'avec ces deux messieurs, et plus tard avec M. Parmentier, quand il sera de retour. »

Le lendemain 16, il écrit dans le même sens à M. Parmentier : « Il a été reconnu impossible d'opérer par le ministère d'un agent de change le transfert des vingt-cinq actions. Dès lors l'annulation de ces titres ne saurait être ajournée, et j'ai dû m'y résoudre. »

Vient ensuite ce remarquable passage : « Plus tard vous examinerez quel parti il y aurait à tirer de l'acte du 5 février 1842, dans l'intérêt de celui qui se trouve ainsi conduit à des sacrifices qu'il ne devait pas supporter. Mais le premier devoir est de faire disparaître des titres dont la création se trouvait à l'avance frappée de nullité. »

M. Parmentier s'oppose à cette annulation.

M. Grillet, entendu comme témoin, le 20 mai, a dit à ce sujet : «M. de Cubières avait renvoyé les actions à M. Hézard, en lui recommandant de les détruire M Hézard ayant dit à M. Parmentier qu'il avait les actions, et qu'il allait les brûler, M Parmentier lui dit : « Du tout : écrivez au général que vous les avez brûlées, et mettez-les de côté : cela pourra nous servir plus tard. » J'observe que ce n'est pas moi qui ai entendu ces propos, mais ils m'ont été rapportés par ma femme et par mon fils. »

On voit que ce propos manque d'exactitude, puisque M. Parmentier lui-même écrit au général qu'il s'oppose à l'annulation. Reste à apprécier le motif qui l'a porté à s'y opposer.

Le général insiste beaucoup aujourd'hui sur ce renvoi par lui fait des vingt-cinq actions, et y puise un des principaux arguments de sa défense. Ce renvoi prouve, suivant lui, d'une part, qu'il n'a voulu s'approprier ni ces actions ni leur valeur ; et d'autre part, qu'elles n'ont point été employées à des dépenses de corruption On vient de voir, par sa lettre du 16 février, qu'il ne renonce pas à tirer parti de l'acte du 5 février, pour être indemnisé des sacrifices faits : on verra bientôt s'il a renoncé à tirer parti des vingt-cinq actions, tant que Parmentier en a empêché l'annulation.

Le 21 février, le général consent à ce que les titres restent en dépôt dans la caisse de l'établissement entre les mains de M. Hézard.

Le 6 mars, il dit un mot d'une question qui reviendra souvent, celle de transformation de la société civile de Gouhenans en une société anonyme. Parmentier répond à ce sujet le 10 mars : « La transformation de notre société ne peut avoir lieu que du consentement de tous, vous pourrez la proposer. » Une lettre du général, du 25 mars, adresse aux associés une proposition formelle à cet égard.

Le 27 mars, le général annonce à M. Parmentier sa lettre adressée aux associés, pour être lue en assemblée générale, et ayant pour objet de proposer de se constituer en société anonyme par actions. On verra, par le passage suivant, qu'il parle non-seulement de ce qu'il a payé personnellement, en se dessaisissant de huit actions, mais aussi des pertes que Parmentier risque d'éprouver ; ce qui paraît pouvoir s'entendre de la part contributoire que Parmentier aurait à supporter dans les dépenses sur le fonds du réméré, et à répéter sur les sociétaires : « Vous êtes, mieux que personne, en état de comprendre tous les avantages que présente le changement du système suivi jusqu'à présent. Il faut mettre au premier rang de ces avantages les facilités financières et le développement rapide de la valeur réelle de l'entreprise. Il est encore un autre motif que vous et moi pourrons apprécier, ainsi que les deux amis auxquels vous avez confié nos démarches, et le but où ont tendu nos efforts communs. La création des actions constituant la société anonyme donnera le moyen d'émettre les vingt-cinq actions jusqu'ici non négociables, et dont j'ai été forcé de prendre la valeur en huit actions achetées par moi, de sorte que ces vingt-cinq actions vous couvriraient des répétitions à faire sur les sociétaires, et me remplaceraient ce dont j'ai été forcé de me dessaisir.

« Si vous voulez examiner ma proposition, vous serez sans doute disposé à l'adopter et à comprendre tout le parti que vous en pourrez tirer pour nous éviter, à vous et à moi, les pertes que nous risquons d'éprouver. »

Manquent deux lettres de M. Parmentier, des 11 et 14 juillet, dont l'extrême importance est révélée par la réponse du général, aussi fort importante; car on y voit qu'il n'a pas reçu ce dont il paraît être dépositaire, c'est-à-dire, apparemment, les 100,000 francs du réméré; qu'il y a eu un complément; que ce complément ne pouvait pas être pris sur les titres non négociables, ce qui ne peut s'entendre que des vingt-cinq actions créées le 5 février 1842; qu'il ne s'agirait, pour le général, de rien moins que de sa ruine, en engageant les actions qui lui restent, pour libérer les actions de Parmentier.

Si l'on se reporte aux faits qui précèdent, on voit que, sans parler des quatre actions que le général disait avoir promises, le nombre d'actions qui lui restaient alors était de vingt-quatre, puisqu'il faut déduire des trente-cinq actions dont il était propriétaire trois qu'il a vendues à M. Raillard, et huit qu'il a vendues à M. Pellapra. La lettre du 24 juillet est importante sous un autre rapport; on y lit ces mots, qui donnent la clef de tout le système que Parmentier va suivre désormais : « Maintenant, vous raisonnez d'après les pièces; et je réponds qu'il faut tenir compte d'autre chose. »

Ici la correspondance présente une longue lacune, au moins sur les points importants du procès.

La correspondance reprend intérêt à la fin de juillet 1844. L'arrêt de la cour royale de Lyon, du 24 mai 1844, en fixant à 147,580 fr. l'indemnité due au domaine de l'État et aux salines de l'Est, au lieu de 1,600,000 fr. demandés, avait dégagé Parmentier d'un grave souci. Il va désormais employer tous ses soins à exercer son réméré, et aussi à étendre l'importance de Gouhenans, et à y appeler de grands capitaux. Le général avait échoué dans ses négociations pour un emprunt; il ne peut pas non plus acheter pour son compte les vingt-cinq actions nouvelles, ou en procurer acquéreur. On va marcher vers le dénoûment du réméré.

Une lettre de Parmentier, du 15 juin 1844, manque aux pièces. Par la réponse que le général y fait, le 28 juillet, on va voir qu'il compte toujours sur la ressource d'un emploi des vingt-cinq actions qu'il avait renvoyées pour être annulées, près de dix-huit mois auparavant :

La lettre suivante, écrite le 14 août par le général, mérite attention : « Je me préoccupe, comme vous devez le croire, du sujet de votre dernière lettre, et c'est ce qui me conduit à vous poser les questions suivantes :

« 1° Pensez-vous qu'il soit possible d'opérer régulièrement la vente des vingt-cinq actions nouvelles, par acte notarié, de manière que l'acquéreur soit propriétaire réel et incommutable?

« 2° Consentiriez-vous à garantir, de concert avec madame, la vente des susdites actions?

« 3° Leur prix d'achat, servant à rembourser votre réméré, pourrait-il être déposé chez un notaire, de manière à opérer sans bourse délier?

« 4° Enfin, consentiriez-vous à venir en aide pour le sacrifice que j'ai fait des huit actions nouvelles, en affectant pour cela une partie du produit de la vente des vingt-cinq actions? »

On voit, par la correspondance, qu'une réunion a eu lieu à Lure, le 24 août 1844, pour y arrêter les conditions du retrait du réméré. A cette réunion ont assisté MM. Cubières, Parmentier, Lanoir et Renauld.

Le 12 octobre, M. Parmentier écrit de Clerval la lettre suivante, dans laquelle il serait difficile de ne pas voir percer des menaces : « Posons nettement la question : Ce qui a été convenu dans notre conférence avec MM. Lanoir et Renauld l'a été dans votre intérêt tout au moins autant que dans le mien.

« Il a été convenu que vous me feriez rendre par M. Pellapra les actions que vous m'avez fait vendre à réméré, et cela par les moyens que vous jugeriez convenable, fût-ce par la remise que vous lui feriez des vingt-cinq actions dont les titres sont à votre disposition, quoique vous les ayez envoyés à M. Hézard ; que vous les lui remettiez ou non, il faut toujours que vous me fassiez rendre mes actions libres, et si vous lui remettez les vôtres, je n'ai point à intervenir dans cette remise. Vos arrangements une fois faits avec lui, il est censé avoir reçu de moi-même le prix principal, les intérêts, les frais, même ceux de la quittance à me donner. C'est ainsi que nous l'avons entendu et dit tous les quatre.

« Vous n'avez donc besoin, pour accepter cette quittance en mon nom, d'aucun autre pouvoir que celui que vous avez.

« Tout cela est clair, et la présente doit, au besoin, faire disparaître tous vos scrupules.

« Je tiens à recevoir ma quittance dans la huitaine, autrement je me croirais obligé à des démarches sur lesquelles, une fois commencées, il ne serait plus possible de revenir. »

Le 18 octobre 1844, par acte passé devant Me Roquebert, notaire à Paris, M. Pellapra, d'une part, et M. Despans-Cubières, d'autre part, comme ayant charge et pouvoir de M. et madame Parmentier, ont dit et fait ce qui suit : « M. Pellapra donne toute quittance à M. et madame Parmentier des cent mille francs, prix principal de la vente, ensemble des intérêts de cette somme et de tous frais. Par suite, M. et madame Parmentier rentrent dans la pleine propriété et jouissance des actions qu'ils avaient transférées à M. Pellapra, et ils jouiront de tous les produits et dividendes y afférents, et dont M. Pellapra n'a jamais rien touché. »

M. Parmentier donne, pour explication de cet acte, les menaces qu'il a adressées à M. de Cubières. Il dit, dans une lettre du 5 février 1845 : « C'est sous prétexte de la nécessité d'une corruption à laquelle je n'ai eu que l'air de croire, à laquelle je n'ai voulu, et je vous ai dit pourquoi, que paraître m'associer, que vous aviez arraché ce dixième ; et vous entendiez bien le conserver, quoiqu'il ne vous coûtât pas un centime ; et vous ne vous êtes décidé à le rendre que par force, quand vous avez reconnu l'imminence des révélations. A qui encore persuaderez-vous le contraire ! N'ai-je pas les faits, les conventions, la correspondance ? »

Il dit, dans un projet d'exposé à la chambre des pairs, envoyé par lui au général le 14 février 1845 : « Le soussigné finit par exiger formellement la restitution des actions, même de celles dont M. Pellapra était nominalement l'acheteur a réméré, et cela sans qu'il lui en coûte rien en principal, intérêts et frais. Pour se soustraire aux effets de cette exigence, M. de Cubières essaya toutes sortes de moyens, dont le principal consistait à insinuer que, non-seulement il avait donné les 200,000 fr., mais qu'il s'était dépouillé d'une partie de ses propres actions, par lui achetées indépendamment de celles qui font l'objet des deux actes du 18 juin 1842. Entre autres documents révélateurs, il y a ses deux lettres des 28 juillet et 18 octobre 1844. »

On a demandé, le 19 mai, au témoin Renauld : — A quelle époque avez vous eu connaissance des lettres écrites par M. de Cubières à M. Parmentier, et qui ont été rendues publiques par ce dernier? — R. Je ne saurais préciser l'époque. M. Parmentier me dit qu'il tenait le général, que le général lui avait écrit des lettres très-compromettantes, qu'il était perdu. Nous lui représentâmes que c'était une infamie, que ces lettres étaient confidentielles : nous le retînmes ainsi pendant quelque temps. Nous lui représentions que M. de Cubières n'avait rien gardé pour lui, qu'il avait été trompé par M. Pellapra ; mais je crois bien que son parti était pris dès lors d'user des lettres du général, et c'est ce qu'il a fait plus tard..... J'ai toujours cru que, dès que M. Parmentier avait été en possession des lettres du général, il avait voulu exercer le chantage et se faire donner de l'argent.

Le général, à partir du 18 octobre 1844, date du retrait du réméré, ne parlera plus des sacrifices qu'il dépeignait si énergiquement dans ses lettres précédentes. Il a cessé d'espérer qu'aucun consentement de Parmentier intervienne désormais pour l'indemniser, et il n'écrira que comme un homme résigné à ses pertes.

Les 26, 27 et 30 octobre, le général écrit à Parmentier pour lui demander l'annulation du sous-seing privé du 18 juin, devenu désormais sans objet. Parmentier répond qu'il ne le détruira pas, que l'acte ne sortira de ses mains que pour passer en celles de son fils. Il écrit le 3 novembre : « Votre lettre du 31 octobre vient compléter mes documents. Voici donc le moment d'une explication définitive. Je n'ai pas reçu le prix de mon réméré ; vous ne l'avez pas reçu vous-même, quoique vous vous en soyez déclaré dépositaire ; il n'a été employé ni par vous ni par M. Pellapra pour le bien et l'amélioration des établissements de Gouhenans ou pour un autre objet quelconque ; en me remettant mon réméré, vous m'avez fait une restitution qui ne doit pas me coûter un sou.

« Il faut donc que, par un acte authentique à faire le plus tôt possible, il soit reconnu et déclaré que nous ne pouvons, ni vous ni moi, nous rechercher en aucune façon, soit à raison de ce que vous vous êtes déclaré dépositaire du prix stipulé dans ma vente à réméré, soit à raison de ce que vous auriez pu dire dans l'acte Roquebert, de telle sorte que l'un de nous ne puisse jamais rien réclamer à l'autre sous ce rapport.

« Vous n'avez disposé ni du prix stipulé pour la cession à vous faite de vingt-cinq actions, ni de ces actions elles-mêmes.

« Vous n'en avez disposé ni pour le bien et l'amélioration des établissements de Gouhenans, ni pour un autre objet quelconque ; ces actions doivent donc revenir à la compagnie.

« Pour cela, il est nécessaire que vous invitiez par lettre M. Hézard à détruire les titres que vous lui aviez envoyés, et que vous me donniez en même temps avis de cette invitation, qui doit être pure et simple ; à ce moyen, je vous donnerai décharge du prix stipulé par la cession de ces vingt-cinq actions.

« Le tout, si vous le voulez, sera ensuite constaté par un acte authentique. La destruction des titres, dans les conditions ci-dessus, complétera la restitution, qu'il est de mon devoir autant que de mon intérêt d'exiger.

« J'aurai ainsi consommé ce que vous appelez une mauvaise action, et ce que je regarde comme une bonne action, s'il en fût jamais. Pour le prouver à tous et en tout temps, s'il en est besoin, vous concevez bien que je dois garder la convention du 18 juin 1842, qui me sert d'ailleurs de garantie sous d'autres rapports, tandis que la destruction vous en est complétement inutile : vous le reconnaissez vous-même.

« Ma résolution est invariable, et je vous prie de me faire savoir si vous y adhérez.

« N. J'entends que l'acte ou les actes à faire ne me coûtent rien. »

Quelle a été la réponse du général à ces lettres si impérieuses et si dures ? La voici, à la date du 7 novembre :

« J'écris aujourd'hui au directeur de la saline pour l'annulation des vingt-cinq titres au porteur que nous avons signés conjointement, vous et moi, le 18 juin 1842, en vertu de l'acte reçu, le 5 février de la même année, par Lamboley, notaire à Vesoul, titres dont la remise fut faite en mon nom à M Hézard dès le 19 février 1843.

« Je vous donne avis de cette demande en annulation par lettre spéciale que vous trouverez jointe à la présente.

« Recevez l'assurance de tous mes sentiments.

« *P. S.* Je ne reviens pas ici sur la pensée que j'ai cru devoir traduire par les mots de *mauvaise action*, mais il me serait facile de l'expliquer de manière à lui ôter ce qu'elle pourrait avoir eu de personnel ou de blessant à vos yeux. »

Par acte sous seing privé, signé à Paris le 14 novembre 1844, par le général, et à Lure, le 17, par Parmentier, il a été déclaré que les deux sommes de 100,000 fr. chacune dont M. Cubières s'était reconnu dépositaire, par les deux actes du 18 juin 1842, n'ont pas été employées ; que le réméré a été exercé ; que les vingt-cinq actions vont être détruites ; que les parties se donnent décharge réciproque ; que la convention du 18 juin 1842 entre les soussignés, ainsi que les reçus qui s'y rattachent, restent et resteront désormais nuls et de nul effet.

Cinquième époque.

Faits postérieurs au retrait du réméré et à l'annulation des vingt-cinq actions.

M. Parmentier avait recouvré sans frais ses vingt-cinq actions vendues à réméré ; les vingt-cinq actions avaient été détruites. La cour a pu apprécier, par les détails qui précèdent, si de là résultent deux preuves : l'une, qu'aucune dépense n'aurait été faite sur les 200,000 francs destinés à la corruption ; l'autre, que, dans l'hypothèse où aucune somme n'aurait été dépensée pour la corruption, le général n'aurait élevé aucune réclamation à ce titre, et se serait borné à vouloir être indemnisé des frais d'actes et de la différence existant entre la valeur réelle de ses huit actions et le prix auquel il disait les avoir vendues à M. Pellapra au-dessous du cours.

M. Parmentier insistait toujours sur le soupçon d'une action ultérieure que le général se ménagerait dans l'avenir. Celui-ci, par lettre du 15 janvier 1845, lui fait, dans les termes les plus explicites, une déclaration qui doit le délivrer entièrement de cette crainte.

Cette déclaration obtenue, Parmentier, qui ne redoute plus d'être mis sur la défensive, va commencer ouvertement son attaque. Sa lettre du 28 janvier 1845 est une déclaration de guerre. Nous en citerons ici quelques passages, mais il faut la lire attentivement tout entière (1).

Le général répond, le 5 février, par une longue lettre, qui se termine ainsi : « J'arrive ici naturellement à la menace dont vous pensez pouvoir user comme d'un levier pour déplacer le fardeau qui pèse sur vos épaules.

« Vous reconnaissez que je suis libre de refuser le marché que vous me proposez en termes si ridiculement impératifs ; mais vous ajoutez que vous êtes libre aussi de publier un mémoire pour éclairer le public sur la vraie position de Gouhenans, pour faciliter vos négociations, et vous ajoutez enfin : « Si à ce premier effet il vient s'en ajouter un « autre, et c'est ce que je regarde comme certain, vous l'aurez voulu. » Ce qui veut dire : Payez, ou vous serez diffamé dans mon mémoire.

« Voici ma réponse : La loi du 17 mai 1819 donne les moyens de poursuivre les diffamateurs, j'en userai. Je ne me laisserai injurier ni diffamer impunément par vous ni par tout autre. »

Loin de faire trêve à ses menaces, Parmentier les redouble. Il envoie au général copie d'un mémoire par lequel il le dénoncera à la chambre des pairs. Ce n'est pas assez ; il veut frapper un coup plus décisif. Il envoie un résumé de ce mémoire à madame Despans-Cubières.

La cour lira ces lettres. Les dernières, qui contiennent des menaces, sont des 5 et 13 mars 1845. Puis la correspondance se tait à ce sujet.

On a demandé au témoin Renauld :

D. Savez-vous pour quel motif M. Parmentier a mis dix-huit mois entre les menaces par lui adressées à M. et madame de Cubières, et le procès qu'il a fait plus tard au général ? — R. Parce que, à ce moment-là, M. Lanoir était en négociation avec une personne qui annonçait l'intention d'acquérir l'établissement ; alors M. Parmentier n'avait pas d'intérêt à imposer au général l'acquisition de ses actions. D'ailleurs, M. Lanoir et moi avions cherché à le détourner de cette idée, en lui représentant que c'était une mauvaise action. Mais, depuis, M. Lanoir est mort, et mon influence, à moi, a été nulle.

Madame Grillet étant décédée le 30 août 1845, la vente de l'usine par licitation fut décidée, mais ce projet n'eut point de suite. Le 1er octobre, le général écrit à M. Pellapra pour lui annoncer cette résolution, et lui demande quel parti il prendra. L'instruction ne donne aucune lumière sur ce qui put être alors projeté entre MM. de Cu-

(1) Voir page 10.

bières et Pellapra. Une lettre de ce dernier, du 25 octobre 1845, est trop vague pour qu'on en puisse tirer une induction.

On est conduit ainsi, sans autre explication, jusqu'au 15 mai 1846, jour auquel M. Pellapra fit à M. de Cubières rétrocession des huit actions que celui-ci lui avait vendues le 17 janvier 1845.

Le prix de la rétrocession est fixé à 15,000 francs, valeur évidemment inférieure au prix réel des actions. La correspondance contient une lettre par laquelle, le 30 novembre 1844, le général offrait à M. Trichon, son ami, cinq actions, au prix de 6,400 francs chacune. On venait de souscrire, le 21 avril 1846, les conditions d'un nouvel acte social, réalisé depuis, par lequel la valeur de l'établissement de Gouhenans était estimée à 4 millions, ce qui portait chaque cinq centième à 8,000 francs. Quelque exagération qu'on puisse supposer dans ces évaluations, toujours est-il qu'un prix de 1,875 francs par chaque cinq centième, au 15 mai 1846, était fort inférieur à la valeur véritable.

On était parvenu à trouver des capitalistes disposés à verser des fonds dans l'affaire de Gouhenans. Par acte sous seings privés du 21 avril 1846, MM. Henri, Mellet, Van Gobbelschroy et Pinto de Araujo, s'engagèrent à verser deux millions pour la formation d'une société nouvelle au capital de six millions, dans laquelle l'apport des anciens sociétaires fut évalué quatre millions. Cet acte a été réalisé par un autre acte en forme, les 28 et 30 juillet 1846. MM. Despans-Cubières et Parmentier siégeaient tous deux dans le conseil d'administration qui était formé.

On voit par la correspondance postérieure entre MM. Renauld et Parmentier, que celui-ci cherchait à vendre sa part. On lui en offrait 1,100,000 fr. Il voulait 1,200,000 fr. ; la vente n'eut pas lieu.

Dans la même correspondance, M. Parmentier se plaint du retard des versements à effectuer par les nouveaux sociétaires.

Le 22 décembre, il écrit en ce sens au conseil d'administration, dont il critique la composition comme irrégulière.

Cette lettre était le prélude de la guerre qu'il allait entamer. Par exploit du 29 décembre 1846, il a assigné devant le tribunal civil de première instance de la Seine, MM. Cubières, Van Gobbelschroy, Pinto de Araujo, Henri Millet et Renauld, aux fins d'exécution de la convention des 28 et 30 juillet 1846, solidairement et par corps avec dommages et intérêts.

C'est dans ce procès qu'il a mis à exécution ses précédentes menaces contre le général Cubières. Il a fait imprimer trois mémoires.

Le premier, du 5 février 1847, a pour titre *Conclusions*. Il y attaque vivement MM. Cubières et Renauld, mais ne parle pas encore de la correspondance du général.

Le second factum, du 12 mars, en 31 pages, intitulé *Supplément*, donne des extraits des lettres du général qu'on a précédemment fait connaître.

Le troisième mémoire, intitulé *Note*, commente de nouveau cette correspondance ; elle est datée du 3 mai.

Par jugement rendu le 6 mai 1847, le tribunal civil de première instance de la Seine a débouté Parmentier de sa demande envers toutes les parties par lui mises en cause ; il a constaté que le général Despans-Cubières a été complétement étranger à l'apport des dix millions stipulé dans l'acte des 28 et 30 juillet 1846 ; il a déclaré n'avoir point à examiner si les imputations contenues dans deux des mémoires sont ou non fondées ; mais il a ordonné la suppression de ces mémoires comme contenant des imputations injurieuses et diffamatoires étrangères à la cause ; il a condamné Parmentier en tous les dépens.

Résumé.

Nous venons de parcourir devant la cour une longue série de faits affligeants. Elle les contrôlera, et en complétera l'examen par l'étude des nombreuses pièces qui sont mises sous ses yeux. C'est à elle à déclarer s'il sort de ces faits des présomptions suffisantes pour ouvrir un débat public, et contre quelles personnes existeraient des charges ; ou bien si, au contraire, il n'y aurait pas lieu à suivre le procès.

De l'ordonnance du roi qui a saisi la cour, résulte la nécessité d'examiner deux systèmes fort différents : celui d'une tentative d'escroquerie ; celui d'une corruption ou d'une tentative de corruption contre un fonctionnaire.

Quant à la tentative d'escroquerie, si la cour pensait qu'il existât à cet égard des charges suffisantes, l'inculpation atteindrait, soit M. Despans-Cubières, soit M. Pellapra, soit tous les deux.

Ont-ils simulé une corruption dans l'intention de s'approprier les sommes ou valeurs qu'ils auraient feint d'y avoir consacrées ?

La création de vingt-cinq actions nouvelles, prises sur l'actif social par l'acte notarié du 5 février 1842, la vente à réméré, par l'acte notarié du 18 juin 1842, de vingt-cinq actions appartenant aux sieur et dame Parmentier, la mise à la disposition du général Cubières, par la convention dudit jour, de 200,000 francs provenant de ces deux actes, sont-elles le fruit de manœuvres frauduleuses employées pour persuader l'existence d'une corruption imaginaire, et pour faire naître l'espérance qu'au moyen de cette corruption l'ordonnance de concession serait accordée à une certaine époque et moyennant certaines conditions favorables, ou pour faire naître la crainte que le refus d'adhérer à cette corruption et d'en payer le prix aurait pour conséquence, soit le rejet de la demande en concession, soit son octroi tardif et sous des conditions défavorables ?

M. Cubières et M. Pellapra, ou l'un d'eux, ont-ils, en vue de faire croire à une corruption non existante, et de s'approprier des actions ou de l'argent, multiplié les mensonges dans une longue correspondance, pour exagérer les effets de leurs démarches auprès de l'administration, et pour tromper Parmentier et ses associés sur le vrai sens des actes, des paroles, des intentions de M. Teste, en dépeignant calomnieusement ce ministre comme disposé à étendre sur eux le secours d'une protection coupable, achetée par des promesses ou des sacrifices d'argent ou d'actions ?

Le renvoi que le général Cubières a fait des vingt-cinq actions nouvelles, le 15 février 1845, avec mandat de les annuler, a-t-il été effectué, de sa part, volontairement et sans conditions ni réserves ; ou bien n'aurait-il eu lieu que sous la réserve et avec l'espérance d'être payé de prétendues dépenses de corruption qui, en réalité, n'auraient jamais été faites ?

Pendant l'intervalle qui s'est écoulé entre le 15 février 1845, date du renvoi de ces actions, et le 22 novembre, date de leur annulation effective, des efforts sérieux ont-ils été tentés pour rendre inutile le renvoi, et pour employer aux fins déjà indiquées tout ou partie des actions ou de leur valeur?

N'y a-il eu, au contraire, en ce point, de la part du général Cubières, que des efforts légitimes à l'effet de se faire rembourser : d'abord, les frais par lui avancés pour des actes réguliers et intéressant la compagnie de Gouhenans; et, en second lieu, la perte par lui essuyée sur huit de ses actions personnelles vendues à M. Pellapra au-dessous du cours, dans la seule vue de procurer à la compagnie l'appui financier de ce capitaliste, et l'avantage de l'avoir pour associé?

L'exercice de la faculté de réméré que les sieur et dame Parmentier s'étaient réservée s'est-il opéré sans autres difficultés que celles qui pouvaient résulter de la rédaction des actes ? Serait-il vrai, au contraire, que le général aurait, autant qu'il l'a pu, résisté à laisser exercer le réméré, en se fondant sur l'illégitime exigence du remboursement de dépenses fictives, attribuées à une corruption dont il aurait allégué mensongèrement l'existence? Ne se serait-il résigné à laisser exercer le réméré et à affranchir le sieur Parmentier de tous frais à cet égard que parce qu'il aurait été contraint par des menaces, et notamment par celle qu'on dévoilerait ses mensonges et qu'on publierait sa correspondance ?

Existe-t-il contre M. Pellapra des présomptions suffisantes d'avoir employé les mêmes manœuvres, ou pour son profit personnel. ou pour en partager le profit avec le général, ou pour aider et assister celui-ci dans sa tentative d'escroquerie, avec connaissance de cette tentative?

Dans l'hypothèse même où des actes de corruption auraient été exécutés ou tentés, resterait-il encore des présomptions de tentative d'escroquerie ? Cette tentative existerait-elle si MM. Cubières et Pellapra, ou l'un d'eux, avaient voulu bénéficier sur un marché réel de corruption, en exagérant mensongèrement le prix de cette corruption, afin de s'en approprier l'excédant ?

L'article 179 du Code pénal distingue entre la corruption ou tentative de corruption suivie d'effet, qui est un crime, et la tentative non suivie d'effet, qui est un délit.

La morale réprouve hautement, mais la loi pénale n'atteint par les projets de corruption, même concertés entre plusieurs personnes ; il n'y a pas délit lorsque, s'en tenant à des projets répréhensibles, ou à des préparatifs blâmables, on n'a fait ni l'acte ni la tentative de s'adresser à un fonctionnaire, par promesses, offres, dons, présents, par propositions agréées ou refusées. La cour aura à examiner si ce cas est celui du procès.

On lira aux pièces les noms de beaucoup de fonctionnaires. Dans l'intimité de cette affligeante correspondance, où certes on ne s'est pas fait faute d'allégations téméraires, de projets coupables, de licence de langage, les soupçons n'ont été versés que sur un seul. Les intéressés ont, tantôt par l'amertume de leurs plaintes, tantôt par la sollicitude de leurs précautions, rendu aux autres agents de l'administration un involontaire hommage. Ce n'est pas tout. L'instruction a fermement voulu ne laisser aucun détail sans l'approfondir.

La conduite d'un seul fonctionnaire est restée à éclaircir. La sévérité même de l'instruction suivie à son égard donne le droit de proclamer, après les investigations les plus minutieuses, que, quant à tous les agents de l'administration, depuis les plus élevés jusqu'aux plus modestes, il n'y a place à aucun soupçon ; qu'aucun soupçon non plus n'est possible, contre quelque autre personne que ce soit, hors du cercle des imputations qui viennent d'être examinées.

Mais ce seul fonctionnaire, de l'appui intéressé duquel on s'est targué, est un pair de France, un magistrat, un ancien ministre.

Les espérances de corruption dirigées contre M. Teste sont écrites dans la correspondance.

Les préparatifs de corruption ont été faits par-devant notaire. Ils résultent de l'acte du 5 février 1842 ; ils résultent aussi de l'acte sous seings privés du 18 juin 1842, qui a mis 200,000 francs à la disposition du général Cubières, et qui a été signé le même jour que la vente à réméré. Ces préparatifs ont-ils été suivis d'effet ?

La cour pensera-t-elle que, dès à présent, et sans l'épreuve d'un débat public, elle est suffisamment instruite des faits pour déclarer que, contre les allégations si persistantes de la correspondance, doivent prévaloir les démentis qui leur ont été uniformément et énergiquement donnés par les interrogatoires des inculpés et les dépositions des témoins ? Tiendra-t-elle pour constant, sans information plus ample, que ces allégations sont un tissu d'indignes calomnies contre un ministre dont l'unique tort apparent serait de s'être montré trop confiant, trop communicatif, trop serviable ?

Expliquera-t-elle la conduite de M. Teste par la vivacité de ses convictions et par l'ardeur de son zèle à remplir les devoirs qu'il se croyait imposés ?

Des sacrifices pécuniaires ont-ils été faits par M. Cubières avec affectation de ces sacrifices à des actes de corruption ? Quel est le vrai sens de la vente de ses huit actions faites le 17 janvier 1845, des réclamations qu'il a élevées à l'occasion du retrait du réméré, des pertes énormes dont il cherchait à repousser le fardeau, et qui s'ajoutaient à la perte résultant déjà d'une cession gratuite de ses huit actions ?

M. Pellapra aurait-il aidé, de ses démarches et de sa bourse, des manœuvres corruptrices ? Ou bien son intervention a-t-elle été parfaitement licite et purement officieuse ? Ses opérations n'ont-elles été que le résultat permis à des calculs financiers, que des conséquences légitimes de son affection et de sa confiance envers le général Cubières ?

M. Parmentier a-t-il tout ignoré ? Sa participation à des actes de corruption, s'il en a existé, n'a-t-elle été qu'apparente, et qu'une précaution prise pour ne pas être trompé ? Ou bien y a-t-il deux parts à faire de sa conduite ? A-t-il été sérieusement complice de la corruption jusqu'à l'obtention de l'ordonnance de concession ? N'a-t-il cessé de paraître croire à la corruption qu'après l'ordonnance obtenue, et afin de faire retomber sur d'autres tous les sacrifices qu'elle aurait coûtés ? Ou bien encore a-t-il trompé parce qu'on le trompait ? A-t-il, alors qu'on aurait voulu lui faire payer trop cher le prix de la corruption, répondu en s'arrangeant pour n'en rien payer du tout ? N'a-t-il eu entre les mains les preuves ou indices de ce qui aurait été une corruption, que parce que lui-même y aurait participé ; et a-t-il voulu abuser de la possession, ainsi obtenue, de ces preuves ou indices pour extorquer des sommes du général, en le menaçant d'une publication déshonorante ?

Parmi ces questions, plusieurs sont ardues ; toutes sont tristes. Leur solution pourra mettre les sentiments de la cour à une pénible épreuve ; son impartialité jugera.

Quant à la compétence de la cour, elle est fixée par l'article 29 de la Charte constitutionnelle, s'il y a déclaration de charges suffisantes, soit contre M. Despans-Cubières, soit contre M. Teste, soit contre tous les deux.

Si la cour, en retenant en cause ces deux pairs de France, ou l'un d'eux, juge en même temps qu'il y a charges suffisantes, soit contre M. Pellapra, soit contre M. Parmentier, soit contre tous les deux, elle sera compétente à l'égard de ces derniers, à raison de la connexité.

ARRÊT DE MISE EN ACCUSATION.

Aujourd'hui, 26 juin, à cinq heures et demie, la cour ayant terminé sa délibération, M. le procureur général Delangle, assisté de M. l'avocat général Glandaz, a été introduit, et M. le chancelier a donné lecture de l'arrêt suivant :

« La cour des pairs :

« Ouï, dans la même séance du 21 de ce mois, M. Renouard en son rapport de l'instruction ordonnée par l'arrêt du 7 mai dernier ;

« Ouï, dans la même séance, le procureur général du roi en ses dires et réquisitions ; lesquelles réquisitions, par lui déposées sur le bureau de la cour, signées de lui, sont ainsi conçues :

RÉQUISITOIRE.

« Le procureur général du roi près la cour des pairs ;

« Vu, 1° l'ordonnance du roi, en date du 5 mai dernier, qui convoque la cour des pairs à l'effet de procéder au jugement du lieutenant général Despans-Cubières, à raison de faits qualifiés par les articles 179 et 405 du Code pénal ;

2° L'arrêt rendu le 7 dudit mois de mai par la cour des pairs, ordonnant qu'il serait procédé à une instruction sur lesdits faits, tant contre le lieutenant général Cubières que contre tous auteurs ou complices ;

« 5° Les pièces de la procédure instruite contre :

« 1° Le lieutenant général Amédée-Louis Despans-Cubières, pair de France ;

« 2° Le sieur Marie-Nicolas-Philippe-Auguste Parmentier, avocat ;

« 5° Le sieur Leu-Henri-Alain Pellapra, ancien receveur général ;

« 4° M. Jean-Baptiste Teste, pair de France ;

« Attendu qu'il résulte de l'instruction charges suffisantes,

« 1° Contre :

« Le lieutenant général Despans-Cubières,

« Le sieur Parmentier,

« Le sieur Pellapra,

« D'avoir, en 1842, corrompu par offres, dons et présents, le ministre des travaux publics, pour obtenir la concession d'une mine de sel gemme située dans le département de la Haute-Saône;

« 2° Contre M. Teste,

« D'avoir à la même époque, étant ministre des travaux publics, agréé des offres et reçu des dons et présents pour faire un acte de ses fonctions non sujet à salaire;

« Attendu qu'il résulte en outre de l'instruction charges suffisantes,

« Contre:

« M. Despans-Cubières,

« Et M. Pellapra,

« De s'être, à la même époque, en employant des manœuvres frauduleuses pour faire naître la crainte d'un événement chimérique, fait remettre une portion des fonds destinés à la corruption, par les associés de Gouhenans, et d'avoir, par ces moyens, escroqué partie de la fortune d'autrui;

« Vu les articles 177, 179 et 405 du Code pénal;

« Requiert qu'il plaise à la cour

« Se déclarer compétente;

« Ordonner la mise en accusation de MM. Despans-Cubières, Parmentier, Pellapra, Teste;

« Et les renvoyer devant la cour, pour être jugés conformément à la loi.

« Fait au parquet de la cour des pairs le 21 juin 1847.

« Le procureur général du roi,

« Signé DELANGLE. »

« Après qu'il a été donné lecture par le greffier en chef et son adjoint des pièces de la procédure;

« Et après en avoir délibéré, hors la présence du procureur général, dans la séance d'hier et dans celle de ce jour;

« En ce qui touche la question de compétence:

« Attendu qu'aux termes de l'article 29 de la Charte constitutionnelle, aucun pair de France ne peut être jugé que par la chambre des pairs, en matière criminelle;

« Attendu que l'indivisibilité du délit entraîne l'indivisibilité de la poursuite contre tous les inculpés de faits connus;

« En ce qui concerne:

« Amédée-Louis Despans-Cubières, pair de France;

« Marie-Nicolas-Philippe-Auguste Parmentier;

« Leu-Henri-Allain Pellapra;

« Attendu que de l'instruction résultent contre eux charges suffisantes d'avoir, en 1842, corrompu par offres, dons et présents, le ministre des travaux publics, pour obtenir la concession d'une mine de sel gemme située dans le département de la Haute-Saône;

« En ce qui concerne Jean-Baptiste Teste, pair de France;

« Attendu qu'il résulte également de l'instruction charges suffisantes contre lui, d'avoir, à la même époque, étant ministre des travaux publics, agréé des offres et reçu des dons et présents pour faire un acte de ses fonctions non sujet à salaire;

« Attendu qu'il résulte, en outre, de l'instruction contre Amédée-Louis Despans-Cubières :

« Et Leu-Henri-Allain Pellapra,

« Charges suffisantes de s'être, à la même époque, en employant des manœuvres frauduleuses pour faire naître la crainte d'un événement chimérique, fait remettre une portion des fonds destinés à la corruption, par les associés de Gouhenans, et d'avoir par ces moyens, escroqué ou tenté d'escroquer partie de la fortune d'autrui ;

« Crimes et délits prévus par les articles 177, 179 et 405 du Code pénal ;

« La cour se déclare compétente,

« Ordonne la mise en accusation de :

« Amédée-Louis Despans-Cubières, pair de France ;

« Marie-Nicolas-Philippe-Auguste Parmentier ;

« Leu-Henri-Allain Pellapra ;

« Jean-Baptiste Teste, pair de France ;

« Ordonne, en conséquence, que lesdits :

« Amédée-Louis Despans-Cubières, âgé de soixante et un ans, pair de France, né à Paris, y demeurant, rue de Clichy, 27 ;

« Marie-Nicolas-Philippe-Auguste Parmentier, âgé de cinquante-cinq ans, avocat, né à Lure (Haute-Saône), demeurant ordinairement à Lure, et habitant momentanément Paris, rue Croix-des-Petits-Champs, 6 ;

« Leu-Henri-Allain Pellapra, âgé de soixante-quinze ans, ancien receveur général, né à....., demeurant à Paris, quai Malaquais, 17 ;

« Jean-Baptiste Teste, âgé de soixante-sept ans, pair de France, né à Bagnols (Gard), demeurant à Paris, rue de Lille, 88 bis ;

« Seront cités à comparaître à la barre de la cour pour y être jugés conformément à la loi ;

« Ordonne que le présent arrêt sera notifié à la diligence du procureur général du roi, à chacun des accusés ;

« Ordonne que les débats s'ouvriront au jour qui sera ultérieurement indiqué par le président de la cour, et dont il sera donné connaissance au moins cinq jours à l'avance, à chacun des accusés ;

« Ordonne que le présent arrêt sera exécuté à la vigilance du procureur général du roi.

Fait et délibéré au palais de la cour des pairs, le samedi 26 juin 1847, en la chambre du conseil, où siégeaient :

M. le duc de Pasquier, chancelier de France, président,

Et MM. le duc de Broglie, le comte Molé, le marquis de Talaru, le comte de Noé, le duc de Massa, le duc Decazes, le comte d'Argout, le baron de Barante, le marquis de Dampierre, le comte de Houdetot, le comte de Pontécoulant, le comte de la Villegontier, le baron Dubreton, le marquis de Pange, le comte Portalis, le duc de Crillon, le duc de Coigny, le comte de Saint-Priest, le comte de Tascher, le comte de Richebourg, le duc de Plaisance, le vicomte Dode, le vicomte Dubouchage, le duc de Brancas, le comte de Montalivet, le comte Boissy-d'Anglas, le duc de Noailles, le comte Lanjuinais, le marquis de Laplace, le vicomte de Ségur-Lamoignon, le marquis de Lauriston, le duc de Périgord, le comte de Ségur, le duc de Richelieu, le marquis de Barthélemy, le comte Philippe de Ségur, le baron Athalin, Aubernon, Cousin, le duc de Fezensac, le baron de Fréville, le baron Thénard, Villemain, le comte de Ham, le vice-amiral Jurien-Lagravière, le comte de Colbert, le comte de la Grange, Félix Faure, le comte Daru, le baron Neigre, le baron Duval, le comte de Beaumont, le comte de Saint-Cricq, Barthe, le comte de Gasparin, le comte d'Hédouville, le baron Aymard, le comte de Montalembert, de Cambacérès, le baron Feutrier, le baron Fréteau de Pény, le vicomte Pernety, le comte de la Riboissière, le marquis de Rochambeau, le comte d'Alton-Shée, de Bellemare, le comte Bresson, le marquis d'Andigné de la Blanchaye, le marquis d'Audiffret, le comte de Monthion, le marquis de Belbeuf, le baron Darriule, le baron Dupin, le marquis d'Escayrac de Lauture, Kératry, le vice-amiral Halgan, Mérilhou, Odier, Paturle, le baron de Vandeuvre, le baron Pelet, le comte Pelet (de la Lozère), le vicomte de Préval, le baron de Fleury, Laplagne-Barris, Rouillé de Fontaine, le vicomte Sébastiani, le baron de Daunant, le comte de Castellane, le duc d'Albuféra, le baron Saint-Didier, le vice-amiral de Rosamel, Maillard, le duc de la Force, le comte de la Pinsonnière, le baron Nau de Champlouis, le comte de Gramont-d'Aster, le comte de Greffulhe, le comte Schramm, le marquis de Boissy, le vicomte Borelli, le vicomte Cavaignac, Cordier, le duc d'Estissac, Lebrun, le comte Eugène Merlin, Persil, de Vandeul, Viennet, Bérenger (de la Drôme), le comte Foy, le prince de la Moskowa, le marquis de Gouvion-Saint-Cyr, le marquis de Gabriac, le comte Mathieu de la Redorte, le comte de Montesquiou-Fezensac, Romiguières, le vice-amiral Bergeret, le comte Arthur Beugnot, le comte de Bondy, Franck-Carré, le président de Gascq, le baron Gourgaud, le baron d'Oberlin, le comte Alexis de Saint-Priest, le président Boullet, Ferriere, le baron de Bussière, Passy, Gabriel Delessert, le comte Jaubert, le vice-amiral baron Grivel, le baron Pèdre la Caze, le duc de Choiseul-Praslin, le baron Marbot, le duc de Trévise, le baron Achard, le vicomte Victor Hugo, Martell, Bertin de Vaux, le duc de Valençay, le comte de Latour-Maubourg, de la Coste, le vicomte Duchâtel, le comte de Chastellux, le baron de Crouseilhes, Vincens-Saint-Laurent, Lesergeant de Monnecove, le marquis de Raigecourt, le baron Sers, Girard, le marquis de Portes, le vicomte Lemercier, Anisson-Duperon, le comte de Mornay, le baron Doguereau, le baron Durrieu, le baron Girot de l'Anglade, Fulchiron, Jard-Panvillier, le baron Fabvier, le baron Tupinier, Laurens-Humblot, le président Legagneur, Mesnard, le baron Rœderer, le président Rousselin, le vicomte Bonnemains, Hartmann, Barbet, Flourens, de Lagrenée, Legentil, le baron Rapatel, Renouard, le comte Achille Vigier, Poinsot, le comte Cornudet, le marquis de Malleville, Troplong, Reynard, le baron de Schauenburg, Wustemberg, le comte du Moncel, le baron Deponthon, le comte de Pontois.

Lesquels ont signé avec le greffier en chef.

DÉBATS

DEVANT LA COUR DES PAIRS.

1re audience. — 8 juillet.

Présidence de M. le duc Pasquier, chancelier.

Les dispositions intérieures de la salle sont à peu près les mêmes que dans les procès précédents. Le bureau de M. le chancelier est placé au côté droit de l'enceinte occupée ordinairement par les fauteuils des pairs. Vis-à-vis, à gauche, se trouve le bureau du ministère public. L'emplacement réservé dans les séances législatives au président et aux secrétaires de la chambre a été transformé en tribunes dans lesquelles sont admises les personnes munies de billets. En avant, et à la place même où se trouve la tribune des orateurs, sont des siéges et trois bureaux destinés aux accusés et à leurs conseils. Dans les procès précédents, les accusés étaient placés sur un banc plus élevé derrière leurs défenseurs. Les siéges sont disposés aujourd'hui de façon que chaque accusé soit assis près de son avocat.

A midi un quart, un huissier annonce la cour. M. le chancelier entre suivi des membres de la commission d'instruction : viennent ensuite les autres membres de la cour. Les pairs sont en grand costume, avec le chapeau à plumes et l'épée.

M. le procureur général Delangle et M. l'avocat général Glandaz sont également introduits.

M. le chancelier donne ordre de faire entrer les accusés. Un grand silence s'établit et une émotion profonde s'empare de tout l'auditoire, lorsque, précédés par des huissiers, M. le général Despans-Cubières, et un moment après M. Teste entrent dans l'enceinte par la porte de gauche et prennent place au banc des accusés.

M. le général Cubières et M. Teste sont en habit noir. M. Cubières porte le ruban de chevalier, et M. Teste la rosette d'officier de la Légion d'honneur.

M. Despans-Cubières s'assied sur le siége qui lui est destiné à l'extrémité droite de la barre, à côté de Me Baroche, son avocat. M. Teste s'assied entre Mes Paillet et Dehaut, ses conseils. M. Teste fils, membre de la chambre des députés, conseiller référendaire à la cour des comptes, est entré en même temps que son père : il se place derrière lui.

M. Parmentier est à son tour introduit ; il s'assied à l'extrémité gauche de la barre, entre son fils et Me Benoît Champy, son avocat.

Derrière les accusés et leurs défenseurs sont quelques avocats en robe. Me Cuzon, qui a été l'un des conseils du général Cubières dans le procès civil jugé par le tribunal de la Seine, est assis derrière lui.

Plusieurs des témoins qui doivent être entendus dans l'affaire sont dans l'un des couloirs : on remarque entre autres, M. Legrand, sous-secrétaire d'Etat, en costume de conseiller d'Etat ; M. Mazères, préfet de la Haute-Saône, également en costume.

On remarque aussi un grand nombre de députés, qui, dès avant l'entrée de la cour, occupent les places qui leur sont réservées.

M. LE CHANCELIER. — L'audience est ouverte. J'invite le public qui assiste à l'audience à écouter dans un respectueux silence les débats qui vont s'ouvrir. M. le greffier en chef va procéder à l'appel nominal des membres de la cour.

M. Eugène Couchy, greffier en chef, fait l'appel nominal, qui constate la présence de 190 pairs.

M. LE CHANCELIER. — Monsieur Cubières, quels sont vos noms, âge, lieu de naissance, profession, qualités et domicile?

M. DESPANS-CUBIÈRES. — Louis Despans-Cubières, âgé de soixante et un ans, né à Paris, demeurant rue de Clichy, 27.

M. LE CHANCELIER. — Monsieur Pellapra !... (Personne ne répond.) M. Pellapra n'est pas présent ?... (Même silence.)

M. LE CHANCELIER. — Monsieur Teste, quels sont vos noms, âge, lieu de naissance, profession, qualités et domicile?

M. TESTE. — Je m'appelle Jean-Baptiste Teste, je suis âgé de soixante-sept ans, né à Bagnols ; je demeure à Paris, rue de Lille. Quant à ma qualité, monsieur le chancelier... en butte à une accusation qui touche de si près à l'honneur d'un homme public, j'ai pensé qu'il était convenable de ne pas apporter sur le banc où je suis assis les dignités dont j'avais été revêtu. J'en ai déposé hier les insignes dans les mains du roi (1). (Sensation prolongée.)

(1) Voici en quels termes M. Teste a adressé au roi sa démission de pair de France et de président :

« Sire,

« Je dois à Votre Majesté, en retour d'un dévouement dont je me suis efforcé de multiplier les preuves, la dignité de pair de France, et l'honneur de siéger dans la plus haute magistrature du royaume, comme l'un de ses présidents.

« J'aborde demain une épreuve solennelle, avec la ferme conscience d'en sortir sans avoir rien perdu de mes droits à l'estime publique et à celle de Votre Majesté.

« Mais un pair de France, magistrat, qui a eu le malheur de traverser une accusation de corruption, se doit à lui-même de se retremper dans la confiance du souverain qui lui a conféré ce double caractère.

« Je dépose entre les mains de Votre Majesté ma démission de la dignité de pair de France, et celle des fonctions de président à la cour de cassation, pour n'être défendu dans les débats qui vont s'ouvrir, que par mon innocence. »

M. LE CHANCELIER. — Monsieur Parmentier, quels sont vos noms âge, profession, lieu de naissance et domicile?

M. PARMENTIER. — Marie-Nicolas-Philippe-Auguste Parmentier, âgé de cinquante-cinq ans, avocat, né à Lure, demeurant à Lure, et momentanément à Paris.

M. LE CHANCELIER. — Tous les défenseurs sont présents.

Mes Baroche, Paillet, Dehaut, et Benoît Champy se lèvent.

M. LE CHANCELIER. — Je rappelle aux défenseurs qu'ils doivent s'exprimer avec décence et ne rien dire contre leur conscience et contre le respect dû aux lois.

Les défenseurs s'inclinent.

M. LE CHANCELIER. — M. le procureur général a la parole. (Mouvement de curiosité.)

M. Glandaz, avocat général, se lève et dit : « Nous avons l'honneur de présenter à la cour les réquisitions suivantes : »

« Le procureur général du roi près la cour des pairs,

« Vu 1° l'arrêt rendu, le 26 juin dernier, par la cour des pairs portant mise en accusation de Luc-Henri-Alain Pellapra, ancien receveur général, pour crime de corruption et pour délit d'escroquerie ou tentative d'escroquerie ;

« 2° La notification faite, le 27 du même mois de juin, audit Pellapra, en son domicile à Paris, quai Malaquais, 17, de l'arrêt susénoncé ;

« 3° L'ordonnance rendue, le 1er juillet, présent mois, par M. le chancelier de France, président de la cour des pairs, ladite ordonnance portant que les débats sur l'accusation prononcée contre le susnommé s'ouvriront le jeudi 8 dudit mois de juillet ;

« 4° La notification faite, le même jour, 1er juillet, de ladite ordonnance au sieur Pellapra, en sondit domicile, pour qu'il ait à s'y conformer ;

5° Le mandat d'arrêt rendu sur nos réquisitions par M. le chancelier, président de la cour des pairs, le 7 du même mois, contre le sieur Pellapra ;

« Attendu que le sieur Pellapra ne se présente pas devant la cour pour répondre à l'accusation portée contre lui ;

« Qu'il résulte même de l'exécution du mandat d'arrêt décerné contre cet accusé qu'il a quitté son domicile et qu'il s'est jusqu'ici soustrait à toutes les recherches de la justice ;

« Que l'absence du sieur Pellapra ne peut pas arrêter le cours des débats en ce qui concerne les accusés présents, mais qu'elle oblige de recourir aux voies de contrainte déterminées par la loi ;

« Vu les articles 177, 179, 405 du Code pénal, et 465 du code d'instruction criminelle ;

« Requiert qu'il plaise à la cour :

« Décerner ordonnance de prise de corps contre Leu-Henri-Alain Pellapra.

« Au parquet de la cour des pairs, le 8 juillet 1847.

« Le procureur général du roi,

« DELANGLE. »

M. LE CHANCELIER. — La cour donne acte à M. le procureur général du roi de ses réquisitions, et ordonne qu'il en sera délibéré en la chambre du conseil après la lecture de l'acte d'accusation.

M. le greffier en chef donne lecture de l'arrêt de la cour et commence celle de l'acte d'accusation qui est achevée par M. Léon de la Chauvinière, greffier en chef adjoint.

Nous avons donné le texte de l'arrêt dans notre précédente livraison. Nous nous abstenons de donner ici l'acte d'accusation qui reproduit les faits et la correspondance déjà relatés dans le rapport de M. Renouard ; l'acte d'accusation se termine ainsi :

En conséquence sont accusés ;
1° Amédée-Louis Despans-Cubières, pair de France ;
2° Marie-Nicolas-Philippe-Auguste Parmentier ;
3° Leu-Henri-Alain Pellapra,
D'avoir, en 1842, corrompu par offres, dons et présents, le ministre des travaux publics, pour obtenir la concession d'une mine de sel gemme située dans le département de la Haute-Saône ;

Jean-Baptiste Teste, pair de France,
D'avoir, à la même époque, étant ministre des travaux publics, agréé des offres et reçu des dons et présents pour faire un acte de ses fonctions non sujet à salaire ;

Amédée-Louis Despans-Cubières,
Et Leu-Henri-Alain Pellapra,
De s'être, à la même époque, en employant des manœuvres frauduleuses pour faire naître la crainte d'un événement chimérique, fait remettre une portion des fonds destinés à la corruption, par les asso-

(1) Voici, quant à la personne et quant aux biens, quelles peuvent être les conséquences de l'état de contumace dans lequel s'est placé M. Pellapra, qui, comme on sait, jouit d'une fortune immobilière considérable.

Pendant l'instruction de la contumace, les biens de l'accusé sont séquestrés ; il est privé de l'exercice de ses droits de citoyen, il est déclaré rebelle à la loi, et toute action en justice lui est interdite. — Code d'instruction criminelle, art. 465.

Si le contumax est condamné, ses biens sont, à partir de l'arrêt, considérés et régis comme biens d'absent par l'administration de la régie des domaines de l'État. — Id., 471.

Pendant les cinq ans à partir de l'exécution de l'arrêt par effigie, si le condamné se présente volontairement, ou s'il est arrêté, l'arrêt de contumace et ses conséquences tombent à l'instant même ; l'accusé reprend ses droits de citoyen, auxquels il n'a pu être préjudicié par la contumace, et il est remis en possession de ses biens, qui lui sont restitués, ainsi que les revenus, sauf retenue des frais de régie. — Code civil, art. 27, 28, 29, et la loi du 16 septembre 1791.

S'il ne se présente qu'après le délai de cinq ans, les conséquences de la condamnation par contumace ne cessent qu'à partir du jour où il a reparu en justice, et elles conservent leur effet pour le passé. — Code civil, art. 30.

Le contumax, alors même qu'il est acquitté après s'être présenté, est condamné aux frais occasionnés par la contumace. — Code d'instruction criminelle, art. 478.

Si le condamné laisse écouler le délai de vingt ans sans se présenter, la peine portée par l'arrêt est prescrite, mais le condamné ne peut plus être admis à purger sa contumace. — Code d'instruction criminelle, article 641.

Lorsque la condamnation est devenue définitive par l'expiration du délai donné pour purger la contumace, le compte du séquestre est rendu à qui il appartiendra. — Id., art. 471.

ciés de Gouhenans, et d'avoir, par ces moyens, escroqué ou tenté d'escroquer partie de la fortune d'autrui ;

Crimes et délits prévus par les articles 177, 179 et 405 du Code pénal.

Fait au parquet de la cour des pairs, à Paris, ce 30 juin 1847.

Le procureur général du roi,
DELANGLE.

M. LE CHANCELIER. — Les accusés ont vu ce dont ils sont accusés. Dans les audiences suivantes, ils entendront les charges qui seront produites contre eux.

M. TESTE. — Monsieur le chancelier veut-il me permettre, non pas de discuter, ce ne serait pas le lieu, mais de lui faire remarquer l'absence dans les pièces administratives, dont je viens de trouver un exemplaire dans la salle où j'ai été retenu quelque temps, l'absence dans le recueil de ces pièces de l'avis donné par la Régie des contributions indirectes sur la demande en concession de Gouhenans.

Le système de l'accusation a pour but de mettre aux prises le ministère des travaux publics et le ministère des finanees ; ce sont les résistances du ministère des finances que j'aurais cherché à vaincre dans un but coupable. Il faut au moins que le ministère des finances apparaisse tout entier. Cette lacune a, je crois, quelque importance, et il est de la justice de la cour de permettre que cette pièce soit jointe à celles qui lui ont été communiquées.

M. LE PROCUREUR GÉNÉRAL. — Je dois faire remarquer à la cour que M. Teste nous a demandé communication de cette pièce, qu'elle lui a déjà été remise, et qu'il l'a encore entre les mains.

M. TESTE. — J'aurai l'honneur de répondre à M. le procureur général que ce n'est pas pour moi que je demande la publication de cette pièce ; je saisis même cette première occasion de remercier M. le procureur général de la bonté qu'il a eue de m'avoir laissé prendre communication de cette pièce. Mais je ferai observer qu'il s'agit pour moi d'une question d'honneur, et qu'il est tout naturel que je désire que cette pièce se trouve dans le recueil de celles qui sont distribuées à mes juges. L'on conçoit bien que ce n'est pas pour moi que je désire que cette pièce soit imprimée et distribuée. La cour doit apprécier le motif de ma demande.

M. LE CHANCELIER. — Vous devez bien reconnaître que la commission d'instruction n'a hésité devant l'impression d'aucune des pièces dont elle a cru reconnaître l'importance, elle ne s'est pas aperçue apparemment de l'importance de celle-ci ; mais elle sera imprimée et distribuée d'ici à demain.

UN PAIR (M. Vincens-Saint-Laurent), se levant. — Je demande la parole. (Mouvements en sens divers.)

PLUSIEURS PAIRS. — Chut ! chut !

M. VINCENS-SAINT-LAURENT. — Je demande à faire une observation. (Le silence se rétablit.) Il est question de faire imprimer le rapport de la direction des contributions indirectes. J'avais moi-même remarqué que cette pièce ne figurait pas dans les documents qui nous ont été communiqués aujourd'hui. Mais puisqu'on a consulté à la fois la direction des contributions indirectes et la direction des domaines, il a dû y avoir deux rapports. Il semble que la communication, pour être complète, devrait présenter les deux rapports faits au ministre des finances ; si l'on fait imprimer l'un, il paraît convenable de faire également imprimer l'autre.

M. TESTE. — Il l'est.

M. LE CHANCELIER. — La cour a entendu l'observation ; elle y fera droit selon qu'il conviendra. La cour va entrer en chambre du conseil pour délibérer sur le réquisitoire présenté par M. le procureur général au commencement de l'audience.

L'audience publique est levée à quatre heures un quart et renvoyée à demain midi précis.

La cour des pairs, après l'audience publique, a immédiatement commencé sa délibération sur le réquisitoire de M. le procureur général, et elle a rendu l'arrêt dont voici le texte :

« La cour des pairs,

« Statuant sur le réquisitoire présenté dans l'audience de ce jour par M. le procureur général du roi ainsi conçu : (Voir plus haut dans le compte rendu de l'audience publique le texte de ce réquisitoire.)

« Après en avoir délibéré dans la chambre du conseil ;

« Vu l'arrêt de la cour en date du 26 juin dernier, déclarant qu'il y a charges suffisantes contre :

« Leu-Henri-Alain Pellapra,

« 1° D'avoir, en 1842, corrompu par offres, dons et présents, le ministre des travaux publics, pour obtenir la concession d'une mine de sel gemme située dans le département de la Haute-Saône ;

« 2° De s'être, à la même époque, en employant des manœuvres frauduleuses, pour faire naître la crainte d'un événement chimérique, fait remettre une portion des fonds destinés à la corruption, par les associés de Gouhenans, et d'avoir par ces moyens escroqué ou tenté d'escroquer partie de la fortune d'autrui ;

« Crimes et délits prévus par les articles 177, 179 et 405 du Code pénal ;

« Et ordonnant, en conséquence, sa mise en accusation pour ces faits ;

« Attendu que ledit accusé a été régulièrement cité à comparaître ce jourd'hui en exécution de l'arrêt de la cour ;

« Et qu'il n'a point obéi à la justice ;

« Ordonne que ledit Leu-Henri-Alain Pellapra, âgé de soixante-quinze ans, né à..., ancien receveur général, demeurant à Paris, quai Malaquais, 17, taille de 1 mètre 75 centimètres, yeux bleus, nez aquilin, visage allongé, teint coloré, sera pris au corps et conduit dans telle maison d'arrêt que le président de la cour désignera pour servir de maison de justice près d'elle ;

« Ordonne que le présent arrêt sera exécuté à la diligence du procureur général du roi ;

« Fait et délibéré au palais de la cour des pairs, à Paris, le jeudi 8 juillet 1847, en la chambre du conseil, où siégeaient :

M. le duc Pasquier, chancelier de France, président,

Et MM. le duc de Brissac, le comte Molé, le baron Séguier, le marquis de Talaru, le comte de Noé, le duc de Massa, le duc Decazes, le comte d'Argout, le baron de Barante, le marquis de Dampierre, le comte de Houdetot, le comte de Pontécoulant, le marquis d'Aramon, le comte de la Villegontier, le marquis de Pange, le comte Portalis, le duc de Coigny, le comte de Vaudreuil, le comte de Richebourg, le duc de Plaisance, le vicomte Dode, le vicomte Dubouchage, le duc de Brancas, le comte de Montalivet, le comte Boissy-d'Anglas, le duc de Noailles, le comte Lanjuinais, le marquis de Laplace, le vicomte de Ségur-Lamoignon, le marquis de Lauriston, le duc de Périgord, le comte de Ségur, le duc de Richelieu, le marquis de Barthélemy, le comte Philippe de Ségur, le baron Athalin, Aubernon, Besson, Cousin, le comte Desroys, le duc de Fezensac, le baron de Fréville, le baron Thénard, Villemain, le comte de Ham, le vice-amiral Jurien-Lagravière, le comte de Colbert, le comte de la Grange, le comte Daru, le baron Neigre, le baron Duval, le comte de Beaumont, le baron de Reinach, le comte de Saint-Cricq, Barthe, le comte de Gasparin, le baron Aymard, le comte de Montalembert, de Cambacérès, le baron Feutrier, le vicomte Pernety, le comte de la Riboissière, le marquis de Rochambeau, le comte d'Alton-Shée, de Bellemare, le prince d'Eckmuhl, le comte Bresson, le marquis d'Andigné de la Blanchaye, le marquis d'Audiffret, le comte de Monthion, le marquis de Belbeuf, le baron Darriule, le baron Dupin, le marquis d'Escayrac de Lauture, le duc d'Harcourt, Kératry, le comte d'Audenarde, le vice-amiral Halgan, Mérilhou, Odier, Paturle, le baron de Vandeuvre, le baron Pelet, le comte Pelet (de la Lozère), le vicomte de Préval, Laplagne-Barris, Rouillé de Fontaine, le vicomte Sébastiani, le baron de Daunant, le comte de Castellane, le duc d'Albufera, le baron de Saint-Didier, le vice-amiral Rosamel, Maillard, le duc de la Force, le comte de la Pinsonnière, le baron Nau de Champlouis, le comte de Gramont-d'Aster, le comte de Greffulhe, le comte Schramm, le marquis de Boissy, le vicomte Borelli, le vicomte Cavaignac, Cordier, le duc d'Estissac, Lebrun, le comte Eugène Merlin, Persil, Viennet, Béranger (de la Drôme), le comte Foy, le prince de la Moskowa, le marquis de Gouvion-Saint-Cyr, le marquis de Gabriac, le comte Mathieu de la Redorte, le comte de Montesquiou-Fezensac, Romiguières, le vice-amiral Bergeret, le comte Arthur Beugnot, le vicomte de Bondy, Franck Carré, le président de Gascq, le baron Gourgaud, le comte Alexis de Saint-Priest, le président Boullet, le vicomte de Flavigny, le marquis d'Harcourt, Ferrier, le baron de Bussière, Passy, Gabriel Delessert, le comte Jaubert, le vice-amiral baron Grivel, le baron Pèdre la Caze, le duc de Choiseul-Praslin, le baron Marbot, le duc de Trévise, le baron Achard, le vicomte Victor Hugo, Martell, Bertin de Vaux, le duc de Valençay, le comte de la Tour-Maubourg, de la Coste, le comte de Chastellux, le baron de Crouseilhes, Vincens-Saint-Laurent, Lesergeant de Monnecove, le marquis de Raigecourt, le baron Sers, Girard, le marquis de Portes, le vicomte Lemercier, de Montépin, Anisson-Duperon, le comte de Morney, le baron Doguereau, le baron Durrieu, le baron Girot de l'Anglade, Fulchiron, Jard-Panvillier, le baron Fabvier, le baron Tupinier, Laurens-Humblot, le président Legagneur, Mesnard, Paulze-d'Ivoy, le baron Rœderer, le président Rousselin, le comte de Montozon, le vicomte Bonnemains, Hartmann, Barbet, Flourens, Legentil, de Magnoncour, le baron Rapatel, Renouard, le comte Achille Vigier, Poinsot, le comte Cornudet, le marquis de Malleville, Troplong, Reynard, le baron de Schauenburg, Wustenberg, le comte du Moncel, le baron Deponthon, le comte de Pontois.

Lesquels ont signé avec le greffier en chef.

2e *audience. — 9 juillet.*

Hier soir, à huit heures, trois commissaires de police, accompagnés chacun d'officiers de paix et d'agents, se sont transportés simultanément chez M. Cubières, rue de Clichy, 27 ; chez M. Teste, rue de Lille, 88, et rue Croix-des-Petits-Champs, 6, chez M. Parmentier.

M. Despans-Cubières a été le premier amené à la prison de la conciergerie du palais, où des cellules avaient été préparées à la hâte, la mesure prise contre les accusés ayant été tellement prompte et imprévue, que la geôle dépendante du palais de la chambre des pairs ne se trouvait pas en état de les recevoir.

M. Teste a été amené ensuite et écroué aussi à la conciergerie par le commissaire de police du quartier du Luxembourg, M. Monval, qui avait procédé à son arrestation.

Quant à M. Parmentier, on a pu croire un moment qu'ainsi que M. Pellapra, il avait voulu se soustraire par la fuite aux mandements de la justice. En effet, le commissaire de police chargé de l'exécution du mandat décerné contre lui, s'étant présenté à son domicile, il lui fut répondu que M. Parmentier était absent, et, comme il insistait pour savoir où il pourrait être trouvé ou bien à quelle heure il rentrerait, il ne put obtenir d'autre réponse, sinon qu'il était absent, et que l'on ne savait quand il reviendrait. Le magistrat, ayant demandé qu'en tout état de cause on lui indiquât l'appartement occupé par M. Parmentier, remarqua qu'on y voyait briller de la lumière, et que, par conséquent, quelqu'un devait s'y trouver. On lui avoua alors qu'en effet M. Parmentier était chez lui, mais on ajouta que, se trouvant fatigué, il s'était mis au lit, et avait défendu qu'on laissât pénétrer personne auprès de lui. Le commissaire ayant fait connaître la nature de son mandat et ayant pu enfin le signifier à M. Parmentier, celui-ci fut amené à son tour à la conciergerie, et placé au secret, ainsi que ses deux coaccusés.

Ce matin, à onze heures, M. le préfet de police a fait successivement extraire les trois accusés, qui ont été conduits l'un après l'autre au palais de la chambre des pairs, dans une voiture où ils étaient accompagnés seulement par M. le chef de la police municipale, et qu'aucune espèce d'assistance pût révéler extérieurement la mesure dont l'accomplissement lui était confié.

A midi et demi on annonce la cour.

Les accusés sont introduits : comme hier, aucun garde ne les accompagne.

Après l'appel nominal, qui constate la présence de 190 pairs ; puis, sur la demande de M. le chancelier, M. Renouard, rapporteur, donne lecture de l'arrêt rendu hier par la cour en la chambre du conseil. (Nous avons donné le texte de cet arrêt.)

M. le chancelier donne ordre de faire l'appel des témoins.

Dix témoins sont assignés à la requête de M. le procureur général, savoir :

M. Legrand, sous-secrétaire d'Etat des travaux publics ;

M. Renauld, rentier, à Vesoul ;

M. Grillet, avocat, ancien juge de paix à Lure (Haute-Saône) ;

M. Guenyvau, inspecteur général des mines, en retraite ;

M. Thirria, ingénieur en chef des mines, secrétaire du conseil général des mines ;

M. Lanoir, juge de paix, maître de verreries, à Malbouhans (Haute-Saône) ;

M. de Cheppe, maître des requêtes au conseil d'Etat, chef de la division des mines au ministère des travaux publics ;

M. Dessirier, négociant à Vesoul ;

M. Capin, avocat à Paris ;

M. Roy, employé à la saline de Gouhenans ;

M. Roquebert, notaire à Paris ;

Il y a seulement deux témoins à décharge :

M. Mazères, ancien préfet de la Haute-Saône, maintenant préfet du Cher, assigné à la requête de M. Teste ;

M. Charles Lanoir, étudiant en droit, assigné à la requête de M. Parmentier.

Les témoins se retirent dans la salle qui leur est destinée.

M. LE CHANCELIER. — M. le greffier en chef va donner lecture des pièces de l'information, à laquelle il a été procédé à la suite de la séance d'hier.

Un profond silence s'établit, et au milieu de l'attention générale, M. Léon de la Chauvinière donne lecture des pièces suivantes :

« L'an mil huit cent quarante-sept, le neuf juillet à neuf heures du matin, devant nous, Etienne-Denis duc Pasquier, chancelier de France, président de la cour des pairs, étant dans notre cabinet au Petit-Luxembourg, avec Léon de la Chauvinière, greffier en chef, adjoint de la cour, s'est présenté M. Léon de Malleville, membre de la chambre des députés, et l'un des vice-président de cette chambre, lequel nous a fait la déclaration suivante :

« J'ai reçu de la main de M. Armand Marrast, rédacteur en chef du journal *le National*, six pièces relatives au procès pendant devant la chambre des pairs, pour être portées à la connaissance de M. le chancelier. Je dépose ces pièces entre ses mains ; je déclare d'ailleurs ignorer complétement comment M. Marrast s'est procuré ces pièces.

« Après lecture, M. de Malleville a signé avec nous et le greffier en chef adjoint de la cour.

« Léon DE MALLEVILLE, député ; PASQUIER ;
« Léon DE LA CHAUVINIÈRE. »

« L'an mil huit cent quarante-sept, le neuf juillet, à dix heures du matin, par-devant nous, Etienne-Denis, duc Pasquier, chancelier de France, président de la cour des pairs, étant en notre cabinet d'instruction, au palais de la chambre des pairs, avec MM. le duc Decazes, Persil, le président Legagneur et Renouard, pairs de France, commis par nous, pour nous assister dans l'instruction du procès déféré à la cour et assisté de Léon de la Chauvinière, greffier en chef, adjoint de la cour,

« Est comparu, en conséquence de la citation à lui donnée le jour d'hier, par notre cédule dudit jour, en vertu de notre pouvoir discrétionnaire, le témoin ci-après nommé, lequel a déposé ainsi qu'il suit :

« Je m'appelle Armand Marrast, âgé de quarante-cinq ans, rédacteur en chef du *National*, demeurant à Paris, rue Lepelletier, 5.

« Nous avons représenté à M. Marrast les six pièces déposées ce matin entre nos mains, par M. de Mallevilie, et placées par nous sous scellés. »

« Après avoir examiné ces pièces, M. Marrast dit : Ce sont bien là les pièces que j'avais confiées à M. de Malleville, et elles sont tout entières copiées de ma main. La première feuille n'est qu'un titre ; ce titre, qui est aussi de ma main, n'a été écrit par moi que tout récemment, il y a seulement trois jours. Je fais observer que, dans ces pièces, il y a quelques notes qui sont également de mon écriture, mais que je n'ai pas copiées. Cela est, d'ailleurs, facile à reconnaître.

« D. Où se trouvaient les originaux sur lesquels vous avez fait ces copies? — R. Permettez-moi, monsieur le chancelier, de ne pas répondre à cette question-là ; je ne pourrais le faire sans trahir la confiance qu'on accorde à un journaliste qui est dans le cas d'obtenir des confidences de cette nature. Mais je peux dire que je crois de toute mon âme à l'authenticité de ces lettres ; j'en avais la certitude avant de lire les pièces qui ont été saisies et imprimées ; cette certitude est devenue encore plus grande, s'il est possible, depuis que j'ai lu la procédure, et je suis persuadé qu'il ne restera sur ce sujet aucun doute aux personnes qui auront lu cette procédure, tant le texte des pièces que j'ai copiées porte avec lui un caractère évident d'authenticité.

« D. Pouvez-vous dire s'il y a longtemps que vous avez pris copie de ces pièces? — R. Je puis affirmer que c'est l'avant-veille du jour où a été publié le rapport de M. Renouard.

« D. Vous croyez bien avoir pris cette copie sur les originaux? — R. Non, monsieur le chancelier, je ne peux rien affirmer de semblable. Vous devez comprendre ce que ma situation a de délicat dans l'alternative où je me trouve placé, d'être exposé au reproche d'avoir abusé de la confiance qu'on a eue en moi, ou de laisser la justice s'égarer. Le *National* a toujours pris soin de défendre avec une sollicitude particulière l'honneur et les intérêts de l'armée. Cette accusation d'escroquerie contre un lieutenant général me causa l'émotion la plus désagréable, bien que je n'aie jamais eu aucun rapport ni avec le général Cubières ni avec personne de sa famille.

« Avant que le rapport de M. Renouard eût paru, j'avais le désir de m'éclairer à cet égard, et d'écrire, pour le *National*, un exposé des faits qui mît nos lecteurs à même de suivre les détails du procès. J'allai voir une personne que je savais liée avec M. de Cubières et Pellapra, je lui fis part de mes impressions ; une discussion s'engagea alors entre cette personne et moi, et dans la vivacité du débat elle s'écria : « Le général Cubières n'est pas escroqueur, mais escroqué. » Comme je faisais encore des réflexions, la même personne s'écria : « J'ai là des notes qui pourraient porter la conviction la plus complète dans votre esprit. Le public les connaîtra, et il ne restera aucun doute ni à lui ni aux juges. » Ma curiosité était excitée par le désir dont j'ai parlé déjà, de ne pas trouver une escroquerie flétrissant des épaulettes ; j'insistai donc très-vivement pour prendre connaissance de ces lettres ; elles me parurent si graves, après les avoir lues, que je refusai de m'éloigner avant d'en avoir pris copie.

« J'ajoute toutefois que je copiai seulement ce qui me parut le plus important. Après avoir lu le rapport de M. Renouard, les interrogatoires de M. de Cubières et la correspondance publiée, je fus très-frappé des lacunes que je remarquai. L'accusation d'escroquerie me semblait ressortir avec plus de force ; ce fut alors que, me trouvant au milieu d'un groupe de députés où l'on disait encore que le général Cubières était sous le coup de l'escroquerie, je fus entraîné à faire vis-à-vis de ces messieurs ce que la personne dont j'ai parlé plus haut avait fait vis-à-vis de moi. M. Léon de Malleville, qui était présent, m'ayant demandé mes preuves, je crus pouvoir lui confier ce qui est aujourd'hui aux mains de M. le chancelier. Il me fit observer alors que les hommes publics ne pouvaient pas avoir une telle confidence, sans qu'elle leur imposât les plus graves devoirs. Il me dit aussi de songer aux remords que j'éprouverais moi-même si, par ma faute, un lieutenant général se trouvait condamné pour un délit flétrissant. J'avais toujours cru que ces pièces viendraient à la connaissance de la justice par d'autre voie que la mienne, et la fuite de M. Pellapra n'a plus permis à M. de Malleville, non plus qu'à moi, d'hésiter dans la pensée qu'il avait déjà de parler de ces lettres à M. le chancelier.

« Nous constatons qu'avant de se retirer M. Marrast a visé avec nous et le greffier en chef, adjoint de la cour, les pièces déposées entre nos mains par M. Léon de Malleville.

« Après lecture, M. Marrast a signé avec nous et le greffier en chef adjoint.

« *Signé* Armand Marrast, Pasquier, le duc Decazes, C. Persil, Legagneur, Renouard, Léon de la Chauvinière. »

« L'an mil huit cent quarante-sept, le 9 juillet, onze heures du matin,

« Devant nous, Etienne-Denis, duc Pasquier, chancelier de France, président de la cour des pairs, étant en notre cabinet, avec MM. le duc Decazes, le comte Portalis, Persil, le président Legagneur et Renouard, pairs de France, membres de la commission nommée par nous pour nous assister dans l'instruction du procès déféré à la cour,

« A été amené le général Cubières, détenu en la maison d'arrêt de la Conciergerie, d'où nous l'avons fait extraire à l'effet de l'interroger ;

« A quoi nous avons procédé ainsi qu'il suit, assisté de Léon de la Chauvinière, greffier en chef, adjoint de la cour.

« Nous avons reçu communication de copies de pièces fort importantes ; ces copies vont être mises sous vos yeux, et il vous en sera donné lecture, afin de vous mettre à même de déclarer si ces pièces sont conformes aux originaux qui seraient émanés de vous, ou que vous avez dû avoir entre les mains.

« Nous faisons donner lecture des pièces déposées dans nos mains.

« Cette lecture faite, le général a dit : « Je reconnais d'une manière générale le sens de ces lettres, sans pouvoir garantir l'exactitude des expressions. J'ignore comment ces lettres sont parvenues à la commission : quant à moi, ce que je désire constater, c'est que, dans cette affaire, je n'ai voulu être le délateur ni le dénonciateur de personne. Les originaux de ces lettres sont sortis de mes mains pour composer le dossier de mon procès civil devant le tribunal de la Seine. »

« Nous constatons que, dans le cours de cet interrogatoire, le général a paraphé avec nous et le greffier en chef adjoint les pièces que nous lui avons représentées, ainsi qu'il est dit ci-dessus.

« Après la lecture, le général a signé avec nous, les commissaires de la cour et le greffier en chef adjoint.

« Signé : CUBIÈRES, PASQUIER, PORTALIS, PERSIL, LEGAGNEUR, RENOUARD, le duc DECAZES, Léon DE LA CHAUVINIÈRE. »

M. LE CHANCELIER. — Il va être donné lecture des pièces déposées.

M. de la Chauvinière lit ces pièces qui sont déposées dans une feuille ayant un titre ainsi conçu : « Affaire Parmentier, Teste, etc. ; lettres non saisies. »

Première pièce. (Extrait.)

Pellapra a-t-il donné de l'argent à Teste ?

Réponse : 1° Dans la lettre à Baroche, Cubières dit : « M. Pellapra affirme avoir payé à M..., dont vous devinerez facilement le nom.

2° Voici deux extraits de lettres de Pellapra à Cubières :

12 juillet 1843.

« ..... Veuillez me dire, sur votre responsabilité, la part que je dois prendre dans cette désagréable affaire, *qui me tient à découvert*, sans savoir comment elle finira, *avec ses avances continuelles*.

« PELLAPRA. »

9 octobre 1845.

« ..... Si vous pouvez me faire vendre les actions que je possède (il s'agit des huit actions cédées gratuitement), vous me rendrez service et *diminuerez d'autant mes pertes*. Ce que je désire surtout, c'est de n'avoir plus à penser à cette exécrable affaire.

« PELLAPRA. »

Le général Cubières à M. Pellapra (Extrait.)

« Strasbourg, 20 août 1844.

« J'ai à vous annoncer une chose à la quelle je refusais d'ajouter foi au moment même où elle se passait sous mes yeux et à mes oreilles, tant elle blesse la délicatesse et tant elle dénote de turpitude. Il ne s'agit ni de la saline ni de son exploitation, mais de la moralité qui a présidé à des transactions antérieurement consommées. Vous allez en juger par ce récit aussi exact que possible de la séance où j'ai en quelque sorte été mis sur la sellette.

« Le 23, jour convenu et que j'avais indiqué dans ma réponse à M. Parmentier, je trouvai chez lui deux des principaux actionnaires qu'il avait également convoqués. Il prit pour texte les sacrifices inutiles que nous avions cru devoir nous imposer pour obtenir la concession. Il déclara que dans son opinion les sacrifices n'étaient point pécuniaires, que la concession n'aurait pu être refusée, ni même différée ; que l'administration des ponts et chaussées, et surtout le ministre qui la dirigeait alors, avaient déjà manifesté des intentions favorables, avant qu'un intermédiaire rémunéré fût intervenu; que lui, P..., n'avait cependant jamais été pris pour dupe par ses intermédiaires, et que, s'il avait consenti à la satisfaire, c'était moins pour s'assurer son zèle que pour l'empêcher de nuire...

« M. P..., reprenant et voulant corroborer l'assertion, annonça qu'il avait tenu note, jour par jour, des ouvertures, des promesses et des engagements transmis par l'intermédiaire, et que c'était pour lui autant de preuves que cet intermédiaire n'avait rien stipulé, rien obtenu qui n'eût été réglé sans lui et de la même manière ; tel, par exemple, que l'étendue du périmètre et l'époque de l'obtention de la concession, bien que l'intermédiaire eût pris engagement positif sur ces deux points, d'où M. P... concluait que l'intermédiaire n'a fait que fausses promesses, et que la plupart du temps il ne disait rien au ministre, quoiqu'il se donnât l'air de l'entretenir sans cesse...

« Après ce préambule qui fut plus d'une fois interrompu par moi pour repousser des incriminations dépourvues de vérité et qu'il serait impossible de prouver, M. P... en vint au point décisif.

« Il déclara ne pas vouloir consentir à supporter seul le sacrifice fait pour l'obtention de la concession, attendu que ce sacrifice avait été fait dans l'intérêt de toute la société ; en conséquence, il annonça l'intention d'exposer à tous les copropriétaires réunis en assemblée générale, l'objet de la vente à réméré des cinq anciennes parts d'intérêts cédées par lui à M. Pellapra, en demandant que le réméré fût annulé, et que la cession des cinq actions créées en plus des cinq anciennes, remplaçât pour M. de Pellapra la cession consommée aux dépens de lui, Parm.

« Ainsi donc, il demanderait à l'assemblée générale l'autorisation de disposer en faveur de M. de Pellapra des vingt-cinq actions créées par acte notarié sur titre au porteur, en outre des cinq cents primitives, à la condition que M. de Pellapra donnerait quittance du réméré.

« Avant d'aller plus loin, je dois vous faire remarquer qu'il avait été convenu, verbalement il est vrai, entre ces messieurs et moi, que

12 des 25 actions nouvelles serviraient à me couvrir des 8 que je vous ai cédées, et à vous remplir des quatre que je vous avais promises, mais il n'y a rien d'écrit à cet égard, aussi n'en tient-on aucun compte, comme vous voyez.»

« Sans paraître aucunement m'effrayer de l'espèce de publicité dont M. Parm. menaçait, j'ai demandé pourquoi il ne s'appliquait pas à lui-même les nouvelles actions qu'il entend vous céder par autorisation de la société. Ce à quoi il a répondu que n'ayant trempé en rien dans les transactions occultes, les désapprouvant, et restant convaincu que l'intermédiaire n'avait rendu aucun service à la société, ni facilité, ni avancé l'obtention de la concession, il entendait rentrer dans ses actions, dont l'altération pourrait en outre nuire à son crédit personnel.

« J'ai dit ensuite que je regardais comme hors de son pouvoir et de celui de la société de revenir sur un acte consommé, qui ne contenait d'ailleurs aucun indice légal de tout ce qui se trouvait à propos d'avancer aujourd'hui. M. Parmentier n'a pas craint alors de soutenir qu'il prouverait à la société, et au besoin devant la justice, qu'il n'avait pas reçu la somme stipulée dont il avait donné quittance, qu'il invoquerait mon témoignage et la déclaration sous serment du notaire, qui n'avait pas reçu l'acte en son étude, mais au domicile du cessionnaire, ajoutant que le seul moyen d'éviter cet esclandre, qui pouvait compromettre bien du monde, et le ministre T.... en première ligne, était l'échange qu'il proposait, et qu'au besoin cet échange pouvait se consommer sans la coopération de la société, à laquelle aucun compte ne serait rendu si on voulait traiter à l'amiable.

« Après avoir combattu tous ces raisonnements, sans manquer, comme vous pouvez croire, de qualifier leurs motifs, je ne pouvais conclure qu'en disant que j'aviserais, après avoir informé la partie intéressée.

« Depuis lors, ce fâcheux incident ne me sort pas de la tête, et voici le résultat de mes réflexions.

« Nous sommes tombés dans un guêpier : la société est dans les mains de P., il la fera voter comme il voudra, et ne reculera pas devant un procès plus ou moins scandaleux. La cession des vingt-cinq actions nouvelles, quoique possible ou valable avec des gens honnêtes, peut couvrir quelque nouveau piége.

« Dans cette situation, pour vous dégager, je ne vois qu'un moyen et je n'hésite pas à vous le proposer, quoiqu'il rejette sur moi tout le poids du sacrifice et une perte considérable. Il me reste dix-neuf actions libres, ou dix-neuf cinq cent vingt-cinquième du fonds social. Je vous offre la cession de ces dix-neuf actions, dont je vous donnerai quittance. Avec les huit que vous tenez de moi, vous serez encore possesseur de vingt-sept au lieu de trente-trois, il est vrai, mais vous serez à l'abri, et moi j'aurai satisfait à ce que l'amitié et l'honneur me commandent de faire...

« Cubières. »

Réponse de M. Pellapra à la lettre précédente.

« 31 août 1844.

« Mon cher ami, je ne veux pas vous écrire un seul mot sur l'effet qu'a produit sur moi la lettre que je reçois de vous. Hélas! si vous vous rappelez tout ce que je n'ai cessé de vous dire depuis le moment où vous m'avez entretenu de ce misérable gueux (mouvement), vous reconnaîtrez que je ne me suis pas trompé et que je n'ai cédé qu'à la confiance que je devais avoir en vous. Un pareil sujet ne peut se traiter par correspondance, je vous attendrai donc avec la plus vive impatience du 16 au 18 septembre.

PELLAPRA. »

Le général Cubières à M. Pellapra.

« 18 avril 1846.

« Je réponds à votre lettre du 16, qui réclame de moi le complément de 40,000 fr.

« Jusqu'à ce jour, par excès de condescendance et d'abnégation, j'ai eu le tort, gravement préjudiciable aux intérêts de ma famille, de me sacrifier trop légèrement, de m'exécuter trop facilement et aussi promptement que mes moyens me le permettaient. Je vous ai déjà versé 20,000 fr. en deux payements, quoique en équité la somme que j'ai payée, ainsi que le complément restant à solder, vous fussent dus par un autre, ce qu'il serait superflu de démontrer ici. Mais il est un terme aux sacrifices comme à l'abnégation; j'y suis arrivé, et je viens vous le déclarer.

« Avant tout, je dois vous dire que si j'avais reçu de vous un prêt d'argent, rien ne me coûterait pour compléter sans délai une libération, alors surtout que vous la réclamez comme urgente, en me faisant connaître que vous avez un pressant besoin de fonds pour le 25 de ce mois. Mais, vous le savez comme moi, c'est de toute autre chose qu'il s'agit : vous ne m'avez avancé aucune somme, quoique j'aie mentionné le contraire, et il ne s'agit, en effet, que de satisfaire aux exigences éhontés de M..., qui a voulu réaliser un bénéfice à mes dépens, et sans doute aux vôtres, là où la probité la plus ordinaire lui commande d'y renoncer.

« J'aurais dû me révolter plus tôt, je l'avoue, contre ces exigences éhontées; je pouvais les repousser dès le moment où elles se sont produites, et si je ne m'y suis pas déterminé, c'est que j'ai cédé à des considérations qui vous étaient personnelles, et qui prenaient leur source dans mon très-ancien attachement pour vous.

« Aujourd'hui, je ne veux plus être la victime et la dupe de M. ***. Mon parti est pris de me laisser actionner pour me soustraire, s'il est possible, à sa rapacité, afin de ne point payer ce que je n'ai jamais dû, et, par conséquent, afin de récupérer ce que je n'étais point tenu de payer. Je ferai donc connaître tous les faits, sous la foi du serment, et si, par impossible, j'étais condamné à payer faute de pièces écrites suffisantes, j'aurai du moins la consolation d'avoir éclairé le public sur la moralité de M. ***, en le forçant à se parjurer. Il m'en coûtera d'agir contre un de vos amis, mais, à ma place, vous n'auriez pas attendu si longtemps, et vous ne vous seriez pas laissé duper un seul moment.

« Avant d'en venir à cette extrémité, je vous demande, au nom de l'amitié, de faire une tentative auprès de M. *** pour le ramener à des sentiments d'équité. Je vous prie d'insister pour qu'il me décharge d'une amende exorbitante, dont il n'avait pas le droit de me frapper; enfin, pour obtenir qu'il rende ce qu'il a reçu de vous, et qu'il cesse de l'exiger de moi, qui n'ai profité de rien. Vous devez y parvenir facilement, car il a confiance en vous. Il est, dit-on, devenu très-riche, et il ne doit pas être insensible au maintien de sa réputation, que sa position élevée dans la magistrature lui fait, plus qu'à tout autre, un devoir de conserver intacte. (Mouvement.)

« Dans le cas cependant où vous éprouveriez de la répugnance à vous charger de la négociation que je vous propose de tenter, je pourrai m'adresser à une personne comme vous dans l'intimité de M***. Cette personne serait peut-être en position de la mener à bien; mais, dans l'une ou l'autre de ces alternatives, il faudrait suspendre vos poursuites contre moi, et il conviendrait de m'avertir à l'avance du moment où vous seriez décidé à les commencer. Je vous fais cette demande en toute confiance, car vous ne devez pas désirer que je sois la victime de M. ***, et d'ailleurs, mes intérêts ne sont point opposés aux vôtres dans cette désagréable affaire, où je vous avais engagé à prendre part, en raison des avantages que, dans mes prévisions, elle semblait devoir procurer.

« CUBIÈRES. »

Le général Cubières à M. Pellapra. (Extrait.)

29 avril 1846.

« ..... Vous exigeâtes en même temps et toujours *sans bourse délier* une cession d'un centième, trois cinquièmes de centième à prendre sur ma part, ainsi qu'une promesse de quatre autres cinquièmes de centième, mais dans le cas seulement où les vingt-cinq actions afférentes à l'acte du 5 février 1842 pourraient être régularisées. Par cette promesse écrite dans votre cabinet, vous exigeâtes en outre que je déclarasse avoir reçu les quatre susdits cinquièmes de centième, ce à quoi je n'aurais pas dû consentir, bien que vous eussiez essayé de me démontrer que cela était nécessaire pour la légalité de la promesse. Toutefois, aujourd'hui comme alors, votre loyauté me rassure sur les conséquences de cette exaction.

(Il existe plusieurs lettres de Pellapra qui attestent l'activité de ses démarches et ses relations intimes avec Teste. La lettre du 6 août 1842, le lendemain du jour de la discussion au conseil des mines est très-explicite. Celle à Parmentier est imprimée, celle à Cubières n'a pas été saisie, elle n'est pas moins curieuse. Teste seul a pu donner ces détails si précis.)

Le général Cubières à M. Pellapra. (Extrait.)

« 3 mai 1846.

« ..... Vous me proposâtes de souscrire à votre profit un engagement de la somme de 40,000 fr. Je le fis bien légèrement et sans aucune certitude d'obtenir de la société que les vingt-cinq actions ci-dessus mentionnées seraient mises à ma disposition pour me servir de nantissement et pour me couvrir de tous les sacrifices dont je pouvais être un jour accablé. En effet, ces vingt-cinq actions n'ont point été régularisées, leur annulation a été poursuivie et effectuée par la société, sans qu'il m'ait été possible de faire prévaloir les considérations qui devaient justifier l'attribution qu'il eût été équitable de me faire de ces actions, en raison de l'emploi que j'avais fait de celles qui étaient ma propriété. Mais le compte de ce que notre intervention dans l'affaire de Gouhenans me coûterait si j'étais tenu de satisfaire à moi tout seul au prix qu'il vous a plu de mettre à vos services, ce prix déjà très-élevé pour la société tout entière, serait écrasant pour un seul de ses membres. C'est là une vérité que vous ne refuserez pas de reconnaître, surtout, j'en suis certain, lorsqu'il s'agit d'un de nos amis.

« 40,000 fr. d'une obligation que j'ai souscrite à notre profit alors que vous avez renoncé aux vingt-cinq de M. Parmentier.

« 40,000 fr. représentant, pour moi, le prix d'achat d'un centième, trois cinquièmes de centième du fonds social de Gouhenans, dont je vous ai fait la cession gratuite.

« 80,000 fr. dont j'aurais pu me couvrir par les vingt-cinq actions que vous avez refusées, et dans le cas où, après avoir été régularisées, elle m'eussent été cédées par la société, mais dont je ne saurais plus obtenir aucune compensation.

« Je m'adresse à votre conscience : vous ne voulez certainement pas ma ruine. Dois-je perdre 80,000 fr. quand même vous auriez à me dire que vous n'êtes pas responsable du peu d'habileté que j'ai mis à obtenir un dédommagement de la société ?

« CUBIÈRES. »

Le général Cubières à M. Pellapra. (Extrait.)

« Paris, 5 mai, 1846.

« ..... Je vous expose de nouveau que je ne puis ni ne dois payer à moi seul le prix qu'il vous a plu de mettre à vos services dans l'affaire de Gouhenans ; je vous expose que l'équité veut que je sois déchargé de ce que je ne dois point, ce que je n'ai pris à ma charge qu'à votre sollicitation pressante, par excès de confiance et d'abnégation, et dans la croyance que partie des vingt-cinq actions créées en dehors pourrait tôt ou tard combler le déficit. Je crois qu'il serait peu honorable d'exiger un salaire, quand c'est de moi et non de la compagnie que vous l'exigez réellement. Si toutefois vous persistez dans les sentiments que vous m'avez exprimés hier, je me verrai contraint de recourir à des arbitres ou à des juges, afin qu'ils règlent le salaire qui doit équitablement vous revenir pour votre intervention dans l'affaire de Gouhenans, et la part de votre salaire qui devait tomber à ma charge.

« CUBIÈRES. »

(Déjà, le 25 avril, Cubières s'était adressé à Me Baroche pour avoir ses conseils. Pellapra, irrité de ses menaces, répond, le 6 mai, qu'il a plus de soixante-quatorze ans, que cinquante ans de sa carrière financière sont pleins d'honneur et de loyauté ; à M. C..... que le 9 mai, samedi, à midi, son billet sera remis aux mains de l'huissier Belon, place de la Bourse, 51, etc.)

Une sourde agitation succède sur tous les bancs à cette lecture, que MM. Cubières et Teste ont paru suivre avec la plus grande attention.

M. LE CHANCELIER. — Monsieur Cubières, levez-vous.

M. Cubières se lève et reste debout pendant toute la durée de son interrogatoire.

INTERROGATOIRE DE M. CUBIÈRES.

D. A quelle époque êtes-vous entré comme intéressé dans l'exploitation des mines de Gouhenans? — R. C'est en 1839 que j'ai acquis pour la première fois une part d'intérêts.

D. Par qui le conseil vous a-t-il été donné? — R. J'étais sur les lieux, j'étais allé dans le département de la Haute-Saône à l'époque des élections, et je m'étais porté, ou plutôt on m'avait porté comme candidat à la députation. J'y suis allé pour voir les personnes qui avaient songé à moi, et c'est en raison de cette circonstance que je suis entré dans l'affaire. Les personnes qui désiraient me voir leur député me dirent que cela pourrait contribuer à m'acquérir des suffrages, et c'est pour cela que je pris un centième, car c'étaient alors des centièmes; j'en fis l'acquisition de M. Grillet.

D. Lorsque vous êtes entré dans l'association, y avez-vous été conduit par l'espoir des bénéfices qui pouvaient être faits dans l'exploitation de la mine de sel, malgré toutes les contraventions qui avaient déjà signalé cette exploitation, et les condamnations qu'elles avaient amenées contre ceux qui la pratiquaient. — R. Je savais que la saline avait été mise en interdit, parce que sa fabrication était contraire aux lois du monopole. Quand je suis entré dans cette entreprise, déjà l'opinion favorable à la liberté de l'extraction du sel était répandue dans le pays, une loi était annoncée, et l'on pouvait espérer que l'on aurait la faculté de tirer tout le parti que ce grand établissement présentait.

D. Lorsque la loi du 9 juin 1840 a ouvert les portes à la demande régulière d'une concession pour l'exploitation des mines de sel situées à Gouhenans, êtes-vous dès lors entré dans la négociation mentionnée dans la correspondance, et dans la vôtre, avec M. Humann, ministre des finances? — R. Je n'ai eu aucun rapport avec M. Humann sur cette question. M. Parmentier prévoyait les avantages qu'il y avait à réunir les salines de Gouhenans, quand elles seraient autorisées, avec celles de Dieuze, ou de fonder ces deux compagnies ensemble. Je ne me rappelle pas bien le projet; mais je sais qu'il m'en a écrit, et que, quant à moi, je n'ai pas fait de démarches. Je crois que j'ai vu M. Humann une seule fois, pour lui demander l'époque à laquelle Dieuze serait mis en adjudication. Je n'ai pas conservé d'autres souvenirs de ce projet de négociation.

D. Ainsi, vous n'êtes pas entré dans les projets assez évidemment annoncés par Parmentier d'arriver jusqu'au ministre par ses propres intérêts, et d'engager par là les actions du ministre peut-être contrairement aux intérêts de l'Etat? — Je n'ai pas fait de démarches dans ce sens, et je ne sais pas si M. Parmentier en a fait de son côté.

D. Dans la correspondance on vous voit dès le commencement en relations assez habituelles avec le ministre des travaux publics, pour qu'il vous soit possible de placer cette phrase, en parlant des démarches que vous avez faites auprès de lui : « J'ai reconnu que M. Teste marchait droit et franchement. » Cela ne dénote-t-il pas déjà des rapports avec le ministre assez intimes, et ne montre-t-il pas combien vous croyez déjà compter sur ces dispositions. — R. Cela voulait dire que le marché que je supposais au ministre était conforme à nos intérêts, conforme au projet que nous avions suivi, c'est-à-dire, l'indication des mesures successives qui doivent amener à la concession. Les rapports avec le ministre sont indiqués par toute la correspondance : je l'ai vu deux ou trois fois avec mes associés, et je l'ai vu autant au moins, et peut-être plus avec M. Pellapra. Je ne crois pas l'avoir vu plus d'une fois ou deux tout seul. Quand je l'ai vu, c'était à la suite d'une conversation avec le ministre des finances, dont je suis venu lui rendre compte. Il s'agissait alors de tâcher de faire marcher les opérations, de les mener un peu plus vite, car nous craignions d'être retenus un temps considérable.

D. Il ne semble pas que vous ayez tardé longtemps à concevoir les idées de corruption qui vous semblaient les plus propres à assurer le succès de votre demande; car la correspondance témoigne que vous n'avez pas hésité à vous saisir de cette idée-là, et même à la communiquer? — Au préalable, je dirai que mes antécédents prouvent, et prouvent assez que j'étais très-peu versé dans les affaires commerciales ; ce qui le prouvera encore plus, c'est l'extrême confiance que j'ai manifestée dans toutes ces affaires-là. Lorsqu'il a été question des concessions, lorsque la voie a été ouverte à la libre extraction du sel, par la concession, l'affaire de Gouhenans, qui avait frappé l'attention de beaucoup d'hommes, a été naturellement un motif pour qu'on me fît des offres de service, bien entendu, en prenant un intérêt dans l'affaire. C'est alors qu'il me fut parlé d'influences, qu'il me fut dit que ces influences étaient peut-être même indispensables pour que l'affaire eût un résultat heureux, et surtout pour qu'elle ne fût pas retardée. Ces indications, je les ai crues jusqu'à un certain degré.

S'il ne se fût agi que de moi et que de mon propre intérêt, certainement je n'y eusse fait aucune espèce d'attention; mais il s'agissait des intérêts d'une société; je n'ai pas cru devoir en faire un secret, j'ai même communiqué ces ouvertures, et j'ai même engagé à ce qu'on ne les rejetât pas. C'est dans ce sens que ma correspondance doit être expliquée; elle repose sur des communications et des influences qui ont été exercées sur moi par des personnes plus exercées que moi à ce genre d'affaires. Je répète que si cela n'eût regardé que mes intérêts, je ne les aurais pas accueillies. Mais, d'un autre côté, la compagnie de Gouhenans était dans une position très-difficile; elle ne jouissait pas d'un beau renom auprès de l'administration, par suite de ses discussions avec le fisc. Elle était même sous le poids d'une amende considérable, de dommages-intérêts, que le gouvernement poursuivait par les droits qu'il tenait de l'ancienne compagnie des salines de l'Est, et c'est surtout ce motif qui me faisait craindre que, sans un appui, une influence de personnes intéressées à l'affaire même, on ne pût pas réussir.

D. Ainsi, dès l'origine, vous avez été bien averti de la mauvaise situation dans laquelle était la société de Gouhenans relativement à l'administration; par conséquent, la connaissance que vous avez eue de ce mauvais état et des difficultés qu'il entraînait devrait, suivant vous, être considérée comme une des causes de la facilité avec laquelle vous avez cédé aux idées de corruption qui vous ont été données, ou que vous avez conçues vous-même? — R. C'était une des causes de la nécessité d'obtenir l'appui de certaines influences d'hommes intéressés, de manière à donner du crédit à la société, et à l'appuyer de leurs démarches auprès de l'administration.

D. Les intentions, vous ne les avez jamais niées, ni dans vos interrogatoires, ni dans votre correspondance; elles résultent de ces différentes natures d'actes. Cependant il est nécessaire de s'arrêter un peu sur quelques-unes des particularités de cette correspondance.

Votre lettre du 14 janvier à Parmentier est une des pièces les plus importantes du procès; c'est celle qui commence la série des malheureuses lettres que vous avez écrites à cette époque. Comme il en a été donné lecture dans l'acte d'accusation, je ne crois pas qu'il soit nécessaire de renouveler cette lecture; seulement je vais vous arrêter sur quelques-uns des passages de cette lettre, sur les plus significatifs.

Vous aviez, dites-vous, les moyens de vous créer un appui intéressé dans le sein même du conseil, c'est-à-dire, sans doute, dans le conseil des ministres. Quel était, dès lors, celui des ministres sur lequel vous comptiez pour vous donner cet appui? — R. Des personnes qui se targuaient de cet appui se targuaient aussi de l'influence qu'elles pouvaient avoir auprès du ministre dont l'affaire dépendait, et même on a été jusqu'à supposer que le même ministre pouvait devenir actionnaire dans l'entreprise; c'est ce qui m'a été dit, et ce que j'ai fait connaître à M. Parmentier.

D. Quels étaient les moyens dont vous parlez qui devaient vous conduire jusqu'à celui dont vous espériez l'appui? — R. C'étaient des personnes qui m'offraient d'exercer leur influence dans l'intérêt de la société, et de l'exercer auprès du ministre.

D. Quelles étaient ces personnes qui devaient vous servir de moyens? — R. J'ai dit dans mon premier interrogatoire que je ne nommerais pas ces personnes, attendu que je ne pouvais attendre d'elles que des dénégations, et que, quand même elles appuieraient mes dépositions, elles ne me mettraient pas à l'abri de la responsabilité de ce que j'ai écrit.

— D. Vous n'avez pas d'autre réponse à faire que celle-là? — R. Je n'en ai pas d'autre.

— D. Vous persistez dans cette réponse?... Entrevoyez-vous dès lors l'étendue et l'espèce des sacrifices nécessaires pour obtenir cet appui? Vous venez de dire qu'on vous avait donné la pensée que le ministre pouvait entrer lui-même comme intéressé; c'était sans doute une manière d'acquérir son appui. N'y avait-il pas encore d'autres natures de sacrifices auxquels vous aviez pensé dès le premier moment? — Mon opinion à cet égard ne représente que les sacrifices que j'avais demandés; on n'avait pas encore fixé la nature de ces sacrifices.

D. Mais quel était la nature de ces sacrifices? — R. Un intérêt dans l'affaire par des actions cédées gratuitement ou à prix modéré.

D. Cependant il y avait à cet égard, dans votre esprit, quelque incertitude, et l'étendue de ces moyens devait être grande. Vous ne pensiez pas pouvoir les fixer vous seul, ni même les faire connaître vous seul à Parmentier, et vous l'invitez à venir à Paris pour en conférer avec vous Effectivement, Parmentier est venu à Paris à cette époque.

Quel a été le résultat de vos conférences avec Parmentier? — R. Le résultat doit avoir été le parti qui a été pris de faire un fonds de vingt-cinq actions disponibles.

D. Etait-ce, dans le premier moment, l'idée qui a été arrêtée tout d'abord? — R. Je ne me rappelle pas la filiation des idées, mais ça dû être la première, puisqu'elle a été exécutée.

D. On voit effectivement dans la lettre l'idée de ce plan. Ce serait vous-même qui auriez eu cette première idée, car vous l'auriez donnée et écrite à Parmentier. Dans ce système, vous auriez eu l'initiative du plan de la corruption comme la première pensée de la commettre? — R. Plus tard, j'ai demandé à M. Parmentier de me faire connaître la valeur des actions, afin, précisément, de déterminer le chiffre des sacrifices auxquels il faudrait se soumettre, si on en exigeait.

D. Une circonstance encore particulière de cette lettre, qui prouve à quel point vous vouliez mettre la main dans cette entreprise, c'est ce que vous dites de la nécessité que les moyens d'intéresser soient remis aux mains de M. Parmentier. Ainsi vous voyez que dès lors vous vouliez vous établir dans cette affaire autant que possible? — R. J'ai particulièrement appuyé sur cette circonstance que je ne voulais pas être seul chargé d'une pareille négociation, que je tenais à ce que quelqu'un me fût adjoint, et naturellement M. Parmentier étant le principal propriétaire, ce rôle lui appartenait plus qu'à tout autre. Mais dès le début de ma correspondance, et dans plusieurs lettres, j'ai dit que je n'entendais pas me charger seul de l'opération.

D. Vous ne vouliez pas vous en charger seul; mais dans la position où vous étiez, résidant, habitant à Paris, et Parmentier ne s'y trouvant que passagèrement, il est évident que vous vouliez que tout fût remis entre vos mains; alors vous auriez eu l'exécution de tout, et par conséquent la responsabilité. — R. La preuve du contraire, c'est que je disais positivement que je ne consentirais pas à être seul.

D. Je comprends bien que vous ne consentiez pas à être seul, mais vous vouliez avoir un associé qui fût loin, qui ne pût pas vous gêner, mais qui ne pût pas vous seconder? — R. Du moment où M. Parmentier et moi étions responsables, et qu'il était mon coopérateur, qu'il fût loin où qu'il fût près, je lui devais des comptes. C'est pousser bien loin les inductions que de penser cela. D'ailleurs M. Parmentier n'a pas été choisi par moi, mais bien par la réunion des propriétaires, parce qu'il était le principal intéressé.

D. Sans doute M. Parmentier était le principal intéressé, mais vous aviez, vous, par votre position sociale, par les moyens qu'on vous supposait, et que vous possédiez en effet, des droits pour inspirer une grande confiance à la compagnie; sous quelques rapports même on voit des preuves de cette confiance, car, si je me trompe, il y a un moment où, lorsqu'il s'agit de créer ces vingt-cinq actions en dehors des cinq cents, l'opération est difficile à obtenir de la compagnie tant que Parmentier est seul; c'est quand votre nom vient se joindre au sien que les difficultés disparaissent et tout devient facile. Je vous fais cette observation pour que vous ne vous dissimuliez pas l'étendue de la responsabilité qui reposait sur vous. — R. Si les actionnaires ont voulu que je fusse adjoint à M. Parmentier pour cette négociation, c'est une preuve de leur confiance; je ne vois pas en quoi elle pourrait m'être défavorable.

D. Vous aviez, au reste, un tel besoin de persuader à M. Parmentier la nécessité de la corruption, et sans doute aussi de la persuader, cette nécessité, à tous ceux avec lesquels vous communiquiez dans l'entreprise, que vous ne craigniez pas, dans cette lettre déjà citée tant de fois, d'y insérer cette phrase étrange : « N'oubliez pas que le gouvernement est dans des mains avides et corrompues ! »

Remarquez à quel point cela fait présumer la passion et l'ardeur que vous mettiez dans cette entreprise. J'ajouterai qu'une telle accusation, dans la bouche d'un simple citoyen, serait étrange, mais dans la vôtre elle emprunte, je ne puis m'empêcher de le dire, un caractère plus fâcheux; je souhaiterais que vous puissiez donner quelques explications, qui me paraissent très-difficiles, cependant, sur une telle phrase? — R. Ces mots n'ont pas été écrits pour être publiés; c'est une correspondance intime; ces mots sont le résultat de l'impression sous laquelle je me trouvais; c'est parce qu'on me faisait sentir, et qu'on cherchait à me faire comprendre qu'il fallait des appuis puissants pour surmonter les obstacles qui nuisaient à notre situation; c'est sous cette impression que j'ai écrit ces paroles. Je ne me dissimule pas l'effet de la lettre; mais effacez un seul mot, le mot *intéressé* joint au mot *appui*, et il n'y a pas de procès. C'est donc ici l'abus d'une expression échappée à une impression sous laquelle j'étais; et quand je l'ai écrit, je l'ai cru. Je dis que cette impression est le résultat des ouvertures qui m'ont été faites; je croyais qu'il fallait arriver à ces moyens; mais je le répète, c'était une correspondance qui était faite pour ne pas être publiée. Si j'avais dit cela en public, on aurait pu me demander mes preuves. Vis-à-vis des associés, après les démarches faites auprès de moi, dans la confiance où j'étais que nous ne pouvions réussir que par des appuis, et des appuis influents et intéressés, cela se comprenait. C'est sous cette impression que cette phrase a été écrite; elle peut être blâmable dans l'opinion de beaucoup de gens; elle est reprochable lorsqu'on n'a pas de preuves à donner à l'appui, et surtout lorsque dans les faits particuliers dont il s'agit plus tard, il ne s'est pas trouvé de preuves qui vinssent à l'appui de cette assertion.

D. Remarquez que cette assertion, non-seulement est bien positive, mais vous la généralisez d'une manière bien étrange. Le gouvernement tout entier, c'est vaste! le gouvernement; les hommes qui sont à la tête du gouvernement sont, dans certaines parties, fort nombreux; dans d'autres ils sont moins considérables. Mais enfin une accusation de cette nature, portant sur un gouvernement, il y a de quoi faire reculer l'imagination la plus hardie, je ne dirai pas à médire, mais à calomnier. Dans ce moment vous aviez probablement un objet direct sous les yeux, un individu sur lequel vous pensiez porter cette expression que vous généralisiez si malheureusement. — R. Plus l'expression est générale, et moins elle est offensante au point de vue particulier. Je ne peux pas admettre la discussion publique sur une expression qui a échappé à la plume et qui ne devait pas être publiée; je ne peux pas admettre la discussion; c'est à chacun à expliquer le plus ou moins de fondement des impressions qui m'ont conduit à écrire cette phrase.

D. On ne peut pas s'empêcher de remarquer dans la lettre du 26 janvier 1842, qui vous a été représentée et qui est sous les yeux de la cour, à quel point vos instances sont grandes pour décider M. Parmentier à entrer dans la voie des sacrifices que vous jugez nécessaires? La situation de la compagnie Parmentier était, en effet, très-peu favorable auprès de l'administration; elle était même fort mauvaise. Vous ne pouviez l'ignorer, et cependant votre plus grande argumentation repose sur la rivalité de M. Kœchlin et sur la vivacité de ses démarches, vivacité dont aucune preuve cependant ne se trouve dans les nombreuses pièces qui ont été mises sous les yeux de la cour? Le dernier paragraphe de cette lettre semble indiquer que M. Grillet aussi avait été mis dans la confidence des sacrifices dont vous affirmiez la nécessité, et on devrait en conclure qu'ils lui répugnaient beaucoup. Qu'avez-vous à répondre? — R. En effet, la société Kœchlin n'a pas fourni à temps les pièces nécessaires à l'instruction; mais il n'en est pas moins vrai que le nom de M. Kœchlin, qui est très-connu dans l'industrie, dont la famille très-nombreuse est voisine du département de la Haute-Saône, que tout cela, enfin, formait un ensemble de circonstances qui devait nous faire croire que M. Kœchlin était le concurrent le plus dangereux pour nous.

Si les résultats n'ont pas été conformes à mes craintes, il n'en est pas moins vrai que c'était une concurrence très-dangereuse. A propos de cette lettre du 26 janvier, je ferai une remarque. Jusqu'ici on a pu croire qu'il fallait agir auprès d'un fonctionnaire; voici le dernier paragraphe de ma lettre:

« Vous comprenez avec quelle impatience j'attends le résultat de vos délibérations en commun, mais vous ne sauriez croire à quel point cette impatience est partagée par ceux qui s'identifient avec le succès de l'affaire; si leur pouvoir égalait leur empressement et la confiance qu'ils témoignent, il faudrait ne douter en rien de l'avenir et concevoir la plus complète sécurité, ainsi qu'eux. »

Cette phrase, qui n'a pas été écrite après coup, qui fait partie de la lettre, qui en est la conclusion : « Si leur pouvoir égalait leur empressement, etc., » cette phrase vous indique bien qu'il ne s'agissait que d'intermédiaire, et que le 26 janvier, parmi ceux qui devaient nous servir, il y avait des gens qui avaient du zèle, mais qui n'avaient pas de pouvoir. Cette lettre peut donc être considérée comme indiquant le moment où tout moyen de corruption auprès d'un fonctionnaire avait été abandonné, quoiqu'il ne s'agissait ici que d'intermédiaire.

D. Vous n'êtes pas dans la lettre du 26 janvier? — R. Il n'y a pas de lettre du 26 janvier.

D. Je vous demande pardon, mais cela n'a aucune conséquence. J'accepte donc la position de la question que vous faites. Je comptais vous parler précisément de ce passage-là ; j'y comptais d'autant plus, que, dans l'instruction, vous avez déjà fait ressortir ce que vous venez de dire; mais il n'y a rien dans l'instruction, rien dans la correspondance, ni chez vous, ni chez le sieur Parmentier, qui dénote l'existence de ces individus, nombreux, selon vous, qui aspiraient à seconder l'entreprise. Il est bien vrai que vous mettez le mot au pluriel, mais il suffit de deux pour cela ; ainsi, il y avait un intermédiaire et le ministre, cela suffisait pour que vous pussiez dire : ceux qui s'intéressaient à l'entreprise. Je ne crois pas que vous pussiez tirer un grand parti de cette circonstance? — R. Plus tard, en effet, nous avons eu un intermédiaire que j'ai nommé, c'est M. Pellapra qui s'est chargé des démarches auprès du ministre.

D. Dans la réalité, l'instruction n'a fait connaître aucun autre individu comme intermédiaire que celui que vous avez nommé. Cependant, d'après le passage en question, on pourrait croire que vous en aviez beaucoup. — R. Je n'ai pas employé ceux-là.

D. Vous faites peser là gratuitement une espèce de soupçon sur beaucoup de personnes que vous ne nommez pas, mais qu'on devrait naturellement chercher dans la sphère au milieu de laquelle vous vous agitez, et je dois déclarer que rien, absolument rien dans l'instruction n'a apparu qui puisse légitimer ce soupçon. L'instruction n'a révélé dans vos rapports les plus familiers qu'un seul intermédiaire, qui est M. Pellapra. — R. Jamais on ne pourrait tirer de ce que j'ai dit la conséquence qu'il fût question d'agents de l'administration; jamais je ne me suis adressé à eux, ni eux à nous.

D. Si vous ne les preniez pas dans l'administration, où les preniez-vous donc? Vous aviez un intermédiaire qui était un ami du ministre, et vous semblez dire que vous en avez eu beaucoup d'autres. — R. Beaucoup d'autres s'offraient, mais je n'ai pas dit que j'eusse accepté leurs offres.

D. C'est dans la lettre du 5 février qu'il est question pour la première fois de cet intermédiaire. Vous l'avez fait connaître; je n'ai plus rien à demander à cet égard. On lit encore dans cette lettre du 5 février des mots qui répondent à ce que vous disiez tout à l'heure sur ce que vous ne vouliez pas être chargé seul de la négociation :

« Je ne consentirais pas à me charger seul de la négociation; vous êtes le principal propriétaire, le plus intéressé par conséquent à ce que les sacrifices soient proportionnés à l'appui obtenu et ne dépassent point une proportion raisonnable. Je pense donc que la société devrait s'en rapporter à vous et à moi, et nous laisser maîtres d'apprécier : 1° la nécessité des sacrifices à faire pour garantir le succès de l'entreprise; 2° l'étendue de ces sacrifices et leur rapport avec l'appui qui nous sera donné pour l'obtention de la concession dans ses plus grandes limites. »

Je crois qu'il est difficile de voir des mots qui témoignent plus d'une espèce de marchandage, d'un traité dans lequel on dit : Si vous allez jusque-là, nous donnerons tant; autrement nous vous donnerons moins, parce qu'il faut que les sacrifices soient proportionnés aux services rendus. Cela vous montre entrant bien avant dans les plans de corruption qui ont eu une si triste issue, et qui se sont révélés d'une manière si fâcheuse. — R. Ce sont des projets de corruption si vous voulez, mais qui s'appliquent également aux influences qui devaient appuyer les démarches de la compagnie. Ce sont ces influences qu'il s'agissait de payer; on peut représenter ces projets ainsi, et non pas comme destinés à ce que vous appelez la corruption.

D. On lit encore dans cette lettre :

« Au surplus, je crois être en mesure d'obtenir, non-seulement la concession, mais au préalable l'autorisation d'exploiter, sauf à considérer, toutefois, si cette faveur, déjà tardive aujourd'hui, vaudrait en avantages et en profits la peine de s'exposer aux criailleries de nos rivaux. »

Véritablement cela est grave, car cela vous montre dans une intimité bien grande avec le seul individu qui pût donner cette autorisation préalable; vous ne pouvez pas l'espérer d'un autre individu, et vous dites que vous êtes en mesure d'obtenir cette faveur extraordi-

7

naire. Vous étiez déjà, à ce qu'il paraît, très-avancé dans la voie où vous vous étiez placé. — R. L'autorisation préalable avait été présentée comme possible par un intermédiaire. C'est pour cela que je croyais qu'on pouvait l'admettre, sans y ajouter, comme on le voit, un grand prix, puisque je disais que la compagnie n'y avait peut-être pas un intérêt suffisant.

M. LE RAPPORTEUR. — M. le chancelier m'engage à lire le passage suivant de la lettre du 5 février :

« Cette fixation, vous m'engagez à vous la faire connaître, afin que vous soyez à même d'en instruire les actionnaires. A cet égard, je n'ai point de données précises, et je ne saurais vous donner qu'un aperçu basé sur des ouvertures qui ont été faites et accueillies avec une extrême réserve, et de manière à n'engager personne définitivement, et à éviter surtout que la négociation soit connue d'autres que des deux contractants et de leur intermédiaire obligé. »

M. LE CHANCELIER. — Vous voyez par ce passage à quel point vous voulez préciser les moyens de corruption, et à quel point vous restreignez le nombre des individus avec lesquels vous vouliez traiter. — R. Il s'agit ici de deux contractants : M. Parmentier et moi.

D. C'est impossible, vous ne contractiez pas avec M. Parmentier. C'était vous et M. Parmentier qui contractiez avec une autre personne. — R. L'intermédiaire, c'était M. Pellapra, qui s'était chargé de suivre l'affaire; mais, quant au contrat, il n'y en a pas eu : il y a eu des démarches faites pour obtenir telle ou telle chose.

D. Vous ne répondez pas à la question. Ce qu'on vient de lire a pour but de montrer combien la négociation était avancée par vous. Il y avait un intermédiaire et deux contractants. L'intermédiaire était M. Pellapra ; les contractants, c'était vous d'une part, et vous avez désigné l'autre comme étant le ministre. — R. L'intermédiaire était M. Pellapra, qui faisait les démarches pour obtenir du ministre ce qui était favorable à la société.

D. Mais pour l'obtenir par des moyens de corruption? — R. S'il le fallait, si on l'exigeait. M. Pellapra agissait dans l'intérêt de la société, et s'il eût fallu faire des sacrifices, on eût avisé.

D. Au point où vous en étiez, il n'y avait pas d'incertitude ; on demandait des sacrifices ou l'on n'en demandait pas. — R. Il n'y avait encore rien de disponible qu'on pût demander ou offrir.

D. C'est cela même ; vous vouliez savoir combien il faudrait donner afin de vous assurer des moyens dont vous disposeriez, et qui vous donneraient ceux de satisfaire à ce qu'on demanderait. L'effet fut le fameux acte Lamboley. La lettre est du 5, et l'acte Lamboley est du 5. Ainsi il est bien évident que cet acte a répondu à ce que vous désiriez et à ce que vous demandiez dans votre lettre. Nous allons revenir sur cet acte, parce que non-seulement c'est une des pièces des plus importantes dans ce procès, mais parce que c'est la première de ce genre dans de pareilles matières. En effet, je crois que c'est la première fois qu'on a mis dans un acte notarié tout un plan et des moyens de corruption. Je vais prier M. le rapporteur de vouloir bien en donner lecture.

M. Renouard, rapporteur, donne lecture de cet acte dont voici les termes :

« Par-devant Me Charles-Joseph Lamboley, etc.,

« Furent présents, etc., etc.

« Lesquels on dit et exposé ce qui suit :

« Jusqu'ici les droits des parties dans les établissements de Gouhenans (arrondissement de Lure) ont été considérés par eux et par divers arrêts comme divisés en cent portions, qui avaient été appelées actions.

« Mais elles substituent maintenant à cette division, une autre division en cinq cent vingt-cinq portions ou actions; les cinq cents premières appartiennent à chaque partie dans la proportion de ce qu'elle avait auparavant, c'est-à-dire que le droit à une des portions anciennes donne droit à cinq des nouvelles ; sauf cette modification, et ce qui va être dit relativement aux vingt-cinq dernières, les droits acquis aux parties ne subiront aucun changement, dérogation, ni modification.

« Le nombre qui excède cinq cents dans les nouvelles portions ou actions est mis à la disposition de M. le général Cubières et de M. Parmentier, qui s'en serviront pour le bien et l'amélioration des établissements, sans être obligés d'en rendre compte; à cet effet, il leur sera délivré deux grosses de la présente convention, et un plus grand nombre, s'ils le jugent convenable; ils sont même autorisés, pour rendre ces vingt-cinq portions ou actions plus disponibles, à créer eux-mêmes vingt-cinq titres au porteur, qu'ils signeront Parmentier, Grillet et compagnie, autorisant dès ce jour M. le lieutenant général de Cubières à se servir de cette signature dans cette circonstance, etc. »

D. Vous n'avez pas prescrit la forme de l'acte; mais voyez comme il répond à vos demandes. Vous avez demandé que la société fût divisée en cinq cents actions, cela est fait; vous aviez demandé qu'un certain nombre d'actions fût à votre disposition, cela est fait; de plus, vous aviez exprimé le désir qu'elles fussent remises entre vos mains et celles de Parmentier, cela est encore fait, et avec cette circonstance extraordinaire que vous ne serez pas obligés d'en rendre compte et que vous vous en servirez pour le bien de la société et pour l'amélioration des établissements. Est-il des termes plus vagues ? Comment interpréter ces mots : *pour le bien de la société*, autrement que par l'usage corrupteur que vous aviez en vue ! — R. C'est à Parmentier à répondre sur ce point. Ce n'est pas moi qui ait inventé que l'on se servirait des vingt-cinq actions pour le bien de la société sans être tenu d'en rendre compte.

M. LE CHANCELIER. En lisant votre lettre du 5 février, on peut dire qu'il est impossible de trouver un plan plus détaillé de tout ce que vous désiriez voir mis dans l'acte, et par la lecture de cet acte, vous avez pu remarquer à quel point vous êtes obéi ; car, en réalité, l'acte fait tout ce que vous désirez. Ainsi, cet acte, vous ne pouvez pas en décliner la responsabilité ; elle vous appartient tout entière, ainsi qu'à Parmentier, bien que vous ne fussiez pas sur les lieux. — R. L'acte répond aux demandes et aux sacrifices qu'on supposait devoir être faits. C'est d'après les comptes de M. Pellapra, et après avoir débattu leur valeur, que je suis arrivé à fixer au nombre de vingt-cinq les actions qui devraient faire face à des demandes, quand ces demandes se produiraient.

D. Voudriez vous vous expliquer formellement sur ce que vous avez entendu par ces mots : « pour le bien et l'amélioration des établissements. » — R. Comme ce n'est pas moi qui ai rédigé l'acte, que je ne l'ai vu que quand il a été fait, je ne puis expliquer cela autrement que s'il y avait des actions données (il pouvait y en avoir quelques-unes dans ce cas), le produit retournerait à la société. Je crois que c'est à ce que l'acte a voulu dire.

D. Cette interprétation n'est pas admissible. — R. Je dis que c'est mon opinion; mais je ne suis pas tenu d'expliquer l'acte, puisque ce n'est pas moi qui l'ai conçu.

D. Comment pouvez-vous espérer que l'on pense que vous n'ayez pas eu de Parmentier toutes les explications nécessaires sur le sens de ces mots, qu'on mettait à votre disposition toutes les sommes disponibles. Bien certainement, vous avez entendu par là tous les sacrifices nécessaires pour acheter, je puis bien dire le mot, tous les consentements et les aides qui vous seraient donnés pour l'obtention de la concession aussi étendue, aussi parfaite que vous la vouliez. — R. L'acte avait pour objet de créer des actions dont on pût profiter. C'est là son objet et son but, quant à la forme et quant aux mots. Admettant le but de l'acte et que ces mots aient été employés pour cacher ou pour expliquer ce but, je ne puis pas le dire, parce que je n'ai pas reçu d'autres explications.

D. Il y a une lettre du 24 février 1842. Elle a été mise sous les yeux de la cour; elle a été certainement beaucoup lue, et elle n'a pas besoin de commentaire; elle montre toute l'activité des négociations auxquelles vous vous livriez alors. Mais il est impossible de ne pas vous demander des explications catégoriques sur la *personne* désignée dans cette lettre par la particule *on*, et qui ne peut être que l'intermédiaire existant entre vous et l'autre partie contractante, ainsi que vous l'avez appelée. Je ne vous fais cette demande que parce que vous avez voulu rattacher encore d'autres *on* à ce *on*-là. Quant à ce *on*-là, il est très-certain que c'est M. Pellapra; vous l'avez dit, vous l'avez reconnu plusieurs fois, et vous ne le niez pas. — R. Je ne le nie pas.

D. Mais je vous demande ceci pour que vous soyez forcé de reconnaître que véritablement votre intermédiaire, et votre intermédiaire unique, dans cette affaire, est M. Pellapra, et que l'on ne vous a pas offert d'autres secours, comme vous avez essayé de le faire croire? — R. C'est l'intermédiaire qui a dirigé mes démarches, et qui m'a donné les moyens de correspondance avec M. Parmentier sur la quotité des sacrifices à faire, ou au moins sur les dispositions qu'il fallait prendre dès le principe. Mais cela n'écarte pas les premières personnes qui s'étaient adressées à moi, et qui, du reste, n'ont pas été employées plus tard.

D. Dans cette même lettre du 24 février 1842, il y a une dernière partie qui a véritablement son importance, par la vivacité dont elle est empreinte. Je prie M. le rapporteur d'en donner lecture.

M. LE RAPPORTEUR. Voici cette lettre : « 24 février 1842.

« Maintenant, c'est moi qu'on presse; on m'a relancé hier et ce matin On se montre très-ardent, très-désireux de terminer dans le plus bref délai. Peut-être est-ce en effet le meilleur moyen d'éviter des embarras, de prévenir des plaintes de la part de la concurrence.

« Voici ce qu'on offre de soi-même, et nous pouvons y compter :

« 1° Simuler votre P. pour l'envoi immédiat et complet de toutes les pièces;

« 2° Faire désigner un rapporteur selon le bien de la chose;

« 3° Résister au morcellement;

« Avoir, comme on l'a déjà dit, un président à souhait, et faire avorter les prétentions adverses, si elles étaient appuyées dans l'un ou l'autre conseil.

« Il n'y a plus à hésiter, encore moins peut-on reculer devant un succès certain, succès auquel nous touchons, qui aurait pu se faire attendre longtemps encore, et qui ne saurait être complet qu'avec l'appui décisif qu'on nous promet, et dont nous avons déjà ressenti les effets.

« On insiste pour cinquante, tâchez donc d'obtenir le doublement. Je réponds, en attendant la réussite de votre épineuse négociation, je réponds certitude pour trente, doutes très-grands pour quarante ou quarante-cinq. Le ton qu'on prend avec moi dénote qu'il est impossible de traiter à moins de quarante-cinq. Surtout point de délais. Le char est lancé, ne le faisons pas verser en l'arrêtant trop court. »

M. LE CHANCELIER. Vous voyez que je n'ai rien dit de trop, quand j'ai parlé de la vivacité dont cette lettre était empreinte. C'est là effectivement le plan de campagne tout entier ; c'est tout ce que vous vouliez obtenir, tout ce que vous souhaitiez; c'est tout ce que l'on promettait. Enfin, ce sont là les instructions les plus propres à obtenir le succès que vous poursuiviez. — R. Cette vivacité appartient à l'intermédiaire; car cet intermédiaire, c'est ce M. Pellapra qui me disait que nous pouvions obtenir tout cela, et qui, en même temps, me faisait connaître la part d'intérêt qu'il voulait avoir, et quelle était la quotité des sacrifices, si on avait été obligé de les faire. Ainsi, tout ceci, c'est que M. Pellapra supposait pouvoir obtenir, soit par sa position vis-à-vis du ministre, soit par les rapports qu'il avait déjà eus avec lui, et peut-être par l'influence qu'il espérait exercer par lui-même.

D. N'est-ce pas aussi avec les sacrifices qu'il se croyait autorisé à faire? — R. Je l'ai dit, par les sacrifices qui pourraient être exigés, qui pourraient être demandés.

D. Voyez la lettre du 26 février 1842. Non-seulement elle confirme la précédente, mais elle est encore empreinte, s'il est possible, d'une plus grande animation dans l'expression. L'individu qui est désigné dans cette lettre par l'initiale T. tient une très-grande place dans toute cette négociation, et on voit que les pourparlers avec lui ont dû avoir un cours assez soutenu et même assez fréquent à cette époque. Il y a plusieurs époques différentes dans ces négociations, quelquefois ralenties un peu plus ou un peu moins ; mais dans cette occasion, cela paraît prodigieusement animé. Qui voulez-vous désigner par cette initiale T? — R. Ici il n'est question de M. Teste qu'une seule fois, au sujet d'un quatrième concurrent.

D. M. Teste n'est nommé en toutes lettres qu'une fois ; mais M. T... est indiqué plusieurs fois, et je demande quelle est la personne qui est indiquée par cette initiale? — R. Il n'y est indiqué qu'une fois M. T..., et c'est relativement à un quatrième concurrent ; c'est une chose qui s'est passée dans son cabinet en présence de M. Parmentier.

D. On va lire le passage de la page 52.

M. LE RAPPORTEUR. — Je ne lis pas la lettre tout entière ; je prends au bas de la page :

« On se montre toujours très-empressé de surmonter ceux qui restent à franchir pour atteindre au but définitif. On parle toujours d'en finir promptement. C'est, dit-on, une nécessité pour éviter de nouveaux concurrents ou pour les prévenir. Ceci m'a remis en mémoire le mot de M. T... au sujet d'un quatrième concurrent, qu'il appelait, s'il s'en souvient, un demi-concurrent. J'ai demandé positivement qu'on me fît connaître ce quatrième rival, afin que nous sachions s'il était sérieusement à craindre, ou bien si ce ne serait qu'un épouvantail pour nous disposer à céder plus facilement aux exigences que nous sommes disposés à satisfaire, mais sans sortir de certaines limites que la raison et l'équité nous défendent de franchir. On m'a promis une réponse pour demain, si on parvient à s'entretenir aujourd'hui avec la personne qui peut donner l'explication demandée. »

Je passe le paragraphe : « C'est avec une certaine affectation... » et j'arrive à ce paragraphe :

« Dans votre première lettre, vous serez à même de me faire savoir si toutes les mesures dont l'exécution nous fut annoncée d'avance dans le cabinet de M. T..., ont reçu leur exécution, et particulièrement si le préfet a reçu des instructions propres à hâter l'expédition de son rapport et à prévenir le morcellement de l'affaire et les envois successifs des pièces et avis concernant les demandes en concurrence. »

M. LE CHANCELIER. — Qu'avez-vous à dire? — R. Je n'ai rien à dire ; il n'y a pas d'explication à donner.

D. Cela est très-utile ; il ne peut pas s'agir d'un autre personnage que de M. Teste ; vous n'avez pu entendre parler que de lui ? — R. C'est de M Pellapra et de M. Teste qu'il est question dans cette lettre.

D. Sans doute, c'est M. Pellapra qui est votre intermédiaire ; il vous rend compte de ses craintes, des espérances qu'on lui donne, des promesses qu'on lui aurait faites ; et tout cela ne peut évidemment venir que de M. Teste : cela résulte du contenu de la lettre ? — R. Dans le cabinet de M. Teste, nous avons obtenu que l'on prendrait certaines mesures pour activer l'expédition de l'affaire, et c'est à quoi répond ce paragraphe.

D. Vous n'avez pas fait assez attention, peut-être, dans la lecture qui vient d'être donnée de cette espèce de soupçon que vous jetez sur M. T..., d'avoir cherché à augmenter, en apparence, la difficulté de certaines situations, pour augmenter la rétribution, la rémunération? — R. Cette observation ne s'adresse qu'à l'intermédiaire.

D. Vous dites formellement le contraire. — R. Cela ne peut pas s'adresser à un autre.

M. LE RAPPORTEUR. — Le mot *exigences* est attribué, non pas à M. Pellapra, mais à M. Teste, qui aurait prononcé ce mot d'après votre lettre, comme un épouvantail, pour céder plus facilement à ces exigences. — R. D'après cela, l'intermédiaire était chargé d'examiner le plus ou moins de réalité du concurrent. Il s'agissait de connaître sa véritable force, afin qu'on ne fît d'un homme qui n'avait pas une grande influence un épouvantail.

D. Quoique vous puissiez dire, ce passage a de l'importance, car il paraît supposer en vous la pensée que M. Teste, en vous mettant sous les yeux l'apparence d'une concurrence qu'il faisait paraître plus sérieuse qu'elle n'était réellement, avait pour objet de vous amener à faire de plus grands sacrifices. — R. Il n'y avait pas encore de sacrifices faits.

D. On avait promis de les faire, et vous n'ignorez pas qu'ils ne devaient être faits qu'après la concession. — R. Ils n'étaient pas encore fixés.

D. C'est pour cela que vous aviez peur qu'on ne vous amenât à faire des sacrifices plus considérables que ceux que vous croyiez nécessaires. — R. C'est bien là le sens du passage.

D. L'acte du 5 février était d'ailleurs déjà fait. Il y a jointe à cette lettre une clause relative à un entrepôt à Paris, qui devrait être concédé, dès le moment même, en rémunération des services rendus ou à rendre. Expliquez-vous sur ce point. — R. Plusieurs personnes avaient demandé l'entrepôt de Paris ; moi-même, j'avais demandé que cet entrepôt fût mis à ma disposition. Tous les actionnaires s'étaient attribué des entrepôts qu'ils géraient par eux-mêmes, ou qu'ils faisaient gérer par des intéressés. Mon intention, en faisant la demande de cet entrepôt, était d'en confier la gestion à mon fils, qui, après avoir fait un long surnumérariat dans l'administration, n'avait pu parvenir à être placé.

D. Nous passons à un papier d'une toute autre nature : c'est une note manuscrite trouvée dans vos papiers. Elle est écrite de votre main ; vous l'avez reconnue et paraphée. Elle contient, outre un calcul sur la valeur qui peut être attachée aux actions de Gouhenans, soit en revenu, soit en capital, des désignations sur diverses personnes dans le partage présumé de ces actions. On y voit que le nombre en est estimé définitivement à quarante. Il y a différentes estimations, mais celle qui paraît être la plus concluante est celle de 40 actions ; c'est en même temps le nombre le plus bas de celles portées dans cette note. Eh bien, en prenant seulement ces 40 actions et en faisant l'opération qu'on paraît faire sur des calculs précédents, mais qui serait la même chose, je vois que le partage serait ainsi fait : T. quinze actions, P. C. quinze actions, C. dix ; total, quarante. Veuillez donner des explications et dire quels sont les noms qui se trouvent désignés par ces lettres. — R. J'ai dit que dans ces calculs, dont je ne me rends pas précisément compte, en raison du capital et du revenu, car je vois que cela fait une somme beaucoup plus considérable que leur valeur réelle, j'ai dit que le T indiquait M. Teste, dans le cas où il serait devenu actionnaire, le P indiquait M. Pellapra, soit qu'il achetât des actions, soit qu'il en eût en rémunération, enfin la lettre C indiquait mon nom pour dix actions que j'aurais payées ou fait acheter par mes amis.

L'acte d'accusation prétend que ce fait révèle une mauvaise pensée. J'ai déjà dit que je ne pouvais pas disposer des actions tout seul, et il était probable que M. Parmentier n'eût pas consenti à me faire cadeau de dix actions sans raison, et il n'y en avait aucune pour que je demandasse ces dix actions sans payer. Il en eût été de même de M. Pellapra, si ces actions ne se fussent pas appliquées à la rémunération qui lui revenait et que j'ai toujours considérée comme due, et enfin la première disposition est encore plus *provisoire* que les autres, puisqu'elle ne pouvait se rapporter qu'au moment où la nécessité d'un sacrifice eût été demandée.

D. Vous venez de parler d'une rémunération à M. Pellapra, que vous considériez comme due. A combien l'estimiez-vous ? — R. Je l'estimais à quinze actions.

D. Et cependant à cet endroit de la note, la lettre C se trouve à côté de la lettre P, et la lettre C est l'initiale de votre nom? — R. Je ne me rends pas compte de la réunion des deux lettres.

D. Ne résulte-t-il pas de ces différents effets restés en votre possession, un témoignage certain de la préférence avec laquelle vous avez travaillé à obtenir la concession, surtout dans toute son étendue; à l'obtenir en opérant toujours par les voies de corruption dont vous cherchiez tous les moyens. Car cette corruption se présentait assez difficile; vos actions n'étaient pas acceptées; ce n'était pas, en effet, assez négociable; de plus, comme vous l'avez dit tout à l'heure vous-même, on pouvait suivre la trace de ces actions; cela présentait des inconvénients; mais l'argent, on n'en suit pas la trace, et comme on n'en donne pas quittance, il est beaucoup plus commode, quand il s'agit de corruption, de l'opérer avec de l'argent, dont on ne suit pas la trace, qu'avec des effets dont la marche peut toujours être suivie. Aussi on voit alors commencer le système des sommes d'argent à la place des actions.— R. C'est une interprétation que vous pouvez donner aux actes; mais il reste à prouver l'emploi de l'argent.

D. Vous essayez de vous en procurer avec des actions, et c'est parce que vous ne le pouviez pas que vous vouliez recourir aux voies d'obligation. Nous allons voir comment ces voies d'obligation ont été remplacées: elles ont été remplacées dans le même système, c'est-à-dire en se procurant une somme quelconque plus ou moins considérable. Il fallait des valeurs; eh bien, ces valeurs on a fini par les trouver. M. Parmentier s'est résigné à vendre à réméré vingt-cinq de ses actions à M. Pellapra, pour une somme de 100,000 fr. Ces 100,000 fr. là devaient être non versés dans les mains de M. Parmentier, mais c'était en réalité dans les vôtres qu'ils devaient être remis par M. Pellapra, et puis, par une convention particulière que vous avez faite avec Pellapra, ils sont restés entre ses mains. Voilà la ressource que vous avez trouvée pour vous faire de l'argent, et voilà ce qui s'est fait effectivement par un acte passé devant M. Roquebert, en date du 18 juin 1842.

M. le rapporteur donne lecture de cet acte de réméré dont M. le chancelier vient de faire l'analyse.

D. Sur cet acte, vous avez trouvé le moyen d'obtenir la disposition d'une somme de 100,000 fr.; cette somme reste entre vos mains, ou plutôt, dans la réalité, elle n'y reste pas; car, dans la réalité, vous avez déposé chez Pellapra; vous regardiez en cela la caisse de Pellapra comme plus sûre que la vôtre. Ce dépôt singulier de 100,000 fr. dans la caisse de Pellapra avait lieu par cette raison que, pour l'emploi que vous leur destiniez, il était plus aisé de les faire sortir de cette caisse que de vos propres mains. On comprend qu'un homme d'affaires comme Pellapra peut aisément faire un maniement de fonds qui n'ait aucune espèce d'apparence, qui ne laisse pas de traces, et qui, par conséquent, soit plus commode pour un plan de corruption que n'aurait pu l'être un versement fait par vous-même. N'est-ce pas là le véritable motif pour lequel vous avez laissé les 100,000 fr. dans la caisse de Pellapra? — Avant de répondre sur ce point, je dirai que c'est le moment de faire une observation qui a une très-grande importance; c'est que l'instruction m'a représenté, à plusieurs reprises, comme ayant plus de 200,000 fr., ou comme étant en position de disposer de 200,000 fr. Or je n'ai jamais été dans cette position-là; j'ai été dans la position contraire, et je me suis déclaré dépositaire de

100,000 fr. que Pellapra ne m'avait pas versés ; il ne me les avait pas versés, et cependant je me suis déclaré dépositaire ; ce n'est donc pas 100,000 fr. que j'avais reçus. Il en est de même pour les actions.

On ne peut pas dire que j'avais entre les mains 200,000 fr. M. le chancelier me demande pourquoi les 100,000 fr. sont restés entre les mains de M. Pellapra. En voici la raison : M. Pellapra ne savait pas quelle serait la valeur des actions plus tard ; il n'a pas voulu les verser dans le moment ; il n'a pas voulu en verser la valeur à personne, ni à Parmentier qui ne le demandait pas d'ailleurs. Je suis resté dépositaire vis-à-vis de Parmentier, et garant de Pellapra vis-à-vis de Parmentier ; voilà la situation.

Maintenant M. le chancelier demande si cette somme de 100,000 fr. a été employée : je répète que non, et que Pellapra a dit qu'il ne l'avait pas employée, qu'il n'avait rien employé sur cette somme. Du reste, cette question ne me concerne pas : elle a été faite à Pellapra, il a dit qu'il n'a rien employé sur cette somme.

D. On va lire un sous seing privé qui est de la même date, et qui jettera quelque jour sur cette question que jai posée.

On lit dans cet acte :

« ..... MM. de Cubières et Parmentier ont tout lieu de croire que, dans le but indiqué par l'acte du 5 février, il leur fallait une somme de 200,000 fr., et ils n'ont trouvé à négocier les vingt-cinq actions dont la compagnie les a autorisés à disposer, ni pour 200,000 fr., ni pour une somme quelconque.

« En conséquence, ils ont cru n'avoir d'autre parti à prendre que celui-ci :

1° Transfert à M. de Cubières de vingt-cinq actions par la remise des vingt-cinq titres au porteur mentionnés dans l'acte du 5 février, et cela moyennant le prix de 100,00 fr.; 2° vente par M. Parmentier et sa femme, de vingt-cinq autres actions à prendre dans celles qui leur appartiennent, et cela sous la clause de réméré, et moyennant le prix d'une autre somme de 100,000 fr.

« En conséquence, M. de Cubières reste dépositaire des 100,000 fr. qui font le prix de son acquisition, à la charge par lui de les employer à l'usage convenu entre lui et M. Parmentier.

« M. de Cubières recevra également comme dépositaire, et pour en faire le même usage, l'autre somme de 100,000 fr., formant le prix de la vente de vingt-cinq actions par M. et madame Parmentier.... »

D. Il est évident, par cet acte, que vous vous êtes rendu et reconnu responsable de tout emploi qui pourrait être fait, de quelque nature qu'il fût, pour quelque cause que ce fût, soit des 100 000 fr. qui étaient entre les mains de Pellapra, mais qui, dans la réalité, devaient et pouvaient être dans les vôtres, soit des 100,000 fr. dont vous vous reconnaissiez débiteur pour ces vingt-cinq actions. Voilà comment vous étiez parvenu, au moment même de la concession, à vous mettre entre les mains une somme considérable dont vous pouviez disposer pour le but que vous vous étiez toujours proposé. d'accord avec Parmentier. — R. Je le répète, j'étais garant, mais je n'avais pas la somme entre les mains. Si M. Pellapra en avait disposé, je me trouvais garant vis-à-vis de M. Pellapra ; mais c'était lui qui était moralement responsable de l'emploi qui en serait fait.

D. Vous voilà donc armé de tous les moyens nécessaires pour assurer le succès des manœuvres de corruption auxquelles vous étiez résolu. Naturellement vous deviez être pressé d'en obtenir les résultats. Vous vous êtes mis en action vous et M. Pellapra, surtout auprès de M. le ministre des travaux publics, ce qui est tout simple, car c'est de lui que l'affaire dépendait.

C'est alors qu'on trouve votre lettre du 25 juin 1842, lettre qui a été lue bien des fois et qui a été citée dans l'acte d'accusation. Dans cette lettre vous qualifiez M. le ministre du titre de *patron* ; expression qui ne peut s'appliquer qu'à une personne qui fait son affaire des choses auxquelles elle s'intéresse. Expliquez-vous sur cela? — R. Il me semble que les renseignements communiqués dans cette lettre m'ont été donnés par M. Pellapra. Je ne saurais dire s'il y en a quelques-uns qui aient été recueillis par moi-même. Quant au mot *patron*, on ne peut en conclure autre chose, si ce n'est que j'indiquais le ministre, le maître de la maison que M. Pellapra fréquentait, et qui pouvait être considéré comme son patron, beaucoup plus que comme le mien : car, quoique j'eusse l'honneur de connaître M. Teste, je n'étais point dans son intimité comme M. Pellapra, qui le connaissait de longue main.

D. Ce que je vous demande à ce sujet, c'est si vous avez tenu entre vos mains, si vous avez lu vous-même le billet de M. Teste à M. Pellapra, dans lequel le ministre donnait l'explication du retard qu'avait subi l'affaire? — R. Je ne me rappelle pas si le billet m'a été lu ou communiqué. Je ne me rappelle pas positivement s'il m'a été montré.

D. Vous en avez pourtant rendu compte avec une précision qui semblait indiquer que vous étiez sûr de votre fait. — R. Je ne sais pas si j'ai indiqué que j'en eusse vu le texte; je ne le crois pas. Je n'en ai donné que la substance et non pas le texte.

D. Votre mémoire doit vous rappeler des choses aussi graves que celles qui sont contenues dans ce billet. — R. Je me rappelle parfaitement le contenu de ce billet. Il m'est remis en mémoire par ce qui est imprimé.

D. A la suite de cette lettre, il y a une note que vous avez rédigée et que vous avez remise à M. Pellapra pour être envoyée par lui à Néris, où devait se trouver M. le ministre des travaux publics.

Cette note est fort grave ; car elle fait des suppositions assez étranges, comme par exemple celle que le ministre obtiendrait du rapporteur de changer ses conclusions. — R. Cette note n'a pas été envoyée.

D. Cette note n'en existe pas moins; elle prouve toujours votre intention et votre confiance.—R. Quand je l'ai écrite, c'était pour M. Pellapra ; c'était par sa bouche qu'elle devait passer ; elle était pour le ministre.

D. Il y a : Note pour le ministre. — R. Elle était adressée à M. Pellapra; c'était M. Pellapra qui devait faire valoir ces raisonnements, s'ils pouvaient conduire à quelque chose ; mais ce n'était pas moi qui m'adressais directement au ministre.

M. le chancelier fait donner lecture de la lettre du 28 juin 1842, dans laquelle on lit :

« ... Pour sortir de ce doute, il me parut indispensable de savoir précisément la durée du retard et de rechercher s'il resterait au conseil d'Etat un temps suffisant pour prononcer son avis avant l'époque des vacances. Mme T..., que j'ai interrogée sur la durée de l'absence de son mari, m'a dit qu'il serait de retour le 15, et que peut-être il reviendrait le 12. Elle ne se flatte pas qu'il puisse passer quinze jours pleins aux eaux de Néris, dont sa santé cependant a le plus grand besoin. »

M. Teste. — Je demande à M. le chancelier de me permettre de dire un mot.

J'ai laissé passer les faits qui se rapportaient à moi, sans mot dire, afin de maintenir l'ordre de la discussion Dans les lettres de M. Cubières, il y a un fait qui ne vient pas de M. Pellapra, qui lui est tout personnel : il s'est rendu à l'hôtel du ministère pour s'enquérir du temps de mon absence ; il se serait adressé à Mme Teste, qui lui aurait répondu que l'on attendait son retour du 12 au 15 juillet. Je demande à M. Cubières s'il se souvient de cette circonstance ?

M. Cubières. — Je ne me rappelle pas exactement le jour ; mais je me souviens d'avoir été demander ce renseignement.

M. Teste. — Je n'ai qu'un mot à répondre à ceci. Mme Teste était partie avec moi pour les eaux de Néris, ainsi que cela sera prouvé dans le débat.

M. le chancelier, à M. Cubières. — De qui M. Pellapra recevait-il les renseignements qu'il vous transmettait ? Il paraît que ces renseignements n'émanaient pas du conseil des mines ? — R. Il les prenait dans les différents bureaux et les recevait peut-être de M. Teste lui-même.

D. Vous a-t-il donné à entendre qu'il les tenait du ministre ? — R. Quelquefois, d'autres fois il les recevait des bureaux.

D. Vos lettres à M. Parmentier exagèrent les difficultés que vous rencontrez et les services que l'on rend. Dans quelle intention ? — R. Je ne pouvais apprécier le degré d'exagération qui se trouvait dans les renseignements qui m'étaient donnés par M. Pellapra. Il était naturel que celui-ci fît valoir ses services.

D. Pendant le cours de votre inspection, c'est M. Pellapra qui conduit l'affaire ; à votre retour, vous en prenez la direction. Elle était sortie du conseil des mines : pour arriver au conseil d'Etat, elle avait à traverser le ministère des finances. Là, des difficultés s'élèvent, exigent de votre part des démarches actives. C'est vous qui les faites, qui allez d'un ministre à l'autre : tout témoigne d'une grande intimité entre le ministre des travaux publics et vous ; on ne voit plus paraître M. Pellapra. — R. J'ai fait, en effet, alors les démarches qui paraissaient nécessaires pour décrocher notre affaire.

D. Toute votre conduite alors témoigne de la plus grande intimité entre vous et le ministre des travaux publics. Vous lui rendez compte de vos démarches ; il s'associe à vos intérêts avec un zèle vraiment extraordinaire. C'est vous qui lui recommandez plus de modération, qui l'engagez à ne pas se fâcher. — Je me suis borné à rendre compte des démarches que j'avais faites, et cela me paraissait tout naturel, puisque l'affaire concernait son département. Je lui demandais aussi ce que je croyais le plus dans nos intérêts.

L'audience est suspendue à trois heures un quart.

Après une suspension d'une demi-heure, la cour rentre en séance.

M. le chancelier. — Monsieur Cubières, levez-vous.

Nous voici arrivés à la partie de l'affaire où se trouvent la mise à exécution et les résultats de tout ce qui a été préparé dans les actes et énoncé dans la correspondance. La concession a été accordée, je crois, le 5 janvier 1845. Le 18, on voit que vous faites à M. Pellapra une vente de huit de vos actions. Cette vente, vous avez d'abord déclaré que vous l'avez faite moyennant 15,000 fr. M. Pellapra a dit, lui, qu'il les avait payées 18,000 fr. Tout cela est simulé; il n'y a rien de vrai dans cette vente. Cela résulte des faits. Il faut remarquer à quel point la simulation a été faite. L'acte qui a été passé devant notaire porte 40,000 fr.

Or c'est la somme de 15,000 francs qui a été le prix des 8 actions; cette simulation prouve évidemment que vous aviez quelque chose de très-important à faire ou à cacher, et c'est du reste ce qui se trouve établi dans toute l'affaire qui va se dérouler devant vos yeux. — R. Cette vente a été faite au prix auquel les actions me revenaient. Le prix de 40,000 francs était la véritable valeur des actions. Je les ai cédées à M. Pellapra, parce qu'ayant droit à une rémunération, voulant être certain d'avoir un bénéfice dans l'entreprise, et n'ayant entre les mains qu'un réméré qui pouvait être retiré d'un jour à l'autre, je lui ai fait l'abandon de ces actions avec l'espoir de rentrer dedans sur les actions libres de la compagnie.

D. Maintenant, quant aux 100,000 francs laissés entre les mains de M. Pellapra, pour le prix de 25 actions achetées à M. Parmentier à réméré et à votre disposition, précisément pour le service des corruptions auxquelles vous vous étiez dévoué, avez-vous jamais tiré sur cette action-là ? En avez-vous fait un emploi quelconque? En avez-vous ordonné ou indiqué l'emploi? — — R. Je n'en ai pas disposé ; c'est M. Pellapra qui en a disposé, c'est lui qui en est responsable ; quant à moi, je n'ai indiqué aucun emploi sur cette somme.

D. Cela n'est pas concevable, car vous étiez déclaré responsable envers Parmentier. Vous deviez par conséquent avoir ces 100,000 fr. entre les mains, on ne croira jamais que M. Pellapra ait disposé de cette somme sans vous en avoir averti, sans s'être entendu avec vous. — R. Je n'ai aucun avis de M. Pellapra qu'il se soit servi de ces fonds.

D. L'absence de Pellapra peut seule vous donner la confiance de dire une pareille chose, car elle est impossible, et je ne crois pas qu'elle puisse porter une grande conviction dans l'esprit de la cour. Quant à moi, je ne puis pas tenir pour certain que cette somme a été employée, en tout ou en partie, par M. Pellapra, avec votre indication ou avec votre consentement, soit comme rémunération, soit autrement, dans l'intérêt commun? — R. Cette somme n'a pas passé par mes mains; c'est M. Pellapra qui en a disposé.

D. Vous dites que M. Pellapra en a disposé; en faveur de qui? — R. Je l'ignore.

D. En faveur de qui vous a-t-il dit qu'il en avait disposé? — R. Il pouvait en disposer dans le sens convenu ; il devait savoir s'il y avait des services à payer.

D. A payer à qui? -- R. Au ministre si cela était nécessaire, ou exigé de lui.

D. Il vous a dit qu'il l'avait donné au ministre? — R. Je n'en sais rien. Il pouvait le faire si le ministre l'avait demandé ; mais le compte qu'il m'a donné prouverait qu'il n'en a rien fait, ou qu'il l'a déguisé, parce qu'il ne m'a pas dit qu'il eût remis la moindre somme au ministre.

D. Vous aviez donc un compte entre vous ? — Le compte, ce sont les 40,000 francs qu'il m'a soldés.

M. Cousin. — Monsieur le chancelier, voudriez-vous permettre que par votre organe j'adresse cette question à M. Cubières... (Non ! non ! — Oui ! oui ! parlez !) — Je supplie M le chancelier de vouloir bien demander à Cubières comment il met cette dénégation d'accord avec les lettres reconnues par lui authentiques, et qui ont été lues ce matin à la cour. (Mouvement de curiosité.)

M. le chancelier. — Nous allons arriver à cela tout à l'heure.

M. Cousin. — Je crois qu'il serait utile d'éclaircir immédiatement ce point.

M. Cubières. — M. Cousin, me semble t il, m'a demandé comment la réponse que je viens de faire pouvait s'accorder avec les lettres qu'on a lues ce matin. Eh bien, je réponds que les lettres qu'on a lues ce matin parlent d'une somme de 40,000 fr. et non pas de 100,00 fr. Or la somme de 40,000 fr. est précisément celle que j'ai donnée.

M. le chancelier. — Les lettres qu'on a lues ce matin disent encore autre chose que ce que vous dites. Elles parlent de 40,000 fr. que vous avez payés à Pellapra. Vous avez d'abord promis 80,000 fr.; vous aviez abandonné gratuitement huit de vos actions pour compléter 40,000 francs; puis Pellapra a encore exigé 40,000 francs, ce qui ferait 80,000 francs. Eh bien, expliquez-vous sur ces 80,000 fr. dont font mention les lettres lues ce matin. Ces 80,000 fr. ne complètent pas encore les 100,000 fr., ils peuvent seulement les remplir. Ces 100,000 fr. étaient sortis d'une première main pour une grande rémunération, peut-être, et c'est pour cela que vous étiez appelé à restituer ce qui était sorti, et vous y êtes arrivé avec ces 80,000 fr. Voilà la situation qui a été faite par les lettres lues ce matin.—R. C'est parce que j'ai donné 40,000 fr. à M. Pellapra qu'il a rendu le réméré.

D. Nous irons plus loin, pour montrer combien peu vous êtes dans le vrai. Les lettres de ce matin ne parlent pas seulement de 40 et 80,000 francs, elles parlent des exigences dirigées contre vous par un individu qui n'y avait pas droit, qui aurait tiré un grand parti de l'affaire, et qui vous aurait imposé de fortes contributions et de fortes amendes. Cet individu, vous avouez qu'il a reçu de l'argent, car vous dites à Pellapra, dans une de vos lettres : « Avant de terminer avec vous, avant de faire des sacrifices aussi grands, je vous supplie, comme mon ami, d'intervenir auprès de cet homme, qui est aussi votre ami, avec qui vous entretenez des relations très-intimes ; je vous supplie de lui exposer combien il serait injuste de vouloir encore tirer de nous autant d'argent, tandis qu'au contraire il devrait rendre ce qu'il a déjà reçu, parce qu'il n'y avait pas droit. Vous devriez d'autant plus vous adresser à lui et réussir, que cet homme a toute confiance en vous, qu'il est riche, et qu'il doit craindre de perdre la position qu'il occupe dans la plus haute magistrature du royaume. » Ainsi, il résulte de toutes ces lettres que vous avez parfaitement su à qui Pellapra avait donné de l'argent, puisque vous lui demandez précisément de vous faire rendre l'argent qu'il a donné, et que vous lui indiquez celui qui l'a reçu et qui doit le rendre. — R. J'avais déjà donné 20.000 fr. à Pellapra ; il s'agissait de compléter 40,000 fr. C'est parce qu'il m'avait dit à qui il avait donné l'argent.

D. A qui ? — R. Il m'a dit qu'il l'avait remis à M. Teste. (Mouvent prolongé.)

M. LE RAPPORTEUR.—Vous venez de dire tout à l'heure que Pellapra ne vous avait jamais dit à qui il avait donné de l'argent, et maintenant vous déclarez qu'il vous a dit à qui il avait donné de l'argent. Comment conciliez-vous ces deux réponses ? — Je les concilie d'une manière bien simple ; c'est que, dans une affaire aussi fâcheuse, j'ai pris à ma charge tous les sacrifices, et c'était à la condition de n'accuser personne. Cette condition, je n'ai pas pu la remplir ; mais ce n'est pas de ma faute. Ainsi il n'y a pas de contradiction entre ce que j'ai dit, comme semble le croire M. Renouard.

M. LE CHANCELIER. — Je n'ai pas besoin de vous mettre en contradiction avec vous-même, les faits sont là ; mais je vous ai amené, vous avez été amené par la force des choses à dire la vérité. Quand je vous demandais si de l'argent avait été remis à quelqu'un par Pellapra, vous disiez l'ignorer ! — R. Je l'ignore encore ; je ne sais que ce qu'il m'a dit.

D. Maintenant vous êtes obligé de dire que Pellapra avait remis de l'argent à M. Teste, et c'est cet argent que vous redemandiez ? — R. J'avais donné une première fois 20,000 francs. Ayant à faire un nouveau sacrifice, j'avais bien le droit de demander une réduction. Du reste, cette réduction a été opérée, puisque M. Pellapra m'a rendu mes actions.

D. Vous venez de dire tout à l'heure qu'il ne s'agissait que de 20,000 fr. par vous déjà payés, et comme il y avait 20 autres mille francs encore à payer, et que vous ne vouliez pas payer cette somme, vous êtes arrivé à déclarer comment et pourquoi vous le redemandiez. Vous disiez à Pellapra : « Vous avez donné indûment à M. Teste une somme que je ne vous avais pas dit de lui donner. Adressez-vous donc à M. Teste, il est votre ami, il a confiance en vous, et dites-lui : Rendez cette somme, vous n'en avez pas besoin, vous êtes riche, votre réputation exige que vous le fassiez, car vous avez à conserver votre réputation et une grande position dans l'ordre judiciaire. » Voilà ce que vous conseilliez à Pellapra de dire à M. Teste. Vous ne pouvez pas nier avoir conseillé tout cela ; vous ne pouvez pas nier que vous saviez que Pellapra avait donné de l'argent à M. Teste. — R. Je ne le savais que par ce que M. Pellapra m'avait dit, et non autrement.

D. Vous le saviez par Pellapra ! — R. Oui, monsieur.

M. LE CHANCELIER. — M. Teste, vous avez entendu ; qu'avez-vous à répondre ? Je n'ai pas de question spéciale à vous poser.

M. TESTE (mouvement d'attention). — Je fais observer à la cour qu'une réponse à bout portant à la question qui vient de m'être posée exigerait de ma part le développement de tout un système. La cour est placée dans cette alternative, ou d'admettre la corruption accomplie, ce qui a été déjà et ce qui est encore l'objet de la dénégation la plus formelle de ma part, ou bien d'admettre qu'autour de moi, abusant de mon nom, se servant de ces artifices vulgaires, on a organisé ce que j'appelle, en adoucissant le mot, une spéculation, qu'on s'est vanté d'un crédit que l'on n'avait pas sur moi, qu'on a appliqué l'usage de ce crédit à une chose qui n'en avait aucun besoin, qu'on a inventé une corruption uniquement dans le but de se procurer à soi-même un avantage.

J'établirai cela dès que mon tour sera venu d'entrer dans le débat, et si la cour l'exige dès à présent par les pièces même dans lesquelles on a recherché la corruption dans sa source, dans son milieu et après sa consommation. Est-ce là l'ordre que la chambre veut que je suive, ce serait long, car j'aurais une espèce de plaidoyer à faire. Je m'étais imposé la loi de refouler en moi les sentiments pénibles dont j'étais agité jusqu'à ce qu'enfin le langage que vous venez d'entendre eût reçu tout son développement, jusqu'à ce qu'il m'eût été donné de saisir l'ensemble de cette ténébreuse machination et de faire ressortir l'impossibilité, le néant de cette corruption imaginaire.

Maintenant, j'adjure la cour de vouloir bien continuer l'interrogatoire de M. Cubières, ou de m'accorder la parole et de me permettre ce plaidoyer. Vous concevez, messieurs, de combien d'aperçus divers doit se composer la défense que j'ai à vous présenter.

La ténébreuse machination dont je parle, je ne sais ce qu'elle a produit ni à qui elle a profité, mais si une portion de fonds quelconque disposés pour corrompre est restée dans les mains de M. Pellapra, et si ultérieurement le général Cubières a été forcé d'y contribuer pour une somme quelconque, il est évident pour moi, et il le sera pour la cour, je l'espère, que le fonds est resté intact et s'est arrêté, selon les apparences nouvelles qui viennent de surgir, non pas dans les mains du général Cubières mais dans d'autres mains, ce qui sera facile à établir d'après les documents mêmes.

Nous venons d'entendre la lecture de six lettres nouvelles, ornées de commentaires et d'annotations. M. le chancelier a annoncé que ces pièces imprimées passeraient sous les yeux de la cour.

M. le chancelier. — Elles seront imprimées et distribuées demain matin.

M. Teste. — Je supplie la cour de me permettre de lui faire observer que les accusés, et moi surtout, sur qui ont fait retomber le poids de ces correspondances, devront en avoir la première connaissance, il me serait difficile de combattre, dès à présent, d'une manière directe tous les arguments qu'on peut en tirer. Elles m'ont toujours été complétement étrangères ; il y est beaucoup question de moi, mais, je le répète, elles me sont étrangères, et je demande à les connaître.

M. Cubières, vivement.— M. Teste a parlé de ténébreuse machination Certes, il ne peut venir à l'idée de personne de m'associer à cette machination ; car, des faits qui sont passés sous vos yeux, et de toutes les inductions qu'on a pu en tirer, même de celles qui étaient les plus défavorables contre moi, ne résulte qu'une chose, c'est que je suis la seule victime. Ainsi, je déclare que M. Pellapra m'a dit qu'il avait donné 100,000 fr. à M. Teste, et c'est pour cela que, devant ma coopération dans le réméré qu'on lui retirait, j'ai été obligé de lui venir en aide avec les 40,000 fr.

Voilà ce que j'ai à dire contre la supposition que j'aurais pu contribuer au dépouillement de quelqu'un, quand c'est moi, au contraire, qui suis venu en aide et qui ai fait tous les sacrifices. Un moment, ces sacrifices se sont composés des actions cédées, des 40,000 fr. payés, des frais ajoutés à tout cela, ce qui faisait une somme de plus de 85,000 fr. Eh bien, je dois rendre cette justice à M. Pellapra, de reconnaître que, lorsqu'il a été bien sûr que les sacrifices étaient tous à ma charge, que la société ne pouvait pas venir à mon aide, il les a réduits de moitié. La cour tirera de cela contre moi telles inductions qu'il lui plaira, cela m'est indifférent; mais ce que je tenais surtout à prouver, c'est que je n'ai dépouillé personne.

M. Teste. — Le débat s'engagera par la force des choses, mais je ne veux pas le devancer; voici seulement une question que je ferai à M. le général Cubières, et à laquelle je l'adjure de répondre.

M. Pellapra lui a dit qu'il avait disposé de la contre-valeur du réméré en entier dans mes mains; et M. le général Cubières a agi en conséquence, lui mon collègue, lui avec lequel j'ai eu des rapports dont on peut se faire une idée; et il ne lui est pas venu à la pensée de m'aborder alors, ayant mille et mille occasions de m'en parler, de me dire quel était le langage de M. Pellapra, de me mettre sur la voie de cette imputation, de me permettre de remonter à la source de cette imputation et de la détruire. Rien, absolument rien de semblable dans ses discours.

Vous savez ce qui s'est passé entre M. Pellapra et M. le général Cubières. J'admets qu'il y a eu de la part de M. le général Cubières des sacrifices : en tirera-t-on la conséquence que c'est moi qui en ai profité? On a souffert un dommage; au profit de qui a-t-il tourné? Est-il absolument nécessaire que ce soit à mon profit? Et pourqui, encore une fois, au lieu de donner lieu au scandale que cette audience présente, n'est-il pas venu me dire, me dire à moi : « M. Pellapra me tient ce langage; qu'y a-t-il de vrai dans ce langage? avez-vous reçu une somme; et si vous l'avez reçue, pourquoi l'avez-vous reçue, ne savez-vous pas pourquoi? » Pas un mot de semblable, rien, absolument rien.

Je n'en suis pas encore à détruire cette imputation et les autres moyens à l'appui; mais puisque M. le général Cubières s'est tout à l'heure soulevé contre les expressions dont on s'est servi, et puisque, pour les repousser, il est allé jusqu'à m'accuser, il est allé jusque-là, qu'il me soit permis de dire, pour repousser l'imputation qui m'est faite aujourd'hui pour la première fois à l'audience, après les dénégations persévérantes de M. le général Cubières, qu'il me soit permis de dire qu'il n'a jamais parlé d'une confidence qui lui serait venue de la part de l'intermédiaire; rien de semblable. L'affaire éclate comme une bombe sur ma tête.

M. le général Cubières — On me demande pourquoi je ne me suis pas adressé directement à la personne incriminée, pourquoi je me suis seulement adressé à l'intermédiaire? Je n'ai cru pouvoir faire directement cette question; j'ai pensé que ce n'était pas à moi d'aller attaquer directement M. Teste; j'avoue que j'en aurais rougi. Mon sacrifice était fait; jamais personne ne l'aurait su. J'aurais mieux aimé payer 80,000 fr. que d'accuser un homme.

M. le chancelier. — Je n'ai plus rien à demander à M. Cubières d'après ce qu'il vient de dire, puisqu'il a donné toutes les explications sur l'emploi des sommes qui avaient fait penser que cet emploi n'avait eu pour objet que la corruption. Mais M. le procureur général peut avoir quelques questions à lui adresser, et je lui demande s'il en a à faire.

M. le Procureur général. — Vous savez que l'inculpation qui est dirigée contre vous est une inculpation d'escroquerie, et vous savez pourquoi elle vous a été adressée. Vous devez à la justice la vérité tout entière. Reconnaissez-vous que tous les détails contenus dans les lettres qui ont été lues ce matin sont exacts ?

M. LE GÉNÉRAL CUBIÈRES. — J'ai dit que je reconnais l'ensemble des faits. Quant aux détails, je ne peux pas les reconnaître, ni même les expressions. On vient de prononcer le mot d'escroquerie ; j'avoue que tant qu'une pareille accusation n'est sortie que de la bouche de l'homme que vous voyez là (M. Cubières montre du geste M. Parmentier), je l'ai méprisée. Mais quand j'ai vu que la justice du pays s'emparait d'une accusation pareille, j'avoue que j'ai été douloureusement indigné. Comment la justice de mon pays prendrait pour flambeau Parmentier ! Mais ce serait marcher à la lueur du dol et du mensonge ! Je repousse cette accusation par le mépris, et je regrette que l'accusation s'en soit emparée ; et j'ai en réserve toutes les raisons que je pourrai faire valoir contre une pareille inculpation ; toutes reposent sur des faits établis.

Un homme qui donne des reçus de sommes qu'on ne lui a pas versées, un homme qui déclare qu'il ne veut pas être seul dans la négociation, dont le but est reprochable, mais, enfin, qui pouvait mettre ma responsabilité à une épreuve morale très-grave, un homme qui, comme M. Parmentier l'a dit plusieurs fois dans diverses lettres, ne pouvait rien faire sans lui, enfin toutes les précautions que Parmentier avait prises dans son propre intérêt étaient aussi des précautions prises dans l'intérêt de ma moralité. Je n'ai voulu dépouiller personne. L'intention d'escroquerie peut-elle s'appliquer à un homme qui s'est constamment dépouillé, qui a offert tout ce qu'il avait d'actions à M. Pellapra, comme l'ont prouvé les lettres de ce matin ; qui, dans une autre circonstance, a même offert à M. Parmentier de mettre de ses actions à la place des siennes ; je demande si une telle accusation peut aller jusqu'à moi.

M. LE PROCUREUR GÉNÉRAL. — Alors, tout ce que vous avez déclaré dans vos lettres est il vrai ? — R. Quelles lettres ?

M. LE PROCUREUR GÉNÉRAL. — Vous avez, dans vos lettres, donné des détails qui ont été présentés par Parmentier comme n'étant pas l'expression de la vérité. De là on est arrivé à conclure à une escroquerie qui aurait été commise par vous. Je dois donc vous demander si tout ce que vous avez dit dans vos lettres depuis 1841 jusqu'en 1846 est l'expression de la vérité ? Est-ce vrai ou n'est-ce pas vrai ? — R. Je ne comprends pas bien la question ?

Me BAROCHE. — Si M. le procureur général voulait bien préciser d'une manière moins générale les lettres sur lesquelles repose sa question, M. Cubières serait plus à même d'y répondre.

M. LE PROCUREUR GÉNÉRAL. — M. Cubières a donné dans sa correspondance, depuis 1845 jusqu'en 1846, des explications sur les rapports qu'il a eus, soit avec M. Pellapra, soit avec l'ancien ministre des travaux publics. M. Parmentier a prétendu que ces explications étaient contraires à la vérité ; et il en a conclu que M. Cubières avait pratiqué des manœuvres frauduleuses, dont l'objet était de s'emparer des actions qui avaient été mises à sa disposition.

Maintenant M. Cubières repousse l'inculpation dirigée contre lui, et il proteste qu'il n'a jamais voulu commettre une escroquerie. Alors je lui demanderai si tout ce qui se trouve contenu dans ses lettres, depuis 1841 jusqu'en 1846, est l'expression exacte de la vérité? — R. Certainement, tous les détails que j'ai donnés sont vrais, je l'affirme.

M. Teste. — Je proteste...

M. le procureur général. — Permettez, j'interroge le général, et le général reconnaît que ses lettres sont l'expression de la vérité, c'est-à-dire que tous les détails qui s'y trouvent contenus, il les connaissait soit par M. Pellapra, soit par lui-même. Général, cela est-il vrai? — R. Tous les détails que j'ai transmis dans ces lettres venaient de M. Pellapra ou de moi. Ceux qui viennent de M. Pellapra, je ne peux pas répondre de leur exactitude; mais...

D. Et ce qui vient de vous-même, quand vous donnez des détails à Parmentier, qui était absent, est-ce la vérité? — R. Oui, c'est la vérité.

D. Maintenant, si c'est la vérité, pourriez-vous dire comment vous est venue la pensée de reconnaître que des sacrifices étaient nécessaires? — R. L'idée de faire des sacrifices m'est venue par M. Pellapra; c'est M. Pellapra qui m'a dit que, probablement, c'était le meilleur moyen pour arriver promptement au but.

D. A quelle époque M. Pellapra vous aurait-il tenu ce discours? — Je ne me rappelle pas précisément l'époque; c'est probablement au moment où il a été question de la concession.

M. le procureur général. — Est-ce en 1842? — R. Cela doit être en 1842.

D. Je ferai remarquer qu'il résulte de votre correspondance que, dès l'année 1841, vous étiez en rapport avec l'ancien ministre des travaux publics; que, dès cette époque, vous aviez avec lui des relations directes, et que vous vous êtes souvent loué de la bienveillance que vous avez rencontrée chez lui. Alors, pourquoi vous adresser à M. Pellapra, au lieu de vous adresser directement au ministre? — R. Je ne sais pas si la bienveillance que j'avais remarquée dans le ministre aurait suffi pour que cette affaire marchât toute seule. Il y avait, d'ailleurs, deux choses dans M. Pellapra, il y avait l'influence qu'il pouvait exercer sur le ministre, et ensuite l'avantage de sa présence réelle dans l'affaire.

M. le procureur général. — Quelle influence? — R. L'influence qu'il pouvait avoir au ministère par ses rapports.

D. Est-ce au ministère ou sur le ministre des travaux publics? — R. C'est sur le ministre des travaux publics, à cause de ses anciennes relations, et puis à cause des affaires dont il s'était déjà mêlé, je crois, avec ce ministre.

D. M. Pellapra vous a dit, à une époque quelconque, que, si vous ne faisiez pas un sacrifice d'argent, vous n'obtiendriez pas la concession que vous poursuiviez alors. — R. Il a dit qu'il pourrait y avoir des lenteurs, des rivalités, et que la rivalité pourrait être traitée plus favorablement que nous.

M. le procureur général. Le moyen d'empêcher la faveur pour la rivalité, c'était donc d'acheter le ministre des travaux publics? — R. C'était de se préparer au moyen de faire des sacrifices s'ils étaient nécessaires.

D. Des sacrifices pour obtenir la concession du ministre des travaux publics, des sacrifices faits dans un intérêt coupable, et destinés à acheter le ministre des travaux publics. — R. M. Pellapra m'a dit que c'était au ministre qu'il s'adressait.

D. Ainsi, M. Pellapra vous a dit que les sacrifices étaient destinés au ministre des travaux publics? — R. Oui, il l'a dit.

M. LE PROCUREUR GÉNÉRAL. Maintenant, dans une autre lettre, vous avez parlé d'un billet que vous nommez un *billet du patron*. Vous avez déjà été interrogé par M. le chancelier ; ce billet a-t-il été ou n'a-t-il pas été dans vos mains? — R. Je n'ai pas vu ce billet, on m'en a dit seulement la substance ; mais je ne l'ai pas vu, c'est en vain que je cherche dans ma mémoire.

D. Voici une de vos lettres :

« J'ai trouvé mon homme qui fait courir après moi depuis le matin, et dont les exprès s'étaient présentés rue de Clichy, pour me donner communication d'un billet dont voici la substance.... »

Il est évident que, si on vous envoyait des exprès, comme ils n'étaient pas dans la confidence de ce qui se passait entre vous et M. Pellapra, on ne les avait pas chargés, assurément, de vous communiquer la substance d'un écrit de M. Teste. C'était le billet lui-même qu'on a dû vous communiquer. — R. Les exprès ne m'ont pas joint ; s'ils m'avaient joint, ils m'auraient remis le billet, ou un extrait ; je n'ai pas vu les exprès, je déclare que c'est chez M. Pellapra que j'ai eu connaissance de la substance du billet.

D. C'est un fait assez grave pour qu'il soit resté dans votre mémoire. Il y aurait eu un billet écrit par M. Teste, billet qui sera plus tard apprécié. — R. Il y a cinq ans que cela s'est passé : je n'aurais aucun motif de déguiser la vérité si j'avais vu le billet.

D. Il y a un autre billet qui a été écrit par M. Teste après la concession ; l'avez-vous vu? — R. Pellapra m'a envoyé un billet de M. Teste, qui m'a fait connaître que l'ordonnance royale était signée : il était adressé à M. Pellapra ; il y avait : « Je vous en informe, parce que je connais l'intérêt que vous prenez à l'affaire. » Il m'a été communiqué, je l'ai même envoyé à Lure.

D. Si le billet n'était qu'une simple indication de l'ordonnance royale, qu'importait à Parmentier, qu'importait à vous-même qu'il fût lu par tous ceux qui venaient dans le cabinet de Parmentier? — R. Je n'ai rien à expliquer à cet égard-là, parce que je ne comprends pas le sens des mots dont M. Parmentier s'est servi.

D. Pourquoi demandiez-vous qu'on vous le renvoie? — R. Ce billet m'avait été remis par Pellapra : je voulais le lui rendre.

D. Quel intérêt un simple avis peut-il avoir? La cour appréciera. Dans une autre de vos lettres, vous avez dit que la négociation ne devait être connue que des deux contractants et de l'intermédiaire. Les deux contractants quels étaient-ils? quel était l'intermédiaire? — R. L'intermédiaire, c'était Pellapra ; les deux contractants, d'après ce que disait Pellapra, eussent été moi et M. Parmentier, et le ministre.

D. Avez-vous doute que le contrat eût été fait? — R. Je n'ai pu avoir là-dessus que les affirmations de M. Pellapra ; je n'ai eu aucune espèce de communication avec le ministre, et aucune espèce de conversation directe ou indirecte qui ait eu trait à cette matière.

D. Enfin, avez-vous cru, oui ou non? — Je l'ai cru lorsque M. Pellapra me l'a affirmé ; il me l'a affirmé de manière à exiger de moi de le couvrir d'une partie des sacrifices qu'il disait avoir faits.

D. Vous avez cru alors, et la preuve que vous avez cru se trouve déposée dans les actes par lesquels on a mis à votre disposition 200,000 fr. — R. Je le répète, les 200,000 fr. n'étaient pas à ma disposition; mais c'était pour faire face aux sacrifices, si on les avait demandés. J'ai pu croire que les sacrifices étaient demandés, mais à cette époque-là je n'avais aucune preuve.

D. Vous étiez plus tard dans des rapports de tous les jours avec M. Teste. A partir du 7 décembre 1842, vous avez été dans des rapports de tous les jours avec M. Teste; reconnaissez-vous ce point? — R. Je n'ai point été en rapport de tous les jours avec M. Teste. J'ai vu plusieurs fois M. Teste avec MM. Parmentier et Renaud quand ils étaient ici, je suis allé chez M. Teste plusieurs fois avec M. Pellapra; mais la plupart du temps M. Pellapra y allait dans l'intérêt de notre affaire. Quand j'ai vu M. Teste deux ou trois fois de suite, à un ou deux jours d'intervalle, ça a été pour la question du domaine, pour retirer notre dossier du domaine; voilà les seules circonstances où j'ai vu M. Teste chez lui, pour cette affaire-là, plusieurs jours de suite, c'est-à-dire à peu d'intervalle les uns des autres.

D. Il résulte de votre correspondance du mois de septembre 1842, que M. Teste vous mettait au courant de tout ce qui se passait, et vous transmettiez ces détails à Parmentier; M. Teste voulait faire, à propos du dossier, une scène à son collègue des finances, et vous lui conseilliez, je me sers de ses propres termes, de ne pas briser les vitres. M. Teste accepte vos conseils; vous l'allez voir, est-ce vrai? — R. C'est vrai pour deux ou trois jours; ce n'est pas vrai pour le reste du temps Si j'avais eu occasion de le voir pour suivre l'affaire, je le dirais. Les renseignements que j'ai transmis à Parmentier sont presque tous des renseignements qui ont été donnés par Pellapra.

D. Mais alors que signifient ces mots de vos lettres : « Nous sommes heureux d'être soutenus par le fisc, par MM. Pellapra et Teste. » — R. C'est naturel : M. Pellapra nous était fort utile; c'est lui qui se mêlait de toute l'affaire, et M. Teste a fait vis-à-vis de nous un acte de complaisance, lorsqu'il a eu la bonté de nous indiquer les démarches qu'il fallait faire pour que notre dossier pût sortir du ministère.

D. Vous veniez voir M. Teste, vous vous accordiez avec lui sur toutes les circonstances, vous saviez lui rendre compte de vos conversations avec le ministre des finances. — R. Ils ont été passagers, parce que des rapports de cette nature n'ont eu lieu que pour l'affaire dont je parle.

D. Vous avez donné de l'argent à M. Pellapra; vous le reconnaissez maintenant? — R. Oui.

D. Pourquoi l'avez-vous nié obstinément jusqu'à la disparition de Pellapra? — R. Je l'aurais nié le plus longtemps possible; parce que, je le répète, j'aimais mieux faire un sacrifice que de compromettre des hommes, surtout comme M. Pellapra, qui s'étaient montrés dignes de notre entreprise; j'aimais mieux supporter un sacrifice que de l'accuser lui-même. (Mouvement.)

D. Avez-vous, à l'heure qu'il est, la conviction que M. Pellapra a reçu les 100,000 fr.? — R. Je n'ai pas à présent cette conviction. De qui l'aurais-je prise? Je n'ai que le dire de M. Pellapra, qui n'est pas pour moi une conviction que je puisse présenter devant vous; j'ai pu le croire, mais ce n'est pas une conviction.

D. Alors, expliquez comment, quand Parmentier ayant exigé ses actions, M. Pellapra s'est trouvé privé de son gain, et vous avez pris, vous, la place de Parmentier, et vous avez reversé à Pellapra la part des remises? — R. J'ai reversé 40,000 fr. que M. Pellapra m'a demandés à titre de rémunération à lui personnelle, me disant que cela lui revenait; il m'a rendu plus tard mes actions. Quant à l'emploi des 100,000 fr., il m'a dit les avoir remis, et qu'en réclamant 40,000 fr. pour sa rémunération pour les actions, ça ne le couvrait pas de la somme totale. Cependant, plus tard, ce qui prouvait qu'il n'avait pas remis la somme totale, c'est qu'il m'a remis mes actions, quand il a été convaincu que la société ne pouvait pas en tenir compte.

D. Comment! M. Pellapra a dépensé 100,000 fr.; il vous demande de lui donner une garantie pour les actions appartenant à M. Parmentier; dans cette situation, vous ne vous êtes pas fait rendre compte de l'emploi de la somme; vous avez consenti à payer à Pellapra ce que Pellapra n'avait pas payé? Vous n'avez pas pris plus de précautions? — R. Je n'en ai pris aucune, attendu que j'étais engagé vis-à-vis de lui, que c'était une affaire qui n'était pas de nature à devenir un procès entre lui et moi; je n'ai pas songé à lui demander un compte, ni à lui dire de prouver qu'il eût des droits à récupérer 40,000 fr.

D. Expliquez comment, si vous ne vouliez faire aucun procès, on peut concilier ceci avec la lettre expresse qu'on a lue ce matin, dans laquelle vous disiez que votre parti était pris de ne pas payer ce que vous ne deviez pas? — R. Ceci était écrit deux ans après; en y réfléchissant, je trouvais le sacrifice un peu lourd, je trouvais même qu'on aurait pu se contenter de moitié; c'est cela qui m'avait mis de mauvaise humeur.

D. Ainsi, vos actions valaient 40,000 fr., M. Pellapra s'est contenté de 15,000 fr.; il vous a donc fait une remise de 25,000 fr? — R. Oui.

D. Comment les 100,000 fr. ont-ils été payés? — R. Je n'en sais rien.

D. Général! dites la vérité tout entière; je vous la demande au nom de votre honneur. — R. Si je savais la vérité, je l'aurais dite, sans qu'il soit besoin de me rappeler à l'honneur pour cela. Je n'ai pas demandé de preuves, parce que je n'ai pas pensé avoir le droit de les exiger; je ne les ai pas demandées.

M. LE CHANCELIER. — Vous avez dit ce matin, quand j'ai représenté ces pièces, dont on a produit les copies, que les originaux de ces pièces avaient été par vous mis dans le dossier que vous aviez livré pour votre défense dans le procès pendant devant le tribunal civil de la Seine. Ce dossier ne peut avoir disparu, il a dû rester dans vos mains ou dans celles de votre avocat. Eh bien, dans votre intérêt, dans l'intérêt de la vérité, pour achever de faire briller la lumière qui luit déjà, je vous adjure de produire ces pièces, et la marche de l'affaire sera beaucoup accélérée, et vous ferez, je puis dire, une action d'honnête homme. — R. Je suis fâché de ne pas me trouver d'accord avec M. le chancelier. J'aurais cru, moi, que ce n'était pas faire un acte d'honnête homme que de livrer toutes les pièces qui peuvent compromettre d'autres personnes.

D. Je comprendrais que vous ayez voulu vous faire cette position quand rien n'était livré; mais quand une grande partie de l'affaire est livrée, vous aurez mille fois raison de livrer le reste, qui ne fera que compléter la révélation déjà commencée. — R. Ce sont seulement des minutes. Je n'ai pas la lettre originale. On ne m'a représenté que les copies, et ces copies n'ont pu être prises que sur les pièces que j'avais remises à l'avocat, auquel je n'avais nullement donné l'autorisation de les communiquer, parce que ces pièces étaient de moi et qu'elles n'étaient pas des personnes inculpées avec moi.

D. Sans doute vous n'avez pas donné l'autorisation de communiquer ces pièces. Cependant je ne sais par quel événement, je ne sais par quelle pratique elles sont arrivées en mes mains. Vous n'êtes pas passible de cette remise. Vous les avez crues secrètes. Maintenant dès qu'elles ne le sont plus, il n'y a pas de raison pour que vous ne produisiez pas ces minutes.

(Me Baroche se penche vers le général. — Réclamations de plusieurs membres.)

Me Baroche. — Je n'ai rien dit au général Cubières. Je n'ai fait qu'un geste. La cour comprendra qu'il est difficile, dans certaine situation, de retenir un geste.

M. Cubières. — Je rechercherai ces lettres; mais elles pourraient avoir été soustraites. Si le dossier m'est rendu complet, on les retrouvera.

D. Ce n'est pas vraisemblable ; ces pièces n'ont pu passer que des mains d'un avocat dans celles d'un autre, et le barreau est trop honorable pour qu'on puisse faire une telle supposition. — R. Je n'attaque en aucune façon le barreau, mais une indiscrétion aurait pu être commise.

D. Je vous prie de réfléchir dans votre intérêt d'ici à demain. — R. Je tiendrai compte de l'avertissement.

M. Cousin. — Il vaudrait mieux que cette communication se fît immédiatement.

De toutes parts. — Donnez-les ! Donnez-les ! Parlez ! général ! parlez !

Une vive agitation règne dans tout l'auditoire. Un grand nombre de pairs, par leurs exclamations et par leurs gestes exhortent le général Cubières à parler. Le général Cubières paraît lui-même en proie à une profonde émotion.

M. le chancelier. — Donnez ces lettres, général ; dans votre intérêt, dans l'intérêt de la justice et de la vérité.

M. Cubières. — Je... je ne les ai pas ici ; je les rechercherai. (Sensation prolongée.)

M. le chancelier. — Maintenant, il reste deux accusés à interroger. M. Teste paraît désirer que son tour vienne sur-le-champ. Dans l'ordre de l'accusation, Parmentier passerait après lui, mais, peut-être, serait-il plus dans l'intérêt de M. Teste que M. Parmentier étant interrogé, toutes les portions de l'interrogatoire fussent connues de lui.

M. Teste. — Quelle que soit mon impatience, je conviens que cet ordre est plus régulier, et j'attendrai.

M. le chancelier. — M. le procureur général a-t-il quelques questions à ajouter ?

M. le procureur général. — J'ai une dernière observation à soumettre à la cour. Tout à l'heure le général Cubières paraissait disposé à remettre entre les mains de la justice les lettres dont les copies ont été produites ce matin. Si le général voulait dire où sont ces lettres, elles pourraient à l'instant même être remises entre vos mains.

M. Cubières. — Je pourrai les remettre à la fin de l'audience.

M. le procureur général. — Vous en prenez l'engagement?

M. Cubières. — Oui monsieur.

Interrogatoire de M. Parmentier.

M. le chancelier. — M Parmentier, levez-vous.

Votre complicité dans les faits de corruption qui se sont manifestés aux yeux de la cour est évidente; vous en avez eu la première pensée. Cette idée de corruption vous a saisi dès l'entrée de l'affaire au ministère des finances, où il paraît que vous n'avez pas trouvé un accès aussi commode que vous le pensiez, et vous avez dû y renoncer. Du reste, il y a dans la correspondance une phrase qui prouve que le ministre des finances d'alors était au-dessus de pareilles manœuvres.

Je ne puis pas relire des pièces qui ont déjà été lues et qui sont entre toutes les mains; mais expliquez à la cour comment il serait possible de croire que vous, qui avez dès le commencement participé aux premières idées de corruption, qui avez fourni les moyens les plus actifs de corruption, expliquez comment il serait possible de croire que vous étiez resté étranger à la pensée de corruption. — R. Quelles qu'aient été les formes dont M. Cubières a cru pouvoir se permettre de se servir à mon égard, quelles qu'aient été les qualifications qui m'aient été données, j'ai entendu avec la plus profonde satisfaction M. Cubières dire des choses desquelles il résulte la preuve de ce que j'ai toujours cru, c'est-à-dire que M. Teste n'a pas été corrompu.

M. Cubières repousse avec indignation l'intention d'escroquerie; il ne veut pas même qu'on puisse la supposer, car nous voyons qu'elle lui est opposée par le ministère public lui même. Ce que je puis dire, c'est que tout m'a porté à croire que M. Cubières ne voulait corrompre personne, et qu'il se disposait à s'approprier, pour lui et un autre, les valeurs qu'il demandait à la société. Je désire vivement m'être trompé. En 1841, je n'ai jamais eu l'idée de la corruption, pas plus que M. Cubières; en 1841, M. Teste, qui voulait bien me témoigner de la bienveillance, fit autant pour moi que pour M. Cubières, en me promettant d'appuyer nos prétentions relativement à la concession des mines de Gouhenans; mais cette bienveillance n'avait trait qu'à un seul point, et à ce qu'il regardait comme son devoir.

J'arrive à quelques lettres où l'on nomme M. Humann, ancien ministre des finances. Il n'a pu venir à la pensée de personne de rattacher au nom de M. Humann une idée qui ait trait à la corruption. M. Humann était ministre des finances et principal actionnaire de la compagnie des salines de l'Est; on a dit que cette compagnie voulait racheter les actions des salines domaniales, reconstituer le monopole qui avait été détruit. On a eu tous les détails sur cette question dans un procès qui a été jugé par la cour royale de Lyon.

Vous comprendrez, messieurs, car tout vient se résumer dans la question des transports. Je craignais donc que M. Humann, par suite de cette acquisition des anciennes actions des salines domaniales, pût devenir hostile à l'entreprise. Je désirais que la conclusion de cette alliance fît cesser cette hostilité. Était-ce là l'idée d'une corruption? Non. M. Cubières ne la considérait pas ainsi. Il ne me regardait pas comme disposé à entrer dans la voie de la corruption ; sa lettre du 14 janvier 1842 le prouve invinciblement :

Eh bien. M. Cubières voulait me convaincre, m'ôter une opinion qu'il savait en moi, une opinion contraire à la corruption. Par conséquent, il ne me regardait pas comme convaincu, et s'il ne me regardait pas comme convaincu, il ne me regardait pas non plus comme disposé à corrompre. J'avais la crainte toute naturelle à concevoir, que l'irritation que laissait percer M. Cubières ne l'entraînât à nuire à l'établissement.

On a cru que c'était un prétexte que je mettais en avant, et qu'au moyen des deux lettres que j'avais de M. de Cubières, je le tenais dans ma dépendance. Mais M. le général Cubières pouvait parfaitement bien s'allier mystérieusement avec un de ces concurrents dont il me vantait tout le crédit, et puis profiter de sa position de membre de notre société, accrédité en cette qualité, pour nous nuire, pour dire des choses qui fussent vraies ou qui ne fussent pas vraies, enfin pour obtenir une part dans cette association mystérieuse qu'il aurait contractée, qui non-seulement l'aurait indemnisé du sacrifice qu'il aurait fait ainsi, mais qui encore lui aurait assuré de grands avantages. Voilà ce que je devais craindre.

En conséquence, j'ai pris le parti, en apparence, je conviens que tel a été mon système, il peut être blâmable, mais il est vrai, de constituer entre ses mains les moyens qui m'étaient demandés par M. de Cubières. J'ai cru y être parvenu, et, en cela comme dans beaucoup d'autres, je peux très-bien m'être trompé. Je peux y être parvenu par la manière dont fut rédigé l'acte du 5 février 1842, et par les conséquences qui, suivant moi, devaient s'y attacher.

Je ne m'explique pas ici, c'est la tâche de mon défenseur, sur beaucoup de circonstances de l'acte du 5 février, et sur toutes les conséquences qu'on peut en tirer ; je signalerai seulement les principales.

Ici M. Parmentier donne sur les actes qu'il a passés avec M. Cubières des explications qui se résument ainsi :

Qu'alors encore M. Cubières voulait que je crusse à la corruption; d'un autre côté, n'y croyant pas, et étant pleinement autorisé à n'y pas croire, je voulais me ménager le moyen de me faire rendre par M. Cubières un compte impossible. M. Cubières serait venu me dire : J'ai fait l'emploi convenu, mais j'aurais pu dire quel est l'emploi convenu. L'emploi convenu ne pouvait être fait que pour le bien et l'amélioration des établissements. Il n'aurait pas pu me dire que cet emploi avait eu pour but la corruption. Nous ne pouvions employer cet argent que pour le bien et l'amélioration des établissements. (Vive sensation.)

Telles étaient mes intentions, intentions très-nettes, très-catégoriques. Vous comprendrez fort bien, lorsque vous vous serez dit que je ne pouvais pas, que je ne devais pas croire à la corruption, que la corruption m'était démontrée impossible.

M. Parmentier entre dans de longs détails sur la réunion des intéressés de Gouhenans. Cette partie du débat ne fait que reproduire les allégations par lui présentées dans l'instruction. Il donne des explications sur l'acte de réméré et sur l'acte sous seing privé, et soutient que, dans sa pensée, il n'y avait aucune corruption.

Si j'étais convaincu qu'il n'y avait eu ni corruption consommée, ni corruption à consommer, s'il était démontré que la corruption était imaginaire, ne m'était-il pas dû légitimement la restitution de tout ce qu'on avait obtenu de moi sous prétexte de corruption? Et ne pouvais-je pas user du moyen légitime que m'offrait la correspondance pour y parvenir? On dit que ce sont des lettres confidentielles, mais je n'ai jamais pu comprendre ce raisonnement. On veut me porter préjudice, on me fait des confidences par écrit, et quand je veux me servir de ces lettres pour réparer les préjudices, je serais un malhonnête homme! Il m'a paru que je pouvais user de la correspondance de M. Cubières pour le forcer à une résistance à laquelle il ne voulait pas se soumettre.

M. Cubières. — M. Parmentier était armé, par son titre légal, d'un droit suffisant pour contraindre M. Pellapra à rendre ses actions; il n'avait pas besoin de me menacer pour cela, il lui suffisait d'agir. Et lorsqu'il vient dire que je m'y suis refusé, il sait bien que je ne pouvais le faire en aucune façon. Ainsi il est dans le faux quand il dit que, pour contraindre M. Pellapra à lui rendre son réméré, il m'avait menacé de publier mes lettres. Il pouvait ravoir ce réméré par les voies légales, et il n'avait pas besoin de recourir à la publication de mes lettres. Tout le monde sait qu'en pareil cas on a la faculté de rester dans son droit; il aurait donc pu forcer M. Pellapra à rendre le réméré: mais j'aurais été contraint, moi, d'en rendre la valeur à M. Pellapra, s'il l'avait exigé. Ainsi, dans cette entrevue dont on a parlé, M. Parmentier m'a annoncé qu'il voulait rentrer dans son réméré : je trouvai cela juste, et je ne pouvais pas m'y opposer; mais, comme j'étais garant vis-à-vis de M. Pellapra, j'étais inquiet sur le résultat. M. Parmentier dit que j'ai fait des difficultés; non, j'ai seulement dit à M. Parmentier : « Je suis responsable, et la société voudra-t-elle me rendre mes huit actions? » Voilà toute l'opposition que j'ai faite; certes, il n'y avait pas de quoi allumer sa colère.

M. Parmentier. — Cette réponse de M. Cubières rend mon rôle plus difficile. M. Cubières a commencé par dire que j'avais un droit irréfragable à obtenir de M. Pellapra la restitution de mes actions; il a parfaitement raison. J'avais le droit de les redemander, cela est clair comme le jour; mais de ce que j'avais ce droit-là, s'ensuit-il que je n'avais pas celui d'exiger de M. Cubières qu'il me dispensât de payer à M. Pellapra capital et intérêts?

M. Cubières. — C'est tout naturel, puisque vous aviez ma garantie. C'est faire perdre le temps à la cour que d'employer de pareils arguments.

Quelques membres. — Laissez parler.

M. Parmentier. — Tout était convenu dans la réunion du 24 août; ce n'est que depuis, et après la séparation, que M. Cubières revint sur le prix, et me mit dans l'obligation de lui représenter par ma lettre du 10 octobre la nécessité d'un recours de ma part à la publicité, s'il ne me rendait pas mon réméré. Eh bien, je reviens à la question que je posais tout à l'heure : Si M. Cubières persistait dans son refus de me rendre mon référé, ne pouvais-je pas faire usage de sa correspondance pour l'y contraindre? Ma conviction était que la seule menace suffirait. Et en effet M. Cubières a fini par me restituer mon réméré.

M. Parmentier reproduit longuement les griefs qu'il prétend avoir contre M. de Cubières, et soutient qu'ils reposent sur des faits concluants. Il ajoute : Je dis à M. Cubières : Vous voulez me forcer à vous abandonner mon intérêt social, eh bien, j'accepte, je vous l'abandonne, parce que je vois que je ne peux plus vous résister ; mais la différence qu'il y a entre nous deux, c'est que non-seulement je veux aussi que vous la payiez à peu près ce qu'elle vaut. Vous me la payerez et quelques accessoires avec (on rit), c'est-à-dire ma part des frais déjà faits dans les négociations. Vous allez voir que cela n'avait rien d'extraordinaire. (Marques d'impatience. — A demain ! à demain !)

M. LE CHANCELIER. Finissez ! Allez donc !

M. PARMENTIER. Je demandais 2 millions. Il résulte des lettres de M. de Cubières, que M. Cubières égalait lui-même à 2,500,000 francs la moitié de la part de l'intérêt social de Gouhenans ; que je lui avais manifesté que ma part de l'intérêt social valait 2,500,000 francs. Il me demanda qu'un agent se mît en rapport avec lui, et il en indiqua deux, M. Raillard et M. Capin, avocat à Paris. M. Capin écrit qu'il a traité, et c'est M. Cubières qui a entravé la négociation.

J'ai écrit à Mme Cubières ; la lettre ne lui était pas destinée, quoi qu'elle fût à son adresse, précisément parce qu'elle portait pour suscription : « A Monsieur Cubières. » La cour croira sans peine qu'elle ne lui était pas destinée, et voici comment : La lettre avait été jetée à la poste, elle devait arriver à M. Cubières ; elle lui est arrivée : la preuve s'en trouve dans une lettre subséquente écrite à Mme Cubières. »

Mme Cubières ne m'a pas répondu : elle n'avait donc pas le droit de se plaindre... (Murmures.) J'avertissais Mme Cubières, et je ne crois pas qu'il fût si mal de mettre Mme Cubières à même d'empêcher M. Cubières de persévérer à rester dans une position que je regardais comme mauvaise. J'arrive maintenant au procès civil... (Marques d'impatience.)

M. LE CHANCELIER. Le procès civil est entièrement étranger à cette affaire.

L'ACCUSÉ. M. l'avocat général me l'a demandé positivement. (Parlez ! parlez !)

M. LE CHANCELIER. Continuez donc !

L'ACCUSÉ. Quant au procès civil, si la cour veut prendre la peine de jeter les yeux sur mon mémoire, elle sera convaincue que j'ai été entraîné à faire ce procès civil, qu'il n'a pas été un calcul, mais une nécessité, que j'avais intérêt à prouver qu'il y avait ici une tromperie, que M. Cubières avait pu y participer, et, pour le prouver, il fallait que je rappelasse sa conduite antérieure. Voila ce qui m'a déterminé à publier la correspondance de M. Cubières, après l'avoir mis à même de lui éviter ce désagrément, puisque je lui ai communiqué mes mémoires en manuscrit avant de les publier.

L'audience est levée à six heures un quart et renvoyée à demain midi. A l'issue de l'audience, MM. Cubières, Teste et Parmentier ont été écroués à la prison du Luxembourg, où pendant la journée des préparatifs ont été faits pour les recevoir.

5e audience. — 10 juillet.

Les incidents élevés à l'audience d'hier et ceux que l'on annonce encore pour l'audience d'aujourd'hui ont amené dans la salle du Luxembourg une affluence plus considérable que les jours précédents. A onze heures les tribunes sont complétement occupées, et les personnes munies de billets qui ne peuvent y trouver place stationnent dans les escaliers et dans les couloirs, où des factionnaires sont placés avec ordre de ne laisser entrer une personne que lorsqu'une autre se retire.

A une heure moins un quart la cour entre en séance.

Après l'appel nominal, M. le chancelier donne ordre à M. le greffier de lire les pièces nouvelles de l'instruction. M. de la Chauvinière donne lecture d'un procès-verbal dressé ce matin, à neuf heures. Il est ainsi conçu :

Nous, Etienne-Denys duc Pasquier, chancelier de France, président de la cour des pairs, étant en notre cabinet, au Petit-Luxembourg, avec Léon de la Chauvinière, greffier en chef, adjoint de la cour, sur la demande à nous adressée, ce matin, par M. le général Cubières.

Avons fait amener devant nous cet accusé, détenu dans la maison d'arrêt dans la rue de Vaugirard, d'où nous l'avons fait extraire à l'effet de recevoir les déclarations qu'il pourrait avoir à nous faire, à quoi nous avons procédé ainsi qu'il suit :

D. Vous avez désiré me parler ; je suis prêt à vous entendre. Qu'avez-vous à me dire ? — R. Je dépose entre vos mains les minutes de cinq lettres écrites par moi à M. Pellapra, et dont les copies entières ou par extraits ont été lues à l'audience d'hier. Ces minutes portent les dates du 29 août 1844, 18 et 29 avril, 3 et 5 mai 1846. Je dépose, de plus, l'original de la lettre que M. Pellapra m'a écrite à la date du 6 mai 1846, et qui a été citée par extrait et sous forme de note dans les pièces lues hier. Enfin je dépose une lettre de M. Pallapra, du 15 mai 1846, qui ne figurait pas dans les pièces lues à la dernière audience, et qui est relative à un règlement de comptes entre nous. Je fais remarquer que cette dernière lettre est du même jour que l'acte de rétrocession de huit actions que j'avais vendues à M. Pellapra.

M. le chancelier donne ordre de lire les pièces déposées.

Nous avons publié les copies de ces pièces : nous nous bornerons à reproduire les passages importants qui ne se trouvent pas dans les copies déposées par M. Marrast.

La lettre du 29 avril 1846 adressée par M. Cubières à M. Pellapra, dont un court extrait seulement a été lu hier, est ainsi conçue (nous mettons entre parenthèses l'extrait publié hier) :

« Mon cher ami, il résulte pour moi de quelques paroles échangées entre nous sur l'objet et à l'occasion de ma lettre du 18 de ce même mois, la crainte que vous ne compreniez pas la position qui m'est faite pour tout ce qui se rattache à l'affaire de la concession de Gouhenans et à la cession gratuite des actions de cette saline ; en mettant sous vos yeux le résumé de cette affaire et son fâcheux résultat pour mes intérêts et ceux de ma famille, j'espère porter la conviction dans votre esprit en faisant ce dernier appel à vos sentiments d'équité et d'ancienne amitié.

« Par divers actes notariés, dont l'un d'eux est entre vos mains, et avant l'obtention de la concession du sel, j'étais devenu acquéreur de sept centièmes du fonds social de Gouhenans pour la somme de 165,000 fr., dont 100,000 fr. payés des deniers de feu M. Buffault, oncle de Mme de Cubières, de son vivant receveur général des finances.

« Dès 1842, vous avez pris part aux démarches que la société Parmentier fut dans le cas d'entreprendre, pour obtenir la concession du banc de sel gemme qui se trouvait dans le périmètre de la concession de houille que cette société exploitait à Gouhenans depuis plusieurs années.

« Par acte passé devant Lamboley, notaire à Vesoul, le 5 février 1842, les propriétaires de Gouhenans avaient autorisé la création de vingt-cinq actions ou cinq centièmes en dehors des parts possédées par eux ; toutefois, je ne comparus point à l'acte du 5 février, de même que M. Delphin-Lanoir, qui a toujours refusé de le ratifier.

« Cette création d'actions nouvelles avait pour but d'adjoindre à l'entreprise des personnes en position de donner du crédit à la société. Vous trouvâtes qu'une société civile, comme celle de Gouhenans, ne pouvait pas régulièrement émettre des actions au porteur, et, ne voulant pas les accepter pour rémunération de votre intervention, vous avez dès lors exigé de M. Parmentier une cession gratuite de cinq centièmes à prendre sur sa propre part. Cette vente fut faite sans bourse délier pour l'acquéreur et avec faculté de réméré pour le vendeur dans un délai de deux ans.

(« . . . Vous exigeâtes en même temps et toujours *sans bourse délier* une cession d'un centième trois cinquièmes de centième à prendre sur ma part, ainsi qu'une promesse de quatre autres cinquièmes de centième, mais dans le cas seulement où les vingt-cinq actions afférentes à l'acte du 5 février 1842 pourraient être régularisées. Par cette promesse écrite dans votre cabinet, vous exigeâtes en outre que je déclarasse avoir reçu la valeur des 4 susdits cinquièmes, ce à quoi je n'aurais pas dû consentir, bien que vous eussiez essayé de me démontrer que cela était nécessaire pour la légalité de la promesse. Toutefois, aujourd'hui comme alors, votre loyauté me rassure sur les conséquences de cette exaction. . . »)

« Plus tard, M. Parmentier ne pouvant consentir à porter seul le poids de votre rémunération pour une intervention dont, à ses yeux, l'utilité était plus que contestable, ne consentant pas davantage à se couvrir sur les vingt-cinq actions de surérogation de ce que vous aviez exigé de lui, persuadé d'ailleurs (ainsi que je vous le mandai de Strasbourg le 19 août) que votre intervention n'avait pas été réelle et ne devait pas être payée, attendu qu'une ordonnance royale délibérée en conseil d'Etat n'est point achetable de sa nature, M. Parmentier, dis-je, exigea à son tour la rétrocession de ses cinq centièmes, ce qui eut lieu par acte, auquel je suis intervenu, passé devant Me Roquebert, notaire à Paris.

« Ce fut seulement alors que vous me déclarâtes que vous vous étiez mis à découvert de 100,000 fr. payés par vous à M..., et que les actions reprises par M. Parmentier vous laissaient sans nantissement, ajoutant que ledit M... refusait de vous rendre cette somme. En conséquence, vous me proposâtes de vous souscrire un engagement de 40,000 fr., dont il me serait possible de me couvrir sur les vingt-cinq actions à créer en dehors; actions précédemment refusées par vous, mais dont il était probable que la société ne changerait point la destination. Je cédai à vos instances, bien que je dusse conserver peu d'espoir d'obtenir pour vous les actions en question, mais demeurant persuadé alors, comme je n'ai point encore cessé de l'être aujourd'hui, que les 40,000 fr. me seraient rendus si les actions n'étaient pas délivrées.

« Maintenant, voici le compte de ce que votre intervention me coûterait, si je pouvais être tenu de satisfaire à moi tout seul au prix qu'il vous a plu de mettre à vos services. Ce prix, déjà trop exagéré pour la société tout entière, ne saurait retomber sur l'un de ses membres, et j'aime à croire que vous ne refuserez pas de reconnaître cette vérité, surtout lorsqu'il s'agit de l'un de vos amis.

« Compte des charges résultant pour M. de Cubières des engagements et cessions que M. de Pellapra a exigés de lui pour son intervention dans l'obtention de la concession de Gouhenans :

« 1° Une obligation pour tenir compte de ce que M.... ne veut pas vous rendre, et quoique je ne puisse, à aucun égard, être sa caution envers vous. . . . . 40,000 fr.

« 2° Une cession gratuite d'un centième et trois cinquièmes de centième du fonds social représentant, pour moi, au prix que j'ai payé lesdites actions, la somme de. 40,000

« Total à ma charge. . . . . 80,000 fr.

« Je vous demande de quel droit vous pourriez exiger de moi un pareil sacrifice, alors que les vingt-cinq actions de surérogation ne peuvent plus y faire face.

« Sur le premier article, je vous demande si c'est à moi à solder la corruption et à vous couvrir des 40,000 fr. que M. T...... vous a extorqués.

« Sur le deuxième article, je vous demande si votre intervention doit me coûter 40,000 fr. à sortir de ma poche pour aller dans la vôtre.

« Enfin, je vous demande ce que vous perdrez en me rendant mes actions, et je réponds d'avance *rien*, si ce n'est l'occasion de gagner.

« Je vous le dis, après avoir recherché et interrogé les sentiments et les avis de la plus complète impartialité, il est de votre justice, il y va de votre honneur d'annuler mon obligation de 40,000 fr., de me rendre le montant des à-comptes que je vous ai payés sur cette obligation ;

« D'annuler ma promesse de quatre actions à prendre sur les vingt-cinq qui restaient à régulariser, et qui ne sauraient plus l'être ;

« D'opérer en ma faveur la rétrocession gratuite d'au moins cinq sur les huit actions que je vous ai cédées gratuitement, ne vous réservant que le nombre de ces actions correspondant aux frais que vous avez eu à supporter, et en estimant lesdites actions au prix que j'ai payé pour les acquérir, c'est-à-dire à environ 5,000 fr.

« 6 ou 8,000 fr., c'est tout ce que je consens à perdre, et ce sacrifice, je ne le fais que pour vous, et dans l'espoir d'éviter que, dans un débat public, votre nom ne se trouve accolé à celui de M. T....

« Je n'attends pas de réponse à cette lettre; vous éviterez d'écrire par le motif qui fait que vous n'avez pas répondu à ma précédente lettre du 18.

« De mon côté, je suis résolu à ne point conférer avec vous, dans la crainte de voir s'altérer les rapports d'amitié qui ont existé entre nous, et qu'il ne tiendra qu'à vous de voir se perpétuer.

« D'ici à quelques jours, je vous ferai connaître le nom de mon conseil, qui s'abouchera avec la personne que vous chargerez du soin de terminer cette affaire, que je suis résolu de soumettre au jugement des tribunaux, ayant en ma possession tous les documents qui peuvent les édifier sur la sincérité de mes déclarations.

« Je vous renouvelle, mon cher ami, l'assurance de mes sentiments affectueux. (Chuchotements, rumeurs.)

« Paris, le 5 mai 1846. »

« Mon cher ami,

« Il résulte pour moi de quelques paroles échangées entre nous à l'occasion et sur l'objet de ma précédente, la crainte que vous ne compreniez point la position qui m'est faite pour tout ce qui se rattache à l'affaire et à la cession gratuite que je vous ai faite de mes propres actions dans cette saline. En mettant sous vos yeux le résumé de tout ce qui s'est passé, et la perte énorme qui en résulte pour moi et pour ma famille, j'espère porter la conviction dans votre esprit, et n'avoir plus à faire d'autre appel à vos sentiments d'équité et au souvenir de notre ancienne amitié.

« Avant l'obtention de la concession de sel, et par divers actes notariés, dont l'un d'entre eux est dans vos mains, j'étais devenu acquéreur de sept centièmes du fonds social de Gouhenans, pour la somme de 165,000 fr. environ, plus, quelques frais, dont 100,000 furent payés des deniers de feu M. Buffault, oncle de madame de Cubières, et votre ancien collègue.

« Dès 1842, vous prîtes part aux démarches que la société Parmentier fut dans le cas d'entreprendre pour solliciter la concession du banc de sel gemme qui se trouvait dans le périmètre de la concession de houille que cette société exploitait à Gouhenans depuis plusieurs années.

« Par acte passé devant Me Lamboley, notaire à Vesoul, le 5 février 1842, les propriétaires de Gouhenans avaient autorisé la création de vingt-cinq actions, ou cinq centièmes du fonds social en dehors des parts possédées par eux. Cet acte du 5 février, auquel je n'avais pas comparu, ne fut point ratifié par M. Delphin-Lanoir.

« Au moyen de la création de nouvelles actions, on espérait procurer à l'entreprise de nouveaux associés qui seraient en position de donner à la société le crédit dont elle manquait, et de contre-balancer la défaveur dont elle était entourée par suite des nombreux procès que M. Parmentier avait soutenus contre le domaine de l'Etat.

« Toutefois, il vous sembla qu'une société civile comme celle de Gouhenans ne pouvait pas régulièrement émettre des actions au porteur, vous ne voulûtes point les accepter pour rémunération de votre intervention, et dès lors, vous exigeâtes de M. Parmentier une cession gratuite de 5 centièmes à prendre sur sa propre part. Cette vente fut faite par-devant le notaire Roquebert, sans bourse délier pour l'acquéreur, et avec faculté de réméré pour le vendeur pendant un délai de deux ans.

(Vous exigeâtes en même temps, et toujours sans bourse délier, une cession d'un centième et trois cinquièmes de centième à prendre sur ma part, ainsi qu'une promesse de quatre autres cinquièmes de centième à prendre sur les vingt-cinq actions afférentes à l'acte Lamboley, et dans le cas seulement où elles seraient régularisées, en outre, vous exigeâtes que je déclarasse avoir reçu la valeur des quatre susdits cinquièmes de centième, mention qui dénaturerait la transaction, mais que vous pensiez nécessaire pour la légalité de la procédure et sur les conséquences de laquelle votre loyauté me rassure aujourd'hui comme alors.)

« Plus tard, M. Parmentier ne pouvant consentir à porter seul le poids de la rémunération qui vous était attribuée à ses dépens, ne consentant pas davantage à se couvrir sur les vingt-cinq actions de surérogation créées en vertu de l'acte Lamboley, attendu que cette attribution à lui faire des actions en question pouvait lui donner un mauvais vernis aux yeux de ses coassociés, et contestant, d'ailleurs, l'efficacité de vos démarches dans une affaire à délibérer devant le conseil d'Etat, M. Parmentier, dis-je, exigea à son tour la rétrocession gratuite de ses cinq centièmes, ce qui eut lieu de sa part en exerçant le réméré sans bourse délier par acte auquel je suis intervenu passé devant Me Roquebert, notaire à Paris.

« Refusant de nouveau d'accepter les vingt-cinq actions créées en dehors, supposant que la société les régulariserait plus tard en ma faveur.

« ..... Vous me proposâtes de souscrire à votre profit un engagement de la somme de 40,000 fr. Je le fis bien légèrement et sans aucune certitude d'obtenir de la société que les vingt-cinq actions ci-dessus mentionnées seraient mises à ma disposition pour me servir de nantissement et pour me couvrir de tous les sacrifices dont je pouvais être un jour accablé. En effet, ces vingt-cinq actions n'ont point été régularisées, leur annulation a été poursuivie et effectuée par la société, sans qu'il m'ait été possible de faire prévaloir les considérations qui devaient justifier l'attribution qu'il eût été équitable de me faire de ces actions, en raison de l'emploi que j'avais fait de celles qui étaient ma propriété. Mais le compte de ce que notre intervention dans l'affaire de Gouhenans me coûterait, si j'étais tenu de satisfaire à moi tout seul au prix qu'il vous a plu de mettre à vos services, ce prix déjà très-élevé pour la société tout entière, serait écrasant pour un seul de ses membres. C'est là une vérité que vous ne refuserez pas de reconnaître, surtout, j'en suis certain, lorsqu'il s'agit d'un de vos amis.

« 40,000 fr. d'une obligation que j'ai souscrite à notre profit alors que vous avez renoncé aux vingt-cinq de M. Parmentier.

« 40,000 fr. représentant, pour moi, le prix d'achat d'un centième, trois cinquièmes de centième du fonds social de Gouhenans, dont je vous ai fait la session gratuite.

« 80,000 fr. dont j'aurais pu me couvrir par les vingt-cinq actions que vous avez refusées, et dans le cas où, après avoir été régularisées, elles m'eussent été cédées par la société, mais dont je ne saurais plus obtenir aucune compensation.

« Je m'adresse à votre conscience : vous ne voulez certainement pas ma ruine. Dois-je perdre 80,000 fr. quand même vous auriez à me dire que vous n'êtes pas responsable du peu d'habileté que j'ai mis à obtenir un dédommagement de la société?)

« Je ne crains pas de vous faire juge dans votre propre cause, car je vous regarde comme un honnête homme, et l'amour du gain ne va point, chez vous, jusqu'à le satisfaire au détriment de ceux qui n'ont eu d'autre pensée que de vous être utile.

« Je vous demande de lire avec attention cette trop longue lettre et d'en méditer le contenu avant d'en faire le sujet d'un entretien entre nous. Je vous renouvelle, mon cher ami, l'assurance de mon sincère attachement.

« Paris, le 5 mai 1846. »

« Par ma lettre du 5 de ce mois, j'ai mis sous vos yeux tous les faits relatifs à l'affaire de la concession de Gouhenans ainsi qu'à la cession gratuite que je vous ai faite de mes propres actions et à ma promesse de 40,000 fr. ; ces faits, qui ne sauraient être contestés par vous, prouvent que votre intervention dans l'affaire me coûterait 80,000 fr. à prendre dans ma poche pour mettre dans la vôtre, et sans que je sois en droit de demander aucune compensation à la société.

« En effet, vous avez refusé de recevoir les vingt-cinq actions émises en dehors, conformément à l'acte du 5 février 1842, et comme prix de votre intervention, vous avez exigé :

« 1° La cession gratuite de vingt-cinq actions, ou cinq centièmes du fonds social, à prendre sur la part de l'un des associés ;

« 2° La cession gratuite d'un centième et de trois cinquième de centième à prendre sur les actions qui m'appartenaient ;

« 3° Une promesse de quatre autres cinquièmes de centième, toujours à prendre sur ma part, pour le cas seulement où l'émission des vingt-cinq actions en dehors serait régularisée ;

« 4° Enfin une promesse de 40,000 fr. consentie par moi pour le dédommagement de la rétrocession gratuite que vous avez dû faire des vingt-cinq actions de l'associé.

« Mais ces promesses d'argent et d'actions, de même que mes cessions d'actions, n'étaient strictement réalisables à mes dépens qu'autant que j'aurais pu obtenir de la société la libre disposition des vingt-cinq actions créées en dehors. Or ces vingt-cinq actions que vous aviez précédemment refusées ont été annulées par la société, et je reste sans aucune chance de compensation.

« Dans cette situation des choses (je vous expose de nouveau que je ne puis ni ne dois payer à moi seul le prix qu'il vous a plu de mettre à vos services dans l'affaire Gouhenans ; je vous expose que l'équité veut que je sois déchargé de que je ne dois point, ce que je n'ai pris à ma charge qu'à votre sollicitation pressante, par excès de confiance et d'abnégation, et dans la croyance que partie des vingt-cinq actions créées en dehors pourrait tôt ou tard combler le déficit), je crois qu'il serait peu honorable d'exiger un salaire, quand c'est de moi et non de la Compagnie que vous l'exigez réellement. Si toutefois vous persistez dans les sentiments que vous m'avez exprimés hier, je me verrai contraint de recourir à des arbitres ou à des juges, afin qu'ils règlent le salaire qui doit équitablement vous revenir pour votre intervention dans l'affaire de Gouhenans, et la part de votre salaire qui devait tomber à ma charge.

« Je vous renouvelle l'assurance de mes sentiments, qui, je l'espère, se conserveront tels que je vous les manifeste depuis longtemps. »

« Paris, 6 mai 1846. »

« Général, vous oubliez que j'ai plus de soixante-quatorze ans ; que plus de cinquante années de cette trop longue carrière ont été remplies par une existence financière, toute d'honneur et de loyauté. Vous en avez eu pourtant personnellement de nombreuses et utiles preuves.

« Il ne m'est plus permis de rester dans une pareille situation, malgré ma vieille et inaltérable affection pour vous.

« Par votre lettre du 18 avril, vous me priez de vous avertir d'avance du moment où je serai décidé à commencer ces poursuites.

« Je vous préviens que samedi prochain, 9 mai, à midi, je ferai remettre votre billet à M. Belon, huissier, place de la Bourse, 31 ; jusqu'à cette heure, il restera entre les mains de mon notaire Me Roquebert, où vous pourrez l'acquitter ou l'échanger contre un titre pareil dûment timbré de la somme qui reste due, en rapportant mes deux quittances des à-comptes payés. Vous éviterez, par ce moyen, l'amende de près de 2,000 fr. que vous auriez à supporter, et des frais de poursuite sur une somme dont les à-comptes payés ne peuvent être réduits autrement.

« Agréez mes salutations cordiales. (Sourires. Mouvements en sens divers.)

« Signé H. Pellapra. »

Nota. Cette lettre porte le timbre de la poste du 6 mai 1846.

« Paris, 15 mai 1846.

« Monsieur le lieutenant général de Cubières,

« Par suite du règlement définitif de nos comptes, vous me remettez un billet de

6,252 fr. 20 c. au 15 juillet prochain ;
8,000 au 15 août id.
7,000 au 20 septembre id.

21,252 fr. 20 c. Je dis vingt et un mille deux cent trente-deux francs et vingt centimes.

« Je reconnais que, ces billets acquittés, je n'aurai plus aucune répétition à exercer contre vous, et que nos comptes sont complétement et réciproquement soldés.

« Agréez l'assurance de mes sentiments de haute considération. (Nouveau mouvement.)

« H. Pellapra. »

A onze heures et demie du matin, le général Cubières a comparu devant M. le chancelier et a remis entre ses mains une lettre de M. Pellapra, en date du 12 juillet 1845, qui venait d'être trouvée dans les papiers du général, depuis le dépôt qui a été fait par lui ce matin.

Voici le texte de cette lettre dont quelques mots seulement ont été lus hier :

« 12 juillet 1843.

« Mon cher ami, comment ne m'avez-vous point encore transmis la réponse que vous avez dû recevoir de M. Parmentier, relativement à ce supplément de droits que réclame l'administration de l'enregistrement, et que vous avez fait connaître audit sieur, depuis plus de quinze jours. Je m'attends d'un moment à l'autre à recevoir une contrainte de payement, et je ne sais si je dois plaider.

« Veuillez donc me dire, sur votre responsabilité, le parti que je dois prendre dans cette désagréable affaire, qui me tient à découvert sans savoir comment cela finira avec ces avances continuelles. Je compte sur votre amitié pour me sortir de ce mauvais pas. Je voudrais que cela fût réglé avant mon absence. »

Pendant la lecture de ces pièces, le général Cubières reste immobile et les yeux baissés sur des papiers placés devant lui. M. Teste suit la lecture avec une extrême attention : M. le chancelier interpelle ensuite le général Cubières. (Vif mouvement de curiosité.)

D. M. de Cubières, qui a déposé ces minutes de lettres écrites par lui, et aussi, je crois, des lettres écrites par M. Pellapra, déclare-t-il que les minutes des lettres qui sont rapportées là sont bien certainement les minutes des lettres qu'il ait écrites effectivement à M. Pellapra ?

M. de Cubières. — Je déclare que les minutes sont de ma main, et que les copies signées par moi ont été envoyées à M. Pellapra.

D. Vous déclarez que la minute est de vous, mais l'avez-vous convertie en une seule que vous aviez envoyée à M. Pellapra ? — R. Toutes ces minutes sont des minutes de lettres envoyées ; cependant je ne me rappelle pas s'il n'y en a pas une qui fait double emploi, parce qu'elle me paraît être dans les mêmes termes ; je ne me rappelle donc pas si j'ai envoyé l'une ou l'autre.

D. La lettre de M. Pellapra, qui figure dans les copies en date du 30 août, n'est pas produite par vous : pourquoi? — R. Elle n'a pas été retrouvée ; on continue les recherches ; et, de même que les lettres qu'on vient de lire m'ont été remises ce matin, les autres pourraient être retrouvées plus tard.

D. Vous faites faire des recherches? — R. On fait des recherches chez moi, où ces lettres ont été retrouvées.

D. Pouvez-vous donner quelques éclaircissements à la cour sur la manière dont les copies qui ont été remises hier entre mes mains ont pu parvenir à la personne qui me les a remises? (Profond silence.) — R. Toutes ces lettres forment une liasse qui était jointe aux pièces qui forment le dossier d'un premier procès. Le dossier a été remis entre les mains d'une personne qui devait d'abord faire un mémoire et un premier exposé de l'affaire ; ensuite les pièces m'ont été envoyées. Ce n'est pas chez moi qu'elles ont été copiées ; je ne peux pas savoir en quelle mains elles ont passé pour venir de celui qui les avait à celui qui me les a renvoyées.

D. Si effectivement vous connaissiez la personne qui les a eues, et qui était occupée à faire un mémoire préparatoire, il semblerait évident que ces copies n'ont pu être prises que chez elle. — R. La personne qui était chargée de faire le mémoire provisoire, et qui devait s'occuper de l'affaire pour la défense, c'était M. Cuzon.

D. Il n'est pas au nombre de vos défenseurs ! Vous parlez plusieurs fois dans ces lettres d'une rémunération à laquelle M. Pellapra a prétendu, rénumération que vous dites exorbitante, que vous ne devriez pas payer ; mais vous ne dites pas quel était le *quantum* de cette rémunération ; à combien s'élève-t-elle ?

M. DE CUBIÈRES, après un moment d'hésitation. — La rémunération qui avait été promise à M. Pellapra, car enfin il ne se mêlait pas de cette affaire-là pour rien, devait être proportionnée aux actions qu'on aurait eues ; ainsi, elle devait être proportionnée à vingt-cinq actions ; c'était là le taux que j'ai toujours entendu, et que M. Pellapra comprenait obtenir pour sa part.

D. Il devait avoir pour sa part vingt-cinq actions, par conséquent, 100,000 fr. à votre compte ? — R. C'était la part qui lui était faite pour la rémunération.

D. Il y avait une autre rémunération dont vous avez parlé ; quelle était cette rémunération ? De quelle somme était-elle, et comment y était-il pourvu ? — R. L'autre rémunération, ce n'est pas moi qui devais la régler ; ainsi je n'ai à présenter que les vingt-cinq actions qui avaient appartenu à M. Pellapra, dont il devait disposer ou dont il aurait pu disposer.

D. Mais ces vingt-cinq actions qui devaient appartenir à M. Pellapra lui ont-elle été remises ? — R. Non, parce qu'il n'en a pas voulu ; sans cela il les aurait obtenues : c'étaient celles qui ont été émises par la société.

D. Ainsi elles n'ont pas été remises à M. Pellapra ? — R. Non.

D. Comment se fait-il alors que vous vous soyez acquitté de cette rémunération de vingt-cinq actions dont la valeur devait être estimée par vous à peu près à 100,000 fr. par une somme de 40,000 fr. ? — R. Et puis mes actions qui représentaient une somme pareille. M. Pellapra s'est contenté de 40,000 fr. que je lui ai donnés, et 15,000 fr. que je lui devais pour avoir mes actions, cela fait 55,000 fr.

D. Nous allons maintenant essayer de nous fixer sur ces 55,000 fr. M. Pellapra prétendait à une rémunération de 25 actions ; mais on ne lui compta pas ces actions ; vous vous êtes acquitté par une remise de huit actions données gratuitement, et dont vous portez la valeur à 40,000 fr., et puis vous avez pris un engagement de 40,000 fr. espèces. Vous avez pris cet engagement ? — R. Oui !

D. Etait-il écrit ? — R. Je lui ai fait une promesse écrite.

D. Ecrite ? — Ecrite.

D. Pour vous, c'était 40,000 fr. plus 40,000, ce qui fait 80,000 fr., que vous assuriez à M. Pellapra pour sa rémunération. Il y avait entre les mains de M. Pellapra une somme qui était celle qui résultait de la vente à réméré que lui avait faite Parmentier des vingt-cinq actions. Ces vingt-cinq actions avaient été estimées à la somme de 100,000 fr., et ces 100,000 fr. étaient restés entre ses mains. Les 100,000 fr. apparemment ne se sont pas trouvés entre ses mains à l'époque de la clôture de l'opération, puisqu'il n'a pas pu rendre les actions quand on les lui a redemandées, par le motif qu'il fallait lui en donner le prix, lequel n'était plus resté entre ses mains. Alors qu'étaient devenus ces 100,000 fr. ? — R. Il ne les avait pas touchés. C'est pour lui en tenir lieu que je lui ai fait mon obligation de 40,000 fr.

D. Nous ne nous entendons pas; je vous parle des autres 100,000 fr. résultant du prix de vente des actions à réméré qu'avait faite Parmentier. — R. J'en étais responsable; au lieu de le payer en 100,000 fr., je l'ai payé en 40,000 fr. dont il s'est contenté.

D. M. Pellapra n'a donc pas eu de rémunération personnelle? — R. Il a eu les 40,000 fr. dont j'ai parlé et dont il s'est contenté.

D. Vous avez dit hier que Pellapra vous avait dit qu'il avait remis les 100,000 fr. à M. Teste. Persistez-vous dans cette allégation? — R. Il m'a dit d'abord qu'il les avait promis, puis ensuite qu'il les avait donnés lors de la remise du réméré.

M. LE CHANCELIER. — Pour terminer, c'est-à-dire, non pas pour terminer, mais pour avancer davantage l'examen des questions qui tiennent à ces lettres, j'ai fait assigner celui qui me les a remises entre les mains, M. Marrast, comme témoin; il est ici à ma disposition. M. le procureur général voit-il des obstacles à ce qu'il soit entendu sur-le-champ?

M. LE PROCUREUR GÉNÉRAL. — Non, M. le chancelier.

M LE CHANCELIER. — Alors, faites entrer M. Marrast.

Mais M. Cuzon est là, à ce qu'il paraît.

M. CUZON (qui se trouvait à la place ordinairement occupée par la tribune, derrière les accusés). — Oui, M. le chancelier.

M. LE CHANCELIER. — Veuillez bien passer à la salle des témoins.

M. LE CHANCELIER. — Je vais commencer par faire entrer, comme témoin, M. de Malleville, vice-président de la chambre des députés, parce que c'est lui le premier qui m'a donné connaissance des lettres qui étaient entre les mains de M. Marrast.

Faites entrer M. de Malleville.

M. LE CHANCELIER. — Je ne vous demande pas de serment, puisque vous êtes entendu en vertu du pouvoir discrétionnaire.

M. DE MALLEVILLE déclare être âgé de 44 ans, député et vice-président de la chambre.

Il dépose en ces termes :

Je n'ai rien à ajouter à la déclaration dont il a été donné lecture à la cour dans l'acte de dépôt.

Quant aux circonstances qui ont amené la démarche que j'ai faite en envoyant ces pièces, je n'ai que deux mots à dire à la cour.

M. Marrast me fit un jour une confidence que je n'avais pas recherchée. Il me communiqua des lettres qui me parurent graves, et qui devaient être, sans aucun doute, un élément important de la procédure qui est engagée devant la cour. Je n'hésitai pas à lui dire que je croyais de son devoir de saisir la cour de la connaissance de ces pièces. M. Marrast hésita; il avait pour cela deux motifs : le premier, c'est qu'il lui en coûtait d'expliquer par quels moyens ces pièces étaient venues dans les mains du journaliste; le deuxième, c'est qu'il espérait que ces documents viendraient à la connaissance de la cour par une autre voie.

Ces documents n'étant pas parvenus entre les mains de la justice, je n'hésitai pas à dire à M. Marrast qu'il était de son devoir de faire le dépôt de ces pièces. Alors M. Marrast me pria de soumettre ces pièces à M. le chancelier : je le fis; je pensais que cet avis pourrait suffire; la commission pensa autrement. Là dut finir mon intervention. M. le chancelier, dans sa haute sagesse, a cru devoir dresser un acte de dépôt et m'a invité à le signer. C'est là tout ce que je puis dire à la cour. J'ajoute que je n'ai jamais su par quelle voie ces pièces étaient parvenues entre les mains de M. Marrast.

M. Marrast est introduit.

M. LE CHANCELIER. — Vous êtes appelé en vertu du pouvoir discrétionnaire ; vous ne prêterez pas serment. Quels sont vos noms ?

M. MARRAST. — Je me nomme Armand Marrast, âgé de 45 ans, rédacteur en chef du *National*.

D. Dites ce que vous savez sur les pièces qui ont été remises par vous à M. de Malleville, et par quels moyens ces pièces sont arrivées entre vos mains. — R. Je n'ai absolument rien à ajouter à la déposition que j'ai faite hier devant M. le chancelier. Je ne peux pas trahir les intentions de la personne qui s'est confiée à moi. Je dois dire que mon intention n'était pas de faire arriver les pièces dans les mains de M. le chancelier ; voici comment j'y ai été amené. Un jour j'entendis une discussion assez vive dans un groupe de députés, on parlait de l'affaire de M. le général de Cubières, et l'on disait que ce général paraissait avoir voulu faire une escroquerie. Cette accusation me parut pénible et me causa un véritable chagrin. Je cherchai donc tous les moyens de me persuader à moi-même qu'elle n'était pas fondée, et cela dans l'intérêt de l'honneur de l'armée.

J'ai donc cru répondre à un bon sentiment en cherchant les moyens de m'éclairer et en réunissant les preuves que je pouvais rencontrer. Je me confiai à une personne dont, encore une fois, je ne crois pas devoir dire le nom. Je lui dis que j'avais le désir, sur les pièces qu'elle avait dans les mains, de rédiger une série de questions que je ferais soumettre au général de Cubières, en confiant, à un de MM. les pairs, la note des questions à poser. M. de Malleville en pensa autrement et crut que nous devions mettre ces pièces sous les yeux de M. le chancelier. J'ajoute que la personne dont je parle est complétement innocente de ce qui s'est passé, et qu'elle a été très-peinée lorsqu'elle a vu ces lettres livrées à la publicité, car je lui avais promis de ne pas les faire servir à une discussion publique. C'est pour cela que je m'étais abstenu d'écrire dans le *National* un seul mot relatif à cette affaire.

M. CUZON déclare être avocat à la cour royale de Paris.

M. LE CHANCELIER. — Vous avez été dépositaire du dossier de l'affaire du général Cubières. Comment avez-vous été en possession de ce dossier? Combien de temps est-il resté dans vos mains, et quel usage en avez-vous fait?

M. CUZON. — Avant de répondre aux questions que M. le chancelier me fait l'honneur de m'adresser, je demanderai à M. le général Cubières s'il considère comme un abus de confiance de ma part l'acte que j'ai commis ?

M. DE CUBIÈRES. — Les pièces ont été mises dans le dossier de l'affaire, et M. Cuzon les a prises pour connaître la situation totale de l'affaire ; mais je n'ai jamais donné à qui que ce soit l'autorisation de les publier en tout ou en partie. Je sais que M. Cuzon en a conféré avec plusieurs personnes, dans l'intérêt de la cause.

M. CUZON. — Je demande à M. le général Cubières s'il sait que sa famille m'a donné mission de m'occuper de son affaire, et s'il croit à ma loyauté?

M. de Cubières. — Je n'ai pas besoin de dire que les intentions de M. Cuzon étaient loyales à mes yeux. Mais je n'ai donné l'autorisation de communiquer aucune pièce, je ne puis trop le répéter.

M. Cuzon. — Je ne puis dire avec une grande précision à quelle époque j'ai reçu le dossier, mais ce que je me rappelle, c'est qu'on m'a remis les pièces sans savoir ce qu'elles contenaient, J'ai dû les examiner longtemps, et je l'ai fait avec un soin qu'on concevra sans peine. Un jour, après une étude consciencieuse, je me rendis chez le général Cubières, et je lui dis : Vous ne vous doutez pas de ce que j'ai trouvé dans le dossier que vous m'avez remis? J'y ai trouvé les moyens de sauver votre honneur. — Qu'est-ce donc? me dit le général. — Il y a dans votre dossier des lettres qui justifient ceci : c'est que dans l'affaire, c'est vous qui avez été dupe. Je dois me placer maintenant dans cette alternative, dans le mémoire que vous m'avez chargé de faire. C'est là la pensée qui dominera ma discussion. Je ne conclurai pas, mais le résumé de votre défense devra être celui-ci :

On m'accuse d'escroquerie; ce que je puis dire, c'est que c'est moi qui ai été escroqué. On m'accuse d'avoir pris de l'argent; c'est moi qui en ai donné depuis le commencement. Qui l'a reçu? je n'en sais rien; mais ce que j'affirme, c'est que j'en ai donné. Votre défense est là tout entière, dis-je au général. Il me parut hésitant, et ne pouvait se décider. Et puis on dira que j'ai livré les autres, ajouta-t-il. Je lui dis : Général, vous voulez aggraver votre position, mais je crois que vous devez à votre dignité de pair de dire ce que je vous conseille de dire. Ce n'était pas, croyez-le bien, une leçon que je me permettais de faire au général; mais il me faisait l'honneur de me consulter. (C'est juste ! c'est juste !)

Vous devez à vos enfants, ajoutai-je, compte de votre dignité. Je crois ces considérations plus puissantes que vos hésitations. Le général était ému ; il me dit qu'il verrait, qu'il se consulterait; puis nous allâmes chez une tierce personne qui avait la confiance de la famille, qui partagea mon opinion ; alors on me donna la mission de faire un mémoire dans ce sens.

Ce mémoire est demeuré longtemps entre mes mains à l'état de projet, et j'y travaillais tous les jours. Un jour, je vis M. Armand Marrast, avec lequel je suis en relations. Il me parut très-monté contre le général Cubières. Je lui reprochai même quelques articles de son journal, dans lesquels, selon moi, il avait accusé le général, avec un peu de légèreté, de s'être rendu coupable d'escroquerie. Je pouvais lui parler sur ce ton, car nous étions assez liés pour me permettre cette observation. M. Marrast me dit avec assez de vivacité : Allons donc ! votre M. Cubières est un escroqueur.

Je lui répondis : Non, le général a été escroqué. Il y eut entre nous une lutte assez longue ; chacun de nous soutenait son opinion. Alors je lui dis : J'ai là sur ma table des raisons invincibles qui prouvent ce que je vous dis ; je ne peux pas vous communiquer une foule de pièces; mais lorsque mon mémoire sera fini, je vous en donnerai un exemplaire, si j'en obtiens la permission du général ou de sa famille.

Dans l'intervalle, j'avais eu occasion non d'en parler au général Cubières, car il ne paraissait pas porté à accepter la défense que je lui proposais ; d'ailleurs, je n'étais pas son avocat. Il avait toujours été bienveillant pour moi, et j'ai dû m'en montrer reconnaissant. Il avait pour avocat l'honorable bâtonnier qui l'assiste aujourd'hui. Un jour, trouvant une personne de la famille du général, je lui dis : M. Marrast m'a fait part qu'il avait préparé le travail d'un article contre M. Cubières, et que son intention, d'après les renseignements qu'il avait entre les mains, était de conclure à l'escroquerie de la part du général Cubières.

J'avoue que, dans ces circonstances, j'ai cru de mon devoir de lui indiquer que j'avais les moyens d'établir l'innocence du général. Il m'a dit que si je lui prouvais cela, il renoncerait à écrire contre le général. J'ajoutai que je m'étais presque engagé à lui communiquer mon mémoire. La personne de la famille du général à qui je rapportai cela m'a dit que j'avais bien fait.

En effet, lorsque je me suis vu ainsi autorisé à communiquer les pièces à M. Marrast, il fut convenu avec lui, sur l'honneur, qu'il garderait la bouche close jusqu'à ce que le général, ou ses conseils, eussent pris une détermination. J'ajoutai qu'il ne faudrait pas que les renseignements fussent publiés. M. Marrast me rassura sur ce point et me promit le silence le plus complet. Aussi j'avoue que c'est avec une douloureuse surprise que j'ai vu hier la lecture publique des lettres du général.

Mon premier sentiment fut d'écrire à M. le chancelier ; on trouverait même encore sur mon bureau la minute d'une lettre que j'avais commencée dans ce but ; mais je m'arrêtai, dans la crainte d'attirer sur moi l'attention publique, et il me parut plus simple et plus digne d'attendre que la justice me demandât des explications. J'ai donc laissé tous les bruits circuler à ce sujet, et je suis resté dans le silence. (Bien! bien !)

M. LE CHANCELIER. — M. le procureur général a-t-il quelques questions à adresser au témoin ?

M. LE PROCUREUR GÉNÉRAL. — Aucune, M. le chancelier.

M. LE CHANCELIER. — Le témoin peut se retirer.

M. CUZON. — Avant de me retirer, je dois dire un dernier mot. Tout à l'heure, on a parlé d'une lettre de M. Pellapra. Je savais que j'avais dû l'avoir dans les mains. J'ai donc cherché dans mes papiers, et j'ai trouvé cette lettre que j'ai apportée.

Ce matin, je n'ai pu la remettre à M. le général Cubières ; comme elle est importante, je la dépose dans vos mains. Cette lettre est la réponse de M. Pellapra, en date du 31 août 1844, imprimée dans les pièces lues hier.

M. LE CHANCELIER. — Depuis combien de temps avez-vous cette lettre ?

M. CUZON. — Je crois que c'est quelques jours avant ou après l'éclat malheureux qui a eu lieu. Un jour, j'étais chez M. Cubières. Je lui dis : Vous devez avoir quelques renseignements dans les mains. Il me remit une partie de ses pièces, et me dit : Je vous en enverrai quelques autres. Cette lettre était dans ces pièces.

INTERROGATOIRE DE M. TESTE.

M. LE CHANCELIER. — Monsieur Teste, les faits généraux de l'affaire ont été tant de fois exposés ; ils sont tellement connus de la cour et de vous, que je croirais occasionner une perte de temps fort inutile en les relatant de nouveau devant vous, d'autant que vos interrogatoires imprimés sont dans les mains de la cour ; je parcourrai donc très-rapidement ces faits généraux, pour arriver tout de suite aux questions les plus importantes et les plus décisives.

J'arrive à toutes les pièces de la correspondance, et qui toutes établissent à quel point était grande l'espèce d'intimité qui régnait entre vous, M. Cubières et M. Pellapra. Elle paraît avoir commencé de fort bonne heure ; car il y a une lettre en date, je crois, du 26 février, où il est question d'une conférence qui a eu lieu avec vous, et des promesses que vous y avez faites, et où l'on dit : « Nous avons la confiance que le ministre marche droit, et parfaitement droit, dans la ligne qui nous est promise. »

Je cite ceci, parce que c'est une des premières pièces qui témoigne de l'intérêt que vous sembliez porter à cette affaire. Je parle presque ici comme si je faisais un procès : je n'en fais pas cependant. Je ne puis, sur des pièces d'un intérêt semblable, ne pas grouper les faits.

M. Teste. — Que la cour ne juge pas par ma première réponse de l'étendue que je veux donner aux autres. Mon dessein est de répondre franchement, nettement et loyalement. Je remercie M. le chancelier d'avoir entretenu la cour sur l'origine de mon amitié avec M. Cubières et M. Pellapra, à l'égard de Gouhenans.

Je n'avais pas de rapport intime avec M. de Cubières avant cette affaire. Je le voyais dans le monde, mais je n'étais pas lié avec lui.

J'avais des rapports anciens avec M. Pellapra ; j'avais été consulté par lui comme avocat. J'ai dit que j'avais eu avec lui des rapports de société, c'est trop peu ; de l'intimité, c'est trop. Voilà quelle est précisément, entre ces deux limites, la nature de mes rapports avec M. Pellapra. Je ne chercherai nullement à affaiblir ces rapports ; j'ai trop de loyauté dans le caractère pour agir autrement.

On vient de me rappeler la lettre du 26 février. Remarquez qu'à cette première époque, la pensée de corrompre n'était venue encore à personne : l'accusation le reconnaît.

Eh bien, j'ai examiné la question, et, comme je l'ai dit, mon opinion a été que la compagnie Parmentier avait droit à cette concession. Je savais bien qu'il y avait quelques questions à débattre avec le ministère des finances ; mais je n'ai pas fait mystère de mon opinion, pas plus à M. de Cubières qu'à M. Pellapra ; je pensais qu'il n'y aurait de discussion que sur l'étendue de la concession qui était demandée.

Je supplie la cour de bien remarquer ces prémisses. Evidemment là, il n'y a pas idée de corrompre, à moins que je ne fusse ramené à une autre opinion par des raisons supérieures ; mais, au fait, à cette époque, que je marche droit et fermement, on voit vers quel but je me dirige ; on sait que je veux exécuter loyalement la loi de juin 1840, portant abolition du monopole et affranchissement de l'industrie, et que, parmi les compagnies qui se présentent, je regarde comme ayant un droit certain la compagnie Parmentier. Voilà ma réponse.

M. le chancelier. — Quant à l'idée de corruption, dont M. Teste vient de parler tout à l'heure, et dont il fixe en quelque sorte la date, je crois qu'elle serait mieux fixée par une autre lettre comprise au recueil.

M. le rapporteur. — La date à laquelle la corruption est formellement indiquée dans la correspondance, du moins quant à son objet, est la lettre du 14 janvier 1842. Il importe donc de distinguer entre tout ce qui peut être antérieur à cette date du 14 janvier 1842, et tout ce qui est postérieur.

M. LE CHANCELIER. — M. Teste veut-il s'expliquer ou demande-il préalablement la lecture de cette lettre.

M. TESTE. — Non, je ne demande pas la lecture, M. le chancelier. Je reprends donc.

Ainsi, mon opinion était connue, et je l'avais communiquée au général Cubières, qui, certainement, n'en disconviendra pas. J'étais favorable à la concession et aux droits de la compagnie Parmentier. Il le savait. et c'est en présence d'un pareil état de choses qu'il a écrit la lettre du 14 janvier 1842, qui, d'après le langage qu'il a tenu, a été le premier signe manifeste de la pensée d'arriver à son but par des moyens peu honorables pour ceux qui les conçoivent, et déshonorants pour ceux qui les emploient.

Messieurs, je ne puis m'empêcher d'exprimer ici un sentiment mêlé de douleur et d'indignation, quand je vois apparaître un système complet de corruption à pratiquer vis-à-vis d'un ministre qu'on sait parfaitement disposé, duquel on a eu les communications les plus rassurantes, qui est ferme et qui va droit.

Je ne puis pas m'expliquer; ce n'est pas à moi de rechercher par quelle voie abjecte de telles suggestions ont pu frapper l'oreille d'un officier général investi de la dignité de pair de France; mais je ne saurais trop m'irriter de l'excès de crédulité qu'il a montrée dans cette occasion. Comment! il y a dix mois qu'il a quitté les affaires publiques, on vient lui dire que, pour l'exercice d'un droit qui n'a pas encore rencontré d'obstacle, il faut recourir à de tels moyens, et il l'écrit? Et ses lettres tombent en quelles mains!

Je suppose que le général Cubières ait été profondément indigné de la publicité, possible alors, aujourd'hui réalisée. En voici les fruits; ils sont sous vos yeux. Ses lettres ont amené le scandale que vous êtes chargés de réprimer, s'il y a des coupables; que vous êtes chargés de laver, au contraire, si les accusés qui sont devant vous sont innocents. Puis ce germe, comme il est fécond, et quel long intervalle!

Pendant un long temps, le même rêve, rêve fâcheux, condamnable, a été entretenu sous toutes les formes. Il devient la matière d'un rapport public. Et pourquoi? De quel œil considérer le général! Nous n'avons pas suivi la même carrière, l'honneur de l'épaulette ne m'avait pas été donné à moi, mais ma vie avait été pure; dans toutes les affaires où j'avais été lancé, dans tous les pays où j'avais passé, j'avais laissé des souvenirs honorables qui m'auraient soutenu aujourd'hui, si je m'étais présenté dans un complet isolement devant mes juges.

Et c'est sur moi qu'un pareil soupçon s'accrédite, qu'il trouve place dans l'esprit d'un officier général, qui agit pour lui donner de la consistance! En vérité, je fais appel à l'honneur de M. le général Cubières pour qu'il dise s'il ne se repent pas de sa crédulité.

Voilà ce que j'avais à dire sur la lettre du général, du 14 janvier. Et puis les termes de cette lettre! Ministre depuis le 1er mars jusqu'au 29 octobre, il écrit cette phrase : « Le gouvernement du pays est avide et corrompu, et la liberté de la presse sera étouffée un de ces jours! »

Je viens de montrer la racine du soupçon; elle est à cette date; il ne m'était pas possible de traverser ce commencement du procès, cette pierre angulaire de l'accusation, sans faire entendre à mes juges l'expression, je ne dirai pas de colère, le malheur commun réconcilie aisément, mais de la douleur, un sentiment d'oppression sous lequel je suis condamné à gémir depuis trois mois, et dont la source est la lettre sur laquelle je tenais à donner à la cour des explications.

M. LE CHANCELIER. — Il y a deux parties dans la lettre du 24 février, la première est celle qui mentionne ce qu'on se croit en droit d'attendre sur les promesses qui ont été faites. La nature de ces promesses est telle, que sans doute une imagination active peut rêver tout cela, et arriver à des suppositions qu'elle prend pour des certitudes. Cela est possible, mais il faut convenir que cela n'est guère vraisemblable, et que l'on comprend difficilement de telles promesses posées, déclarées, attaquées, et sur lesquelles on se repose et qui ne dérivent pas du chef principal auquel les demandes doivent être adressées, vers lequel toutes les demandes doivent être dirigées. Qu'avez-vous à dire?

M. TESTE. — Je dis, monsieur le chancelier, que ce serait un malheur, si la vérité pouvait, dans un cas aussi grave, n'avoir pas le mérite de la vraisemblance. Ce qui est vraisemblable, ce qui est vrai, c'est que rien de ce qui est annoncé, soit dans la première partie, soit dans la seconde correspondance, n'est vrai. J'adjure le général Cubières de déclarer si, dans aucune occasion, au milieu des relations que j'ai pu avoir avec lui, il m'a jamais été fait de sa part une pareille proposition ou une communication de cette nature. Il a cru devoir, je ne sais par quel sentiment de convenance, ne pas désigner les sources multiples par lesquelles serait arrivée cette communication. A l'entrée de ce débat, il a dit qu'il ferait connaître la vérité. Eh bien, qu'il achève; qu'il nomme et livre au mépris public ceux qui sont venus se targuer auprès de lui d'engagements reçus au ministère des travaux publics.

A cette époque-là, l'instruction de l'affaire était encore locale, je crois; elle se faisait sur les lieux; je me rappelle certainement qu'elle a été agitée, et la preuve s'en trouve dans une lettre du 18 avril de la même année. Mais je n'avais pas l'avis de l'ingénieur des mines; je n'avais pas l'avis du préfet, des autorités locales; je n'avais pas des éléments qui sont d'une si grande importance dans des décisions de cette nature; rien absolument. Et c'est dans cette situation que, sans aucune nécessité actuelle, lorsque j'étais condamné à une impuissance complète, lorsqu'il m'était impossible de me former sur les questions qui pouvaient naître de la demande, une opinion quelconque, on m'aurait tâté pour savoir à quel prix je mettrais ma faveur future! C'est alors aussi que j'aurais articulé des chiffres pareils à ceux dont on parle; j'aurais articulé les chiffres de 35 à 40,000 francs! Mon indignation se soulève devant de pareilles imputations, et je ne suis soutenu que par la foi que j'ai qu'aucun de vous n'ajoutera foi à de telles imputations.

Une fois mise dans la lettre du 14 janvier précédent, ont est réduit à continuer, à persévérer dans cette imputation. Mais aussi il faut qu'elle prenne une forme palpable, il faut que les chiffres arrivent pour se placer à côté de la pensée. On croit, on est persuadé, et on s'efforce de faire croire, et c'est là ce que je reproche amèrement à

M. le général Cubières ; mais on veut faire croire aux autres, et ces détails sont l'ornement indispensable dans ce cas ; ils se produisent dans la première partie et la seconde partie de cette lettre. Je n'ai qu'un mot à répondre : je répudie de toute l'énergie de mon âme les faits dont cette lettre autorise la supposition.

M. le général Cubières. — Je déclare que, relativement aux propositions ou aux espérances que contient cette lettre, je n'ai eu aucun rapport avec M. Teste.

Je ne lui ai jamais parlé d'aucun des objets qui sont traités dans cette lettre ou dans cette note. Je dirai seulement que ces faveurs, si l'on peut leur donner ce nom, ces dispositions, ce qu'on espérait de la bienveillance du ministre, nous avait été indiqué par M. Pellapra, qui espérait obtenir ce qui était sollicité ; mais il n'est pas dit là, je crois, qu'il l'eût déjà obtenu.

Maintenant, quant à ces actions, dont le nombre est relaté dans la même lettre, c'étaient des actions, comme je l'ai dit, qui devaient être mises à la disposition de M. Pellapra ; mais rien, dans cette lettre, ne porte qu'il s'est entendu avec une autre personne ; et je n'ai jamais dit que M. Pellapra se fût entendu avec M. Teste pour fixer la quantité d'actions à mettre à sa disposition.

M. le rapporteur. — Le général Cubières voudra, sans doute, puisqu'il a commencé ses explications, continuer celle des premiers mots qui précèdent les quatre conditions. On lit, en effet : « Voici ce qu'on offre de soi-même, et nous pouvons y compter. » Comment M. Pellapra indiquait-il au général que se présentait cette offre que l'on faisait de soi-même, et comment M. Pellapra indiquait-il au général que l'on pouvait y compter?

M. le général Cubières. — Ce sont les termes dont M. Pellapra s'est servi ; c'est qu'en donnant ce qui est indiqué là, on pouvait espérer obtenir ce qui était demandé ; et j'ai proposé cela en disant qu'on pouvait y compter.

M. le chancelier. — Vous avez entendu la phrase : *On offre ;* c'est vous qui l'avez écrite. Eh bien, qui est-ce qui offre?

M. le général Cubières. — Je n'ai fait qu'expliquer ce que M. Pellapra m'avait dit : on offre telle et telle chose, et nous obtiendrons telle ou telle chose.

M. le chancelier. — Vous saviez, ou du moins vous deviez présumer fortement qui est-ce qui faisait ces offres à M. Pellapra?

M. le général Cubières. — J'ai écrit ce que M. Pellapra m'avait dit ; mais je n'ai pas d'autres renseignements à donner là-dessus ; car, je le répète, je n'ai jamais eu une connaissance plus positive.

M. le chancelier. — Mais vous aviez un intermédiaire, et cet intermédiaire, c'est M. Pellapra. Vous aviez en lui la confiance la plus entière ; vous faisiez reposer sur ce marché le succès de vos négociations. Eh bien, M. Pellapra vous dit : On demande telle et telle chose, et l'on promet telle et telle chose. Il est impossible que vous n'ayez pas su de lui quel était ce personnage si puissant qui pouvait tant, qui promettait tant de choses ?

M. de Cubières. — Je me suis servi des termes dont M. Pellapra s'était lui-même servi. Je ne peux pas en donner d'autres explications.

M. LE RAPPORTEUR. — Le général Cubières se rappelle-t-il l'époque où il a été avec M. Parmentier dans le cabinet de M. Teste?

M. LE GÉNÉRAL CUBIÈRES. —L'époque, je ne me la rappelle pas ; mais elle peut être très-facilement fixée par le départ de M. Parm. de Paris.

M. TESTE. — Si M. le chancelier le permet, je dirai qu'il est inutile de s'enquérir de ce point-là. Mais, certainement, j'ai vu le général Cubières avec M. Parmentier, je les ai vus, et ensuite M. Pellapra. J'ai vu beaucoup de monde pour cette affaire, j'ai vu des pairs et des députés qui y prenaient un très-vif intérêt; mais les intéressés véritables, c'étaient les membres de la compagnie. Quand ils sont venus me demander mes services pour activer la marche de l'affaire sur les lieux, il n'y avait rien là que de très-naturel, il n'y avait rien qui ne fût parfaitement dans leur droit.

Je ne veux pas me vanter d'une discrétion dans le maniement des affaires, discrétion dont d'autres se font un mérite là où je n'en trouve aucun. A propos de cette affaire, j'ai promis d'écrire au préfet pour en accélérer la marche. Mais je n'ai pas dû ni pu dire que j'écrirais au préfet pour qu'il fût favorable à la demande quant à l'extension du périmètre, et heureusement le préfet de la Haute-Saône pourra en rendre témoignage; et cette promesse, qui est de celles qu'on fait si facilement à la charge de ne pas les tenir toutes, n'a pas même reçu d'exécution.

Je n'ai écrit ni à l'ingénieur des mines, ni au préfet. J'ai laissé l'affaire à son cours ordinaire et régulier; vous pourrez bientôt vous en convaincre.

Mais j'ai vu ces messieurs, je les ai vus fréquemment : ils venaient me présenter leurs doléances sur les retards qu'apportait le ministère des finances. Cela est très-vrai, et je n'ai aucune dissimulation à faire à cet égard. Cependant, il semblerait résulter de l'observation de M. le rapporteur au général Cubières, qu'il y aurait eu je ne sais quelles conséquences à tirer de ce que ces messieurs auraient eu des rapports très-intimes avec moi sur la marche et les embarras de l'affaire, qu'on devait être porté à croire que c'étaient les conditions à l'obtention de ce qu'on demandait, de ce qu'on voulait recevoir de moi, qui étaient traitées entre nous. On veut en conclure que tout cela a pu être traité presque entre moi et ces messieurs.

Vous venez d'entendre le général Cubières, vous avez là M. Parmentier qui a assisté à cette conférence. Eh bien, a-t-il été question de corruption? A-t-on tenté le moins du monde de m'amener à une offre de faveur pour la compagnie de Gouhenans? Rien de semblable. Distinction à faire. Je fais la part la plus large à toutes les communications qui ont eu lieu de moi aux intéressés de la compagnie de Gouhenans pour la marche de l'affaire, pour son accélération, pour la défense de leurs droits, de ce qu'ils considéraient comme leurs droits. Je n'ai repoussé que les impuretés.

M. LE PROCUREUR GÉNÉRAL. — Je ferai remarquer que M. Teste, à la date du 21 février 1842, a écrit au préfet de la Haute-Saône, précisément pour l'affaire de Gouhenans.

M. TESTE. — On comprend aisément, et ce sont des débats dont je n'aurais pas voulu fatiguer la cour; cependant, comme il s'agit de mon honneur...

M. LE PROCUREUR GÉNÉRAL. — Permettez! vous venez de dire que vous n'aviez pas écrit : je n'en tire, pour le moment, aucune conséquence, parce que tout sera ultérieurement nettement posé devant la cour.

M. LE CHANCELIER. — Nous allons maintenant passer plus brièvement sur les lettres qui suivent et qui ne feraient que présenter la même position, c'est-à-dire, les démarches qui sont faites par l'intermédiaire auprès de vous, les espérances que cet intermédiaire donne, et en même temps la nécessité qui en résulte pour les compagnies de se préparer à des sacrifices assez considérables. C'est effectivement pour satisfaire à ces sacrifices qu'est fait l'acte devant le notaire Lamboley, lequel acte est si remarquable par son contenu, par l'insertion d'une clause qui ne peut être autre chose qu'une clause donnant des moyens de corruption. Avez-vous eu connaissance de cet acte?

M. TESTE. — Non, M. le chancelier. Je n'en ai eu connaissance que dans le cas des débats actuels.

M. LE CHANCELIER. — Vous n'en avez pas eu connaissance dans le temps où vous vous occupiez de cette affaire?

M. TESTE. — Assurément, non!

M. LE CHANCELIER. — On trouve dans plusieurs lettres, et entre autres, notamment dans une lettre du général Cubières, une espèce de marchandage sur la quantité d'actions qui doit être mise à sa disposition, pour satisfaire le ou les protecteurs, dont on ne saurait se passer; marchandage tellement significatif, tellement circonstancié, qu'il serait difficile de ne pas croire à son existence.

Et puis, pour ne pas revenir sur cette lettre, je lis un autre passage, page 66 :

« Dans l'entrevue précédente, je n'avais pas omis de parler de M. A. K. et de son frère dans le sens de votre note sur ces deux messieurs. Ce matin, j'ai dit tout ce que nous serions en droit de faire dans notre périmètre houiller pour contrarier les travaux de ce concurrent, auquel il nous serait facile d'ôter la houille et l'eau.

« Je suis entré à cet égard dans tous les détails contenus dans votre lettre, afin de faire comprendre que l'on estimait peut-être trop haut le service qu'on se disposait à nous rendre en nous donnant la préférence sur un tel concurrent. »

Il faudrait, avant d'interroger M. Teste, demander à M. de Cubières quelle était la personne à laquelle on se hâtait de déclarer qu'on demandait qu'on ne s'occupât en aucune manière de l'affaire, et aussi quelle était la personne à laquelle on faisait comprendre qu'on estimait trop haut le service de donner la préférence sur un tel concurrent.

M. LE CHANCELIER. — Ce passage prouve à quel point on croyait la rémunération nécessaire pour obtenir ce qu'on désirait avoir, car on ne voit pas même qu'on s'occupe de la demander formellement, avant d'être assuré qu'on a la possibilité de faire la promesse qu'il est nécessaire de faire. M. de Cubières doit, ce me semble, reconnaître cette vérité.

M. DE CUBIÈRES. — C'est à M. Pellapra que j'ai fait entrevoir que les sacrifices ne devaient pas devancer les décisions dont ils devaient être la rémunération.

D. Au contraire, vous vouliez retarder la délibération jusqu'à ce que vous ayez l'assurance de tenir entre vos mains les moyens suffisants pour reconnaître les services qui vous seraient rendus; ce qui prouve évidemment qu'on a marchandé ce service-là? — R. C'est la relation établie entre moi et M. Pellapra, que j'ai traduite à M. Parmentier.

M. LE RAPPORTEUR. — Mais comment M. Pellapra pouvait-il hâter la décision d'une affaire? — R. Il pouvait intervenir auprès du ministre pour tâcher de la ralentir, puisqu'on croyait que c'était dans l'intérêt de l'affaire.

D. Il dépendait donc de M. Pellapra d'obtenir une décision plus prompte ou plus lente? — R. Il dépendait de lui de l'obtenir, en raison de ses rapports avec le ministre.

M. LE CHANCELIER. — M. Teste voit, à tort ou à raison, à quel point les poursuivants pouvaient avoir besoin des rémunérations qui pouvaient l'emporter.

M. TESTE. — Cette lettre est dénaturée complétement dans sa teneur par les circonstances. On conçoit qu'on ait cherché à ralentir l'affaire jusqu'à ce qu'on soit muni des moyens de commande; mais on ne pouvait ni l'avancer, ni la retarder. Le dossier n'est rentré à Paris que le 28 avril.

Ici, il y a je ne sais quel intermédiaire qui fait dire au ministre des travaux publics : « Il n'est pas temps, nous ne sommes pas encore munis, vous n'avez pas un pas à faire, l'instruction se fait sur les lieux.

Voilà les faits qui ressortent de la plupart des énonciations contenues dans cette correspondance! Que le général ait été abusé, ce n'est pas à moi de l'examiner, votre justice le décidera; mais il doit reconnaître à la lecture de cette correspondance, et en la mettant en contact avec les faits, qu'il y a des dissemblances complètes. En voici une : C'est qu'il n'y avait rien à faire à Paris.

M. LE RAPPORTEUR. — Avant de quitter cette lettre du 26 février, il y a un autre passage; le général Cubières peut-il l'expliquer par sa seule réunion avec M. Pellapra, ou bien résulte-t-il de ce passage qu'il y avait réunion de plus de deux personnes? Le passage est à la page 65; le voici :

« Je suis talonné de manière à ne pouvoir refuser les entrevues qu'on provoque tous les deux ou trois jours. Quand nous nous séparons, on me demande par quel courrier j'attends de vos nouvelles, et quand nous nous réunissons de nouveau, je ne saurais faire mystère de vos lettres. »

Quand vous dites nous nous réunissons de nouveau, n'était-ce qu'avec M. Pellapra?

M. DE CUBIÈRES. — Il n'était question que de M. Pellapra.

M. TESTE. — Appliquer une telle phrase à une tentative de corruption reprochée à un ministre, c'est le faire descendre bien bas. Comment! il aurait traité à front découvert avec plusieurs personnes, comme on traite une affaire de santé! Il y a là une clef à tenir de tout cela. Il faut que la cour se pénètre de ceci :

Supposons que dans le but d'obtenir, comme la plupart des solliciteurs, un bénéfice quelconque dans un intérêt auquel on attache ses soins et ses démarches, on ait imaginé une correspondance avec ceux auquels devrait être attribuée ultérieurement une rémunération entendue.

Messieurs, votre expérience et votre aptitude des affaires rendront ce soupçon vraisemblable à vos yeux, qu'on a pu tenir jusqu'à un certain point ce langage.

Quand j'ai répondu, le général Cubières a continué de dire que de lui à moi il n'y avait pas eu un mot échangé dont sa bouche eût à rougir. Quand cela est dit par lui, il m'est permis, à mon tour, de lui rappeler ce qu'il est.

Quant aux énonciations contraires de la correspondance, j'oppose, avec la fermeté d'une conscience pure, une dénégation absolue, de laquelle je fais dépendre toute ma vie, mon honneur, qui est entre vos mains.

Comment! des expressions prises dans cette correspondance, qui se rattachent tout aussi bien à un autre genre de spéculation, laisseraient-elles le doute dans vos esprits? Mais serais-je condamné au seul supplice auquel je m'attends, à être traîné de phrase en phrase dans les détours épineux d'une correspondance qui m'est étrangère, voudra-t-on me faire rendre compte de chacun des mots qu'elle recèle?

Quand il s'agit de mes actes, je sais ce que j'ai à répondre; j'ai pu commettre des erreurs, mais j'ai toujours suivi ce que j'ai cru devoir être le droit chemin; en ce qui touchait à mes devoirs, j'y ai toujours apporté un soin religieux. Quant à mes devoirs, que l'accusation le déclare, si on a trouvé à redire, je suis prêt à répondre.

J'ai été tenté tout à l'heure de remercier M. le chancelier d'avoir bien voulu réunir les éléments qui restent de cette correspondance; il y a bien quelques légères modifications, j'aurai soin de vous les montrer, et vous verrez, messieurs, si par une funeste inspiration on a tout assemblé sur ma tête, et on n'a pas épargné celui qui devait être à l'abri de pareilles imputations.

M. LE PROCUREUR GÉNÉRAL. — Ainsi, vous supposez que de la part de Pellapra il y a eu un projet d'escroquerie?

M. TESTE. — Le rôle de M. le procureur général est d'accuser, le mien est de me défendre. Je sais que l'accusation est de telle sorte, qu'on veut m'enserrer dans cette alternative. Je n'ai pas parlé d'escroquerie; je crois à une hypothèse qui se rencontre dans une foule de cas. Je n'irai pas au delà. Si vous pouvez vous armer de mon langage, à vous permis; quant à moi, mon rôle est la défense.

M. LE PROCUREUR GÉNÉRAL. — La réponse aurait été tellement naturelle, que je m'étonne de ne pas la rencontrer dans la bouche de M. Teste. M. Pellapra, je n'hésite pas à le dire, a commis la plus exécrable escroquerie qu'il soit possible d'imaginer. Je demande à M. Teste s'il ne voit pas dans ces faits de M. Pellapra le témoignage d'une escroquerie. M. Teste dit qu'il ne vient pas au secours de l'accusation...

M. TESTE. — Je prie M. le procureur général de me laisser le soin de ma défense. Je ne manquerai à aucune des nécessités que mon honneur m'impose; mais je n'accepterai pas arbitrairement qu'on me pousse au delà du but que je veux atteindre.

L'audience est suspendue pour un quart d'heure.

La séance est reprise à quatre heures.

M. LE CHANCELIER à M. Teste. — Je ne voudrais pas continuer cet interrogatoire toujours sur des pièces de la même nature; cela n'avancerait pas assez le débat. Cependant, avant de terminer, je ne peux m'empêcher de présenter à M. Teste un résumé de ses réponses. Il résulte de l'ensemble de toutes ces lettres, qui toutes ont le même caractère, qui toutes témoignent du désir de la corruption, des efforts et du but de ceux qui la veulent, du soin, de l'ardeur de ceux qui cherchent à recueillir tous les moyens de l'opérer ; il résulte de l'ensemble de toutes ces pièces des indices graves et importants.

M. Teste a laissé entrevoir que le moyen d'expliquer cela serait une machination ourdie par des gens qui se seraient servis de lui et de son nom pour couvrir un autre crime.

Je lui demande si, dans le cas où cette corruption n'aurait été que jouée, que simulée, il ne faudrait pas alors convenir qu'on tomberait dans l'accusation d'escroquerie. Si ces hommes n'ont pas dit ce qu'ils croyaient, si, en accusant le ministre aux yeux de leurs associés, ils ne voulaient que tromper ceux-ci, ils auraient commis le délit d'escroquerie ; cette conséquence est forcée. J'engage aussi les autres accusés, à leur tour, à intervenir dans ce débat et à donner les explications nécessaires.

M. de Cubières, expliquez-vous sur ce point.

M. DE CUBIÈRES. — Les faits sont tels que je les ai dits. Il m'a été dit qu'il fallait faire des sacrifices ; on m'a indiqué dans quelles proportions je devais contribuer à ces sacrifices. Ils se sont résolus pour moi dans les sommes que j'ai indiquées.

Je ne crois donc pas que l'accusation dont il est question puisse s'adresser à moi.

M. LE CHANCELIER. — Si cependant les faits que vous indiquez sont démentis, il faudrait alors les expliquer autrement. Je vous engage à bien réfléchir sur ce point.

M. DE CUBIÈRES. — Je persiste à dire que tous les faits que j'ai indiqués sont la vérité. Ils sont ma défense au genre d'imputation qu'on vient de signaler, et je n'en peux pas donner d'autre.

M. LE PROCUREUR GÉNÉRAL. — Je demande à faire une observation. M. de Cubières, dans l'audience d'hier, quand il a entendu le mot d'escroquerie, a paru éprouver un violent chagrin ; il a rougi de colère ; nous avons tous vu couler ses larmes. Je le comprends. Voyons. Aujourd'hui que les lettres sont produites, aujourd'hui qu'il est reconnu qu'elles sont l'œuvre du général Cubières, je lui demande comment il peut persister dans les ménagements qu'il semble avoir pour un des accusés, en reportant toute l'accusation sur l'absent, sur M. Pellapra ; voyons, général, répondez !

M. Teste disait tout à l'heure qu'il s'agissait ici d'une infâme spéculation ; il aurait dû dire qu'il s'agissait d'une odieuse escroquerie. Comment, en présence de cette imputation, pouvez-vous persister à garder un silence qui peut vous accuser ? Général, faites-y attention, c'est à vous que le soupçon revient avec plus de force.

Prenez garde qu'on ne vous présente comme le complice de Pellapra. Vous n'avez dit que la moitié de la vérité, et je soutiens que dans les lettres qui ont été lues ce matin, vous parlez de M. Teste, de sa position de magistrat, de sa fortune acquise pendant son long ministère Si vous parliez ainsi, c'est que vous saviez que vous pouviez le forcer à faire des restitutions, c'est que vous saviez qu'il avait reçu de l'argent. Sinon, général, il faudra bien que l'on retourne contre vous cette accusation, dont le seul soupçon vous faisait bondir sur votre banc. Encore une fois, je vous adjure de dire toute la vérité.

M. DE CUBIÈRES. — M. le procureur général croit que je ne dis que la moitié de la vérité. Je dis ici tout ce que j'ai connu. Maintenant, on dit que j'ai eu des rapports avec M. Teste, que je le menaçais et non M. Pellapra ; cela s'explique complétement : M. Pellapra m'avait dit que l'argent avait été remis à M. Teste. Je lui disais : C'est à M. Teste que j'en référerai, c'est à lui que je m'adresserai. M. Teste a dit à son tour : Pourquoi M. de Cubières ne s'est-il pas adressé à moi ? Je ne l'aurais jamais fait. J'ai déjà dit et je répète que j'en aurais rougi. Je répète que j'ai dit toute la vérité, et que je n'ai eu de rapports personnels avec M. Teste que lorsque le dossier était aux mains du domaine, et jamais de rapports confidentiels.

M. le procureur général insiste sur les termes des lettres du général dans lesquelles il parle comme d'une chose positive de la remise de l'argent à M. Teste.

D. Considérez-vous M. Pellapra comme capable de vous avoir trompé et d'avoir commis une escroquerie à votre préjudice ? — R. Je répète que M. Pellapra m'a dit qu'il avait remis de l'argent à M. Teste; je ne l'ai cru que sur sa parole. Quant à la question de M. le procureur général, les mêmes motifs qui retiennent M. Teste, m'empêchent de répondre d'une manière plus précise. Il est de mon honneur de me taire sur ce point.

M. le procureur général. — Comment votre honneur peut-il être engagé à ménager un homme qui aurait fait une honteuse spéculation à votre préjudice? Votre honneur, général, l'honneur de vos épaulettes, l'honneur d'un homme qui a exercé comme vous un haut commandement militaire, votre honneur vous impose l'obligation de repousser hautement une imputation qui vous ferait partager la honte d'une complicité d'escroquerie. C'est vous-même qui compromettriez votre honneur par votre silence. Vous auriez tort de laisser croire que vous êtes retenu dans ce moment par le désir de combiner votre défense avec celle d'un autre accusé ! Vous devez parler, si vous ne voulez pas qu'on vous suppose le complice de M. Pellapra. Si vous ne voulez pas qu'on vous considère comme un escroc, vous devez parler. Vous êtes devant la justice, vous lui devez la vérité tout entière.

M. de Cubières. — Je ne puis que répéter que j'ai dit toute la vérité. J'ai fait connaître tous les sacrifices que j'ai été amené à faire. Je n'ai donné d'argent à personne. Je n'ai pas d'autre déclaration à faire.

M. le procureur général. — Un dernier mot ! Vous avez dit dans vos lettres que vous aviez poussé M. Pellapra à vous faire obtenir la restitution des sacrifices faits par vous. Je vous répète ma question, qui est décisive pour vous : Croyez-vous que M. Pellapra soit un escroc ?

M. Cubières. — J'ai cru à la vérité des paroles de M. Pellapra, puisque j'ai sacrifié une telle somme. Si je n'avais pas cru à ses assertions, je me serais gardé de le faire.

Me Baroche, défenseur de M. le général Cubières. — Je supplie la cour de vouloir bien me permettre un mot. M. le procureur général vient d'adresser une interpellation à M. le général Cubières ; il lui disait qu'il le croyait arrêté dans ses déclarations par les nécessités de la combinaison de notre défense avec une autre. A cet égard, je prie M. le procureur général et la cour d'être bien convaincus que notre défense n'est combinée avec nulle autre, que les conseils donnés à M. le général Cubières sont honorables, empreints de loyauté, et que la défense lui a dit aussi que le vrai moyen de sauver son honneur c'était de dire la vérité.

Tout ce que vient de dire M. le procureur général, si j'en avais le droit, je le répéterais à M. le général Cubières, et soyez convaincus que, ni M. le général Cubières, ni celui qui a l'honneur de parler devant vous ne seront arrêtés par la nécessité de combiner une défense avec qui que ce soit. Peut-être, dans d'autres temps, j'ai eu des relations intimes avec un autre accusé, mais je supplie la cour d'être convaincue que je suis, avant tout, le défenseur du général, que ce que je veux, avant tout, c'est que son honneur sorte pur et intact de ce débat. Ainsi, que M. le procureur général ne croie plus que notre défense est combinée avec une autre, et que c'est cela qui arrête nos déclarations. Non, ce n'est pas de notre part que viendra l'obstacle à l'explosion de la vérité. Voilà ce que je tenais à dire à la cour. (Mouvement d'approbation.)

M. Cousin. — Monsieur le chancelier, voulez-vous me permettre d'adresser une dernière question à M. le général Cubières? — (Parlez!)

M. le général Cubières est évidemment sous le poids de cette idée qu'il a plusieurs fois exprimée, que, quoi qu'il lui puisse arriver, il ne veut être le dénonciateur de personne. Cette idée a pu le saisir par une apparence de générosité. Mais sans lui, malgré lui, ses lettres, parvenues à la connaissance de la cour, ont fait ce qu'il ne voulait pas faire; elles ont dénoncé un coupable, elles accusent l'ancien ministre des travaux publics en des termes qui font un grand contraste avec ses ménagements actuels. Il faut que M. Cubières démente les lettres ou qu'il les complète. Son ancien système de défense ne s'applique plus à la situation qu'un hasard heureux lui a faite.

Je prie M. le chancelier, et je me donne à moi-même la triste mission de lui rappeler cette phrase de la lettre du 18 avril 1846 : « Je ferai connaître tous les faits, sous la foi du serment, et si par impossible, et si par hasard j'étais condamné à payer, faute de pièces écrites suffisantes, j'aurai du moins la consolation d'avoir éclairé le public sur la moralité de M..., en le forçant à se parjurer. » On ne parle pas ainsi sur la foi d'un autre, on ne parle avec cette force que sur la foi de sa propre conviction. Le général Cubières menaçait de dénoncer les *exigences éhontées* de M..., et aujourd'hui il se tait. Il disait qu'il ferait connaître tous les faits, et il se renferme dans ses anciennes dénégations que le langage de ses lettres met au néant. Une dernière fois, je l'engage à donner une explication franche et abandonnée sur les exigences qu'il qualifiait si énergiquement, et sur les faits qu'il devait faire connaître. (Mouvement.)

Plusieurs pairs. — Parlez, général, dites toute la vérité. (Vive sensation.)

M. Cubières, d'une voix émue. — D'abord, faire connaître tous les faits, c'était faire connaître les faits compris dans ces lettres; car jusque-là, les faits ne s'étaient pas produits; faire connaître tous les faits, c'était dire ceux dont je me plaignais.

Maintenant, M. Cousin me demande si je suis disposé à démentir les lettres publiées indépendamment de ma volonté. Eh bien, je déclare que je n'ai rien à démentir de mes dépositions, qu'elles sont affirmatives; que j'ai affirmé tout ce que comportaient mes sacrifices, et que je n'ai rien à ajouter. On objecte à cela : « Mais vous n'avez pas dit la vérité avant les lettres ! » Messieurs, si je ne l'avais pas dite, le motif en est connu de la chambre ; j'ai déclaré pourquoi ; j'ai dit que je ne voulais pas être dénonciateur et délateur. Maintenant, j'affirme tout ce que ces lettres contiennent. (Mouvement.)

On veut que j'aille au delà. On dit que j'en connais davantage. Non, je ne connais que cela. Je n'ai été acteur qu'avec M. Pellapra. C'est à lui que j'ai remis le montant de mes sacrifices ; je n'ai rien remis de plus que ce qui figure dans ces lettres, et que ce qui a été l'objet d'un débat entre nous. Je déclare donc, en mon âme et conscience, que je ne pourrais rien dire autre chose que ce qui se trouve dans ces lettres, parce que je ne sais rien autre chose que ce que m'a dit M. Pellapra. Il m'a dit qu'il avait promis, puisqu'il avait remis 100,000 fr. à M. Teste ; mais je ne sais pas autre chose. Je n'ai pas été appelé en témoignage ; je n'ai pas assisté à ce compte, s'il a eu lieu.

Par conséquent, je déclare que j'ai dit toute la vérité.

M. LE CHANCELIER. — M. Teste, vous venez d'entendre M. Cubières dire qu'il a déclaré toute la vérité, et qu'il affirmait tout ce qui est contenu dans sa correspondance. Il y a de plus les lettres de Pellapra lui-même. Vous voyez que M. le général Cubières affirmant tout ce qui est contenu dans ces lettres, il en résulte que Pellapra lui a déclaré que vous avez reçu de lui 100,000 fr. Il est évident que si M. Cubières n'avait pas eu la moindre raison pour croire que cela fût vrai, il n'aurait pu se prêter à aucun des engagements qu'il a pris à raison des charges qui lui étaient imposées comme copartageant. Qu'avez-vous à dire à cet égard ?

M. TESTE. — Ce que j'ai à dire, monsieur le chancelier ; c'est que j'ai reçu une tout autre impression de ce que je viens d'entendre sortir pour la seconde fois de la bouche de M. général Cubières ; c'est que M. le général Cubières, avec une persévérance que je ne veux ni louer ni blâmer, a dit au contraire qu'il n'avait d'autres notions sur la remise qui m'aurait été faite d'une somme quelconque que ce qu'il avait appris de M. Pellapra ; qu'il avait cru à ce langage, agi et écrit en conséquence.

Si mon intelligence est ainsi frappée, si MM. les pairs sont autrement affectés, si ce n'est pas moi qui donne la véritable version ; si le langage de M. le général Cubières a la signification qu'on lui donne, le malheur est grand. Je n'ai rien entendu sortir autre chose de sa bouche ; le débat reste dans l'état où l'avait placé la fin de la première partie de mon interrogatoire.

M. le général Cubières explique sa correspondance, même dans la partie récemment révélée, par l'opinion où il aurait été mis par M. Pellapra d'une corruption accomplie, à accomplir en mes mains. Il explique sa conduite par cette opinion ; mais la sienne personnelle, il la repousse, et la repousse itérativement, malgré les moyens que je m'abstiens de juger, malgré l'action puissante qui, des deux parts de cette enceinte, s'est exercée sur lui. (Sensation.) Si je prenais cette correspondance tout entière, mais je crois que le moment n'est pas encore venu de la discuter, mon Dieu, je ferais voir deux opinions à l'état de doute.

Il y a assurément une lettre dont on vient de lire quelques phrases, qui est plus directe ; là M. le général Cubières parle en homme convaincu ; il dit que son action en répétition peut venir jusqu'à moi, m'atteindre dans ma considération comme magistrat, et ébrécher ce qu'il appelle ma grande fortune, et dont ce passage de l'arrêt m'obligera d'offrir le triste tableau dans cette enceinte, avant que le débat finisse.

Mais d'autre part, non pas dans une, mais dans plusieurs lettres antérieures, et dans celles qui succèdent à la date du 5, du 5 et du 9 mai, parlant à M. Pellapra lui-même en face, il lui dit qu'il est trop exigeant, que la rémunération qu'il ne conteste pas en principe, et qu'il peut se faire attribuer, est une rémunération trop forte.

Vous concevez, messieurs, que je ne peux pas apporter, moi, la vérité; on me réduit à l'impossible. (Sensation.) Cette correspondance apparaît il y a vingt-quatre heures ; elle n'a pu passer devant moi que comme une lueur. Dans la partie où je suis désigné, et c'est une erreur que je pourrais qualifier d'insistance; si je rapprochais une seule de ces lettres avec celles qui correspondent à mon lot, je ferais voir que l'on y dénonce une escroquerie ; car, si votre système est vrai, il y a eu une atteinte portée à la fortune de la société de Gouhenans par des moyens illicites.

Au général Cubières, on dit : Voilà l'escroquerie qui vous atteint ; c'est votre sort inévitable ; si vous ne donnez pas ce qui nous manque pour achever la preuve de corruption. Voilà la situation que l'on nous fait ; je demande si cela est juste ; je demande, en respectant toutefois les droits de l'accusation, que nul mieux que moi n'apprécie, en les respectant, je demande s'il est possible d'imaginer une perplexité plus grande que celle à laquelle la défense est soumise. Je reconnais tous les droits de l'accusation, mais la défense aussi a les siens.

Messieurs, je sens, comme au premier moment, une profonde amertume de l'absence de l'un des hommes qui aurait dû être placé sur le banc de l'accusation. (Ecoutez.)

Au moment où cette nouvelle a frappé mon oreille, j'ai prévu ce qui se réalise à cette audience ; j'ai compris, à l'instant même, qu'on serait trop enclin à supposer que cette désobéissance à la justice était le résultat d'un concert, et que l'on avait fait disparaître pour le salut commun, celui sur lequel on s'apprêtait à rejeter tout le poids de l'accusation. C'est précisément ce qui m'a fait éviter tout à l'heure de répondre à la question que me posait M. le procureur général. Si je ne m'étais pas senti en proie à ce soupçon, et si j'avais qualifié la correspondance, en ce qui me concerne, on n'aurait pas manqué de dire que le bouc émissaire du procès était celui qui ne figure pas à côté de nous sur ce banc. Voilà ce qu'on aurait dit.

Et j'aurais autorisé le soupçon d'une pareille intelligence ! et j'aurais, exprimant peut-être ce qui est dans votre opinion, m'associant à l'accusation dans cette partie, dans son degré subalterne, mais qui touche de plus près à l'honneur, quoique je ne fasse pas de différence, car l'infamie est égale de part et d'autre, j'aurais secondé le zèle de M. le procureur général, je lui aurais fourni la démonstration anticipée que l'accusation n'est pas là ! et ceci parce que nous l'avons rejeté au loin, afin de pouvoir, en commun, combiner contre lui tous les moyens de l'accusation.

Eh bien, voilà la barrière devant laquelle je me suis arrêté. Je ne sais pas ce que c'est que de m'instituer, moi qui suis contraint à la défense de mon honneur, de m'instituer l'accusateur direct d'un homme, que j'aurais voulu voir ici, à qui j'aurais adressé les mêmes adjurations qu'au général Cubières, à qui j'aurais demandé le secret de cette correspondance, et que je me serais cru la force de convaincre contre toutes les suppositions que renferme la correspondance.

Voilà la situation!

Comment, on conteste ce droit? On veut nous forcer de ne pas nous défendre, de fournir des preuves contre nous au ministère public; de fournir contre moi tout ce que je dois apporter de dénégation la plus formelle d'une corruption projetée, tentée, accomplie! Voilà le cercle dans lequel on veut m'enfermer; voilà le cercle dont on ne voudrait pas me voir sortir! Au contraire, je veux, je dois en sortir, pour les besoins de la défense, pour ma propre justification, pour repousser des conséquences qu'on a appelées tout à l'heure naturelles. C'est là l'office d'un juge. Quant à nous, notre défense est notre premier besoin, elle est aussi un droit; ce droit, nous entendons l'exercer comme il nous convient, sans nous préoccuper de ce qui pourra résulter logiquement, légalement, des explications que nous fournirons dans notre propre intérêt. (Mouvement.)

Voilà ce que nous avions à dire pour ce qui nous concerne nous.

Maintenant, quand on arrivera à l'examen des actes, dans lesquels je ferai consister ma preuve négative de la corruption, je donnerai des explications, qui me seront suggérées par le sentiment de la vérité, par les obligations dont je me sens grevé en présence de la justice, de la vérité. Mais qu'on ne nous contraigne pas à rédiger de notre main, à signer nous-mêmes un acte d'accusation pour le délit que le ministère public recherchera, qu'il trouvera même dans le débat, s'il le juge convenable; c'est son droit à lui; quant à nous, nous nous sommes expliqués à cet égard.

Il y a, dit-on, un cercle tracé : si la corruption disparaît, l'escroquerie en prend la place. Que l'accusation fasse ce raisonnement, qu'elle le plaide même, c'est son droit. Mais, si vous aviez pu pénétrer dans le secret de nos impressions au moment où la nouvelle s'est répandue de la disparition d'un accusé, vous rendriez plus de justice au langage que j'ai l'honneur de tenir devant vous. Il est évident que cette absence autorise une foule de soupçons, qui pourraient être démentis par l'auteur même des lettres. J'ai la foi que jamais le fait important de la corruption consommée, de la tradition à l'ancien ministre des travaux publics d'une valeur quelconque, en dehors des services qu'il n'a pas rendus, qu'il n'a pas eu la volonté de rendre, j'ai la foi que cette imputation aurait été purgée par le choc d'une contradiction ; hier, c'était le plus ardent de mes souhaits; il a failli, ce n'est pas ma faute.

Croyez-vous que je n'ai pas prévu quelles en seraient les conséquences? Croyez-vous que si ma conscience m'avait adressé un reproche sérieux, je n'aurais pas dérobé à la justice un coupable? Je suis devant vous avec la pleine sécurité que m'inspire votre justice, votre expérience des hommes et des choses ; je me présente à vous, vous le savez, dépouillé de tout ce qui aurait pu éveiller ici des sentiments les plus affectueux ; je me suis séparé de tout volontairement ; je me suis réfugié dans mon honneur ; je l'ai commis à votre garde : il en sortira sain et sauf. (M. Teste prononce ces dernières paroles avec une grande énergie.)

M. LE CHANCELIER. — Vous venez de dire tout à l'heure que, quand vous seriez arrivé à la discussion des actes, vous établiriez formellement jusqu'à quel point l'accusation dirigée contre vous était mal fondée; vous espériez que vous ne laisseriez à cet égard aucun doute dans les esprits. Comme je souhaite beaucoup vous mettre en mesure d'arriver effectivement à ce résultat, je vous demanderai quels sont les actes sur lesquels vous désirez que je vous interroge. Pensez-vous qu'il faille commencer par la discussion qui a eu lieu dans le conseil des mines, ensuite par la difficulté qui a été élevée par le ministère des finances; puis par le projet d'ordonnance délibéré dans le conseil d'Etat, et enfin par l'ordonnance qui a été portée par vous à la signature du roi? Sont-ce là les actes dont il est question?

M. TESTE. — Ce sont là les actes de l'instruction administrative. J'ai dit que c'était là le véritable terrain de ma responsabilité. L'accusation est au chef de la corruption; il faut donc que les actes répondent à l'accusation. Je désirerais que l'on commençât par là; et l'accusation ne s'y est pas trompée : elle a principalement insisté, à mon égard, sur une correspondance qui m'est complétement étrangère.

Dans tout le cours de l'instruction écrite devant la commission, dans l'acte d'accusation, contre lequel nous plaidons ici, il y a une foule d'inductions, d'indices, de présomptions tirées de ma conduite comme ministre. Si ma conduite comme ministre est sans reproche, s'il n'a été rien fait dans l'affaire de Gouhenans qui n'ait été commandé par la plus stricte justice, qui ne pût pas être refusé, si, au lieu de céder à la faveur, j'ai au contraire limité dans les bornes les plus étroites ce à quoi on pouvait prétendre, vous concevrez alors que l'accusation de corruption tombe.

M. LE CHANCELIER. — Alors je vais prendre la série de ces questions.

M. TESTE. — Les indices que l'accusation trouve contre moi dans les actes administratifs?

M. LE CHANCELIER. — Si vous croyez que cela vaille mieux, vous pourriez vous expliquer sur l'ensemble de ces actes, sans que j'aie besoin de les rappeler; je ne m'y oppose pas : peut-être cela vous sera-t-il plus favorable; vous aurez, de cette manière, le moyen d'enchaîner plus facilement les faits et conséquences que vous pourriez avoir à en déduire. Cependant, si vous aimez mieux que je vous interroge acte par acte, je vais le faire.

M. TESTE. — Je crois, monsieur le chancelier, que cela vaut beaucoup mieux.

M. le chancelier interpelle M. Teste sur le zèle et l'activité qu'il a montrés dans le cours de l'instruction administrative à laquelle a donné lieu la demande en concession des mines de Gouhenans.

M. Teste donne des explications très-détaillées, desquelles il fait résulter que le rapport a été dressé avec toute la maturité désirable, que son habitude de présider le conseil d'Etat était fondée sur le désir d'étudier les affaires de son département. M. Teste soutient qu'on ne peut dire qu'il a fait des efforts pour faire prévaloir le grand périmètre, quand on voit que l'ancien ministre des travaux publics n'avait qu'à voter pour déterminer la majorité, et qu'il s'est abstenu.

On me reprochait, continue M. Teste, d'avoir présidé le conseil d'Etat dans les mêmes circonstances; mais j'ai bien souvent présidé le conseil d'Etat; cela n'avait rien d'étonnant, surtout dans cette circonstance où il y avait un conflit entre deux ministres, conflit qui toutefois n'avait jamais rien eu de la violence dont on a parlé.

On a dit que l'affaire avait reçu une impulsion très-vive. Les recommandations faites à cet égard ont été générales. J'ai là des circulaires qui l'établissent.

M. LE CHANCELIER. — Il reste un point sur lequel M. Teste ne s'est pas expliqué. C'est la clause qui, dans la délibération du conseil des mines, réserve à la compagnie Parmentier le droit de se représenter en concurrence avec les demandes qui seraient formées plus tard pour la partie du périmètre qu'elle n'obtenait pas immédiatement. Cette clause est signalée par M. Pellapra aux associés de Gouhenans comme leur assurant gain de cause, et dans plusieurs pièces vous lui accordez la même portée.

M. TESTE. — Les compagnies concurrentes auraient pu être déboutées de toute demande, elles n'ont été qu'ajournées. Et aucun droit de préférence n'a été réservé à la compagnie Parmentier. Et c'est en présence de ces faits, quand la compagnie n'avait rien obtenu, que le général Cubières et M. Parmentier auraient consommé la corruption, cela est inadmissible.

M. LE PROCUREUR GÉNÉRAL. — Je voudrais interroger M. Teste sur quatre points. Ma première question serait sur la remise de l'affaire au mois de juin. M. Teste a dit, dans ses premières réponses, que l'affaire de Gouhenans ne présentait aucune difficulté : quel grave motif pouvait-il donc y avoir de l'ajourner, de la mûrir ?

M. TESTE. — Il n'y avait aucune difficulté quant au droit de préséance ; mais il y en avait de très-sérieuses quant au périmètre, et par suite de l'opposition du ministère des finances.

M. LE PROCUREUR GÉNÉRAL. — M. Teste connaît le billet par lequel M. Pellapra prétend que cette remise lui a été annoncée comme motivée par l'hostilité du rapport à l'égard de la compagnie ? A-t-il écrit ce billet qui est indiqué comme écrit *par le patron* ?

M. TESTE. — Je n'en sais rien ; mais ce que je sais, c'est que le rapport, ni les conclusions du rapport, n'ont été changés dans l'intervalle que l'on prétend que m'étais ménagé.

M. LE PROCUREUR GÉNÉRAL. — Avez-vous, oui ou non, écrit ce billet ?

M. TESTE. — C'est montrer beaucoup d'exigence que de poser, après cinq ans, une telle question sur un billet qui ne m'est présenté qu'en substance.

M. LE PROCUREUR GÉNÉRAL. — Vous avez dit que vous étiez contraire au grand périmètre : vous avez exprimé le contraire dans votre lettre au ministre des finances.

M. TESTE. — J'ai dit dans cette lettre que les avantages qu'il semblait y avoir à unir ensemble l'exploitation du banc de sel et de la houille superposés auraient pu me faire adopter l'avis de la minorité du conseil des mines, si je n'avais vu moyen de ressaisir plus tard la question ; mais les explications qui m'ont été données par les hommes de l'art m'ont éclairé à cet égard. J'ai changé d'avis ; l'ordonnance de concession l'atteste.

M. LE PROCUREUR GÉNÉRAL. — Une dernière question : Je demande quel intérêt avait le ministre des travaux publics à ce que la concession fût faite d'une manière plutôt que de l'autre, et à engager une sorte de lutte avec le ministre des finances.

M. Teste répond que l'ardeur qu'il a apportée à soutenir son opinion venait de ce qu'il ne comprenait pas que le ministre des finances se refusât à une concession qui lui donnait un gage pour les condamnations encourues par la société Parmentier, Grillet et compagnie.

M. LE CHANCELIER. — J'ai une dernière observation à faire à M. de Cubières. Il a parlé dans ses lettres de 100,000 fr. qui auraient été remis par M. Pellapra à M. Teste; il faut qu'il ait eu une conviction bien profonde de la remise de cette somme pour qu'il s'en soit exprimé comme il l'a fait, et pour qu'il ait consenti à remettre à M. Pellapra une partie de ces 100,000 fr. Je lui demande de déclarer en son âme et conscience s'il croit à la réalité de la remise des 100,000 fr.

M. DE CUBIÈRES. — J'ai déclaré que j'ai ajouté foi aux assertions de M. Pellapra quand il m'a déclaré qu'il avait promis, et quand il m'a dit qu'il avait donné les 100,000 fr. : c'est pour cela que je lui ai remis pour moi la somme qu'il m'a réclamée. Je me suis renfermé en moi-même en entendant surgir la prévention d'escroquerie, contre laquelle se révolte tout ce que j'ai d'énergie ainsi que mes antécédents. Mais je n'ai pas reporté cette accusation d'escroquerie sur M. Pellapra, et je lui ai donné les 40,000 fr. qu'il me réclamait, parce que je me croyais tenu à les lui donner.

L'audience est levée à six heures moins un quart.

4e audience. — 12 juillet.

L'intérêt qui s'attache au procès soumis en ce moment à la cour des pairs semble s'accroître à chaque audience. On n'assiste pas sans un saisissement douloureux à ces débats remplis d'incidents, où l'honneur d'un ancien garde des sceaux et d'un lieutenant général est engagé. La nouvelle répandue, dès avant-hier, de l'apparition de M. Pellapra avait contribué à irriter encore la curiosité publique et à rendre plus empressée et plus ardente la foule qui de bonne heure envahit et remplit les tribunes. Ce que dira M. Pellapra, d'avance on cherche à le savoir. Parlera-t-il? Se taira-t-il? Continuera-t-il à accepter le rôle auquel il semble s'être volontairement condamné par son absence, ou bien d'accusé, se fera-t-il accusateur? On peut dire qu'une sorte de frémissement court dans l'assemblée; il semble qu'elle va assister à un combat mortel, et qu'elle ne peut se défendre elle-même d'une émotion involontaire au moment de savoir peut-être le dernier mot de ce procès, qui tiendra sa place parmi les procès fameux, et qui depuis deux jours agite et absorbe le sentiment public.

En lisant le compte rendu complet et impartial de ces débats, nos lecteurs n'auront qu'une idée imparfaite néanmoins de ce qu'ils ont eu, dans certains moments, d'émouvant et de solennel. Comment peindre le silence d'une grande assemblée suspendue aux lèvres d'un témoin, et attendant, de sa bouche, avec une sorte d'angoisse, des révélations décisives? Comment peindre, surtout dans un homme de 67 ans, ces ressources, ces élans qui font de lui, dans les luttes du barreau, un orateur sans maître et presque sans rivaux? Si on osait, on lui dirait d'être moins habile, de songer que ce n'est pas un autre qu'il défend, que c'est lui-même; et que, pour soi-même, il faut savoir trouver des mots plus personnels et plus pénétrants. Que l'ancien ministre des travaux publics soit un avocat hors ligne! qui en doute? Mais ce n'est pas de cela qu'il s'agit, c'est de quelque chose de bien plus grave. Qu'il y songe!

Enfin à midi et un quart, M. le chancelier entre, précédé des huissiers, et MM. les pairs le suivent.

Après l'appel nominal, la séance est ouverte.

M. LE CHANCELIER à M. de Cubières. — Avant d'entendre les témoins, j'ai une question à vous adresser. Vous aviez promis de rechercher de nouvelles pièces, et nous n'en avons pas reçu d'autres. Le 6 août 1842, M. Pellapra a écrit à M. Parmentier pour lui rendre compte de ce qui s'était passé dans le conseil des mines. Le jour même, M. Parmentier vous aurait écrit une lettre pour vous rendre compte des mêmes faits. Avez-vous reçu cette lettre, et pouvez-vous la représenter?

M. DE CUBIÈRES. — Je me rappelle avoir reçu cette lettre, et si elle n'est pas parmi les papiers que j'ai déposés, c'est qu'elle n'a pas encore pu être retrouvée.

M. LE CHANCELIER. — Je vais donner lecture d'une lettre qui m'a été adressée ce matin par Mme Pallapra. (Vif mouvement de curiosité.) Cette lettre était accompagnée de plusieurs autres lettres et documents dont il sera également donné lecture.

M. DE LA CHAUVINIÈRE, greffier en chef, adjoint de la cour, donne lecture de la lettre de Mme Pallapra, en date d'aujourd'hui;

Cette lettre est ainsi conçue:

Mme Pellapra à M. le chancelier de France.

« Paris, 12 juillet 1847.

« Monsieur le chancelier,

« Au moment d'une fatale séparation, j'ai reçu de mon mari une lettre que je viens remettre en vos mains.

« M. Pellapra s'est éloigné de Paris moins encore à cause de l'état déplorable d'une santé si vivement ébranlée, que pour conserver l'honorabilité de son caractère, qui ne lui permettait pas d'accepter le rôle de dénonciateur. Vous le voyez, monsieur, nos efforts ont été inutiles; on a interprété son absence avec une perfidie si grande, que, responsable de l'honneur du nom que je porte, je dois le défendre contre l'inculpation déshonorante dont on a voulu le flétrir.

« Ce jour est douloureux pour moi; vous comprenez, monsieur, toute son amertume! J'ai attendu jusqu'au dernier moment. Telle était la volonté de mon mari.

« Je suis avec respet, monsieur le chancelier, votre très humble servante,

« Emilie PELLAPRA. »

A cette lettre était jointe la lettre suivante, adressée par M. Pellapra à sa femme:

M. Pellapra à Mme Pellapra.

« Du 2 juillet 1847.

« Ma chère amie, au moment de m'éloigner, je te fais remettre par une main sûre et dévouée les pièces qui suffiront à établir que si j'ai pu être cruellement compromis dans une affaire où j'avais pour but, avant tout, de rendre service à un ami, je n'ai jamais rien fait cependant qui soit de nature à faire rougir un honnête homme. Malgré certaines insinuations qui sembleraient avoir pour but de faire peser sur moi au delà de ma part de responsabilité dans la malheureuse affaire Gouhenans, j'ai mieux aimé, pendant une longue et pénible instruction, rester exposé à d'odieux soupçons, que de perdre celui qui a racheté par de si cruelles angoisses un instant de faiblesse.

« Mais il est un bien que je ne puis laisser entamer, parce qu'il n'appartient pas à moi seul, qu'il appartient aussi à toi, à ma fille, à tous les miens, c'est l'honneur de mon nom ; les papiers qui serviraient au besoin à le couvrir ne peuvent être mieux que dans tes mains. Sois donc juge du moment où ce serait une cruelle nécessité et un impérieux devoir de les produire. Dieu fasse que ce moment n'arrive jamais, je connais assez ton cœur et ta générosité pour être sûr que tu ne t'y résoudrais qu'à la dernière extrémité.

« Je t'embrasse du fond d'un cœur cruellement attristé.

« H. Pellapra. »

M. le chancelier. — Faites voir à M. de Cubières la note suivante, et demandez-lui s'il en reconnaît l'écriture.

M. de Cubières, après avoir examiné la pièce que lui présente M. de la Chauvinière. — Je ne la reconnais pas.

M. le comte Molé. — Lisez la pièce.

M. le chancelier. — Elles seront toutes lues.

M. de la Chauvinière lit la note.

Note sans signature, mais qui, par son contenu, paraît être d'une date postérieure à celle de l'acte notarié du 5 février 1842, et se rapproche beaucoup de l'époque de l'envoi du dossier de l'affaire à Paris. (Fin d'avril 1842.)

« MM. P. G. et compagnie, déjà et depuis longtemps concessionnaires de houille à G., dans un périmètre de 16 kilomètres, ont formé leur demande en concession de sel gemme pour un périmètre de vingt kilomètres, conformément à la loi du 17 juin 1840.

« L'instruction de cette affaire est terminée ; toutes les pièces qui doivent l'accompagner forment un dossier qui sera successivement adressé à M. le ministre des travaux publics, à M. le préfet de la Haute-Saône, dont l'avis est entièrement favorable, ainsi que celui de l'ingénieur du département qui s'est transporté sur les lieux.

« Toutefois, l'avis de M. le préfet est de réduire l'étendue de la concession de sel au périmètre déjà concédé à M. P. G. et compagnie pour l'exploitation de la houille, et il paraît que l'avis de l'ingénieur est encore plus restrictif que celui du préfet.

« Bien que la société, pleine de confiance dans l'équité du gouvernement, n'ait rien à redouter de l'administration quant à l'appréciation de ses droits d'inventeur, et bien que la concession de sel ne puisse lui être refusée, la société a senti qu'il y aurait avantage pour elle à éloigner ou à retarder la concurrence des divers concessionnaires qui pouvaient s'établir dans son voisinage; il est vrai qu'aucune concurrence ne sera jamais nuisible à la société; mais une concurrence quelconque deviendrait gênante si elle s'établissait trop près de G., c'est là ce qui fait que la société doit tenir à sa demande d'un périmètre de vingt kil., qui forme la limite que la loi du 17 juin 1840 a mise à l'étendue des concessions de sel.

« Dans l'état actuel des choses, la société comprend la nécessité de s'appuyer du crédit et de s'aider des conseils d'une personne influente par ses relations sociales et politiques, ainsi que par ses capitaux; elle pense que vous pouvez mieux qu'aucun autre concourir au complet succès de sa demande, en lui faisant obtenir en entier le périmètre de vingt kilomètres qui est nécessaire pour que la concession produise aux exploitants tout ce qu'ils doivent en attendre. A cet effet, la société est disposée à vous concéder un intérêt qui vous mette en participation avec les actionnaires.

« L'établissement de G., la mine de houille concédée et celle de sel à concéder, forment le fonds social, qui a été divisé en cinq cent vingt-cinq actions.

« Sur ce nombre, la société pourrait disposer en votre faveur de trente actions, dont le capital serait ultérieurement fixé, et ne deviendrait exigible qu'à votre convenance. Quand vous aurez réfléchi à cette proposition, elle recevra de vive voix tous les développements dont elle est susceptible, et sous peu on serait en mesure de constituer à cet égard toutes les garanties désirables. »

M. LE CHANCELIER à M. Cubières. — Si cette pièce n'est pas de votre écriture, connaissez-vous au moins celui qui l'a écrite?

M. DE CUBIÈRES. — Je ne me rappelle pas qui l'a écrite, mais ce qu'elle contient est la vérité.

M. le chancelier fait représenter à M. Teste une liasse de billets écrits de sa main et adressés à M. Pellapra, et lui demande s'il les reconnaît.

M. TESTE (après les avoir examinés). — Ces billets sont de ma main.

M. le greffier donne lecture de ces différents billets.

M. Teste à M. Pellapra.

« 15 avril.

« Mon cher ami,

« On ne pourra me donner que ce soir quelques renseignements indispensables que j'ai demandés dans les bureaux. Je m'enfermerai tout demain, mais je ne sais si la journée me suffira. Je voudrais avoir toute celle de lundi.

« Tout à vous,

« J.-B. TESTE. »

M. Teste à M. Pellapra.

« Envoyez, cher ami, mardi, à sept heures, tout sera prêt. Bonsoir.

« J.-B. TESTE. »

« Il y a à peine une heure et demie qu'on m'a apporté les notes demandées. Je n'ai pu les lire encore. Je m'occuperai du travail demain, dès quatre heures du matin.

« 15 avril, sept heures du soir. »

M. Teste à M. Pellapra.

« 16 avril.

« Mon cher ami,

« Les renseignements de détail qui m'avaient été promis m'ont manqué. Je crois pourtant que la note ci-jointe contient tout ce qu'elle doit contenir.

« Tout à vous,

« J.-B. Teste. »

Plusieurs voix. — Lisez la note !

M. le greffier. — La note n'est pas jointe.

M. le chancelier. — On donne lecture à la cour de ce qu'on a. On ne peut pas lire ce qu'on n'a pas. (Rire général.)

M. le greffier continue sa lecture.

M. Teste à M. Pellapra (1).

« Mon cher ami,

« Le rapport a été déposé hier soir. Il est tout à fait contraire à mon opinion, c'est-à-dire qu'il conclut comme l'ingénieur à la réduction à six kilomètres. Il est, en outre, fortement motivé. J'ai cru qu'il était convenable de ne pas précipiter la délibération du conseil et de la différer jusqu'à mon retour. Cela est plus sûr, et n'entraîne qu'un retard de vingt-cinq jours. Je vous en préviendrai au moment de mon départ. Faites que je vous retrouve en bonne santé.

« Votre dévoué,

« J.-B. Teste. »

M. Teste à M. Pellapra.

« 16 janvier, onze heures et demie.

« Mon cher ami, j'allais vous voir ; on me prend pour me conduire chez un ministre, d'où je serai obligé d'aller au Luxembourg. Demain je suis pris toute la journée à la cour de cassation. Je vous propose de vous voir samedi, à midi et demi, chez vous, ou chez moi, à votre choix.

« Votre bien dévoué,

« J.-B. Teste. »

M. Teste à M. Pellapra.

« Paris, le 15 janvier 1843.

« Mon cher ami,

« Vous avez pris la peine de passer chez moi avant-hier. Je suis désolé de ne m'y être pas trouvé. Je passerai à votre hôtel demain, mardi, à dix heures et demie, en me rendant à la cour de cassation ; faites-le moi savoir dans la journée.

« Votre bien dévoué,

« J.-B. Teste. »

(1) Cette lettre est celle qui est rapportée en substance dans la lettre du général Cubières, du 25 juin 1842.

Voici une autre note jointe à ces pièces.

Bordereau de négociation.

« Du 12.

« Négocié à M. Goubié aîné par Greene et Cie.

20,000 00	au 20 février s. A. Dromel et Cie, 41 jours, escompte 5 1/2 0/0		79 70
15,957 50	au 1er mars. E. Gautier.	50 jours. s. 102,598 41	497 75
25,000 00	id.		
27,000 00	id., Rob et Cie		
27,750 00	id. id.		
8,710 91	id. A. Lemaistre et Dorey.		
122,598 41			
577 45	à déduire pour escompte à 5 1/2 0/0 l'an.		577 45
121,820 96	net.		

Paris, 10 janvier 1843.

M. DE LA CHAUVINIÈRE. — Pour l'intelligence de la pièce suivante, qui fait partie des pièces remises par M. Pellapra, je dois donner lecture à la cour : 1° d'un extrait de la déposition de M. Pellapra, en date du 14 mai 1847, ainsi conçu :

« D. En ouvrant un crédit à M. de Cubières, vous faisiez un acte de la nature de ceux que font les banquiers ; vous ouvriez sans doute aussi des crédits à diverses autres personnes : tout cela suppose nécessairement que vous avez des livres chez vous ; autrement, comment pourriez-vous vous rendre compte des sommes que vous auriez successivement avancées ?

« R. Je n'ai aucun livre chez moi. Depuis bien longtemps je n'ai ouvert que ce crédit-là ; depuis que j'ai cessé d'être receveur général, je ne fais plus d'affaires, si ce n'est avec quelques agents de change, et mes comptes avec eux se règlent chaque mois à l'aide de quelques notes qui me suffisent pour cela. »

2° D'un extrait du procès-verbal de la perquisition opérée, le 1er juin, au domicile de M. Pellapra :

« Nous avons demandé au sieur Pellapra de nous représenter ses registres et livres de comptes. Il nous a répondu que, comme il l'a déjà dit lorsqu'il a comparu devant la commission de la cour des pairs, il n'a ni livres, ni registres qui lui soient personnels ; qu'il n'a d'autres livres que ceux relatifs à la gestion des biens composant la fortune de son petit-fils, le comte Henri de Brigode, pair de France, dont il est le tuteur, et à la gestion des biens de Mme la princesse de Chimay, sa fille, qu'il dirige paternellement.

« M. Pellapra a ajouté : En ce qui touche la gestion de ma fortune personnelle, je n'ai pas besoin de livres, et je vais vous en fournir la preuve : quant à la partie de ma fortune placée en rentes ou actions de la banque, et sur lesquelles je fais des opérations, je règle tous les mois avec les divers agents de change dont je me sers ; ils me fournissent leur bordereau, j'encaisse ou je paye le résultat de chaque compte mensuel, je reçois le bordereau acquitté, je conserve ces bordereaux, et je n'ai pas besoin d'autres comptes.

« Quant à mes autres affaires et aux divers placements que j'ai pu faire, mon système est le même. Je fais une liasse pour chaque affaire, je renferme cette liasse dans une chemise sur laquelle j'inscris le capital avancé, et puis successivement et au fur et à mesure des échéances des intérêts qui me sont payés. Je n'ai donc pas besoin de livres et de registres, chaque petit dossier me représentant exactement l'état de l'affaire.

« Et à l'appui de son dire, M. Pellapra nous a ouvert divers portefeuilles, et nous a montré un certain nombre de dossiers relatifs à des prêts hypothécaires, à des placements de capitaux, à des acquisitions de terrains. Nous avons constaté que le dossier de chaque affaire est en effet renfermé dans une chemise portant en tête le résumé de l'affaire, le capital employé, le payement des intérêts par trimestre ou semestre, lesquels sont effacés au fur et à mesure des échéances, de sorte qu'à la seule inspection de la chemise, toute personne l'examinant peut se rendre un compte exact de la situation de l'affaire. »

Maintenant, continue M. de la Chauvinière, voici le texte de cette note :

Notes (2).

19 février 1845.

Remis à Goubie pour l'encaissement :

	20,000 fr.	»	c. D'Eichthal, 18 courant.
	5,000	»	Hottinguer, 21 courant.
	5,989	12	*id.* 21 courant.
	5,000	»	Aguizvingoa fils et Uribaren, 22 courant.
	31,989	12	Soit, 39,580 fr. 50 c. pour acheter 5,000 fr. de rente 5 p. 0/0, dont il me doit l'inscription.
Billets.	7,598	40	

« Roquebert doit me remettre la grosse du contrat de vente de huit actions des mines de houille et sel Gouhenans, achetées par moi et payées comptant à Cubières, moyennant 40,000 fr., et il me doit de plus la grosse des vingt-cinq actions à réméré qu'il a gardée pour la faire signifier aux intéressés.

« 28 janvier.

« Payé à Dubochet 7,500 fr. à compte du versement de 45,000 fr. que je dois lui faire le 1er février, contre quarante-cinq mille actions du gaz applicables au compte à 1/5 ; il a à recevoir ces 7,500 fr. de Leray, agent de change, en payement de cinq actions du gaz que je viens de lui transférer au prix de 1,500 fr. l'action.

« 29 janvier.

« Lacheze me remet un petit paquet qu'il me dit contenir :

« 1,055 francs de coupons au porteur, 5 0/0, échus le 22 septembre dernier. (Je lui ai payé ce premier coupon le 11 mars.)

« Plus, 1,055 fr. de coupons échéants au 22 mars prochain.

(1) Toutes les notes comprises dans cette pièce sont bâtonnées à grands traits obliques sur l'original, à l'exception de celle-ci : Demander à Roquebert de me rendre les pièces de Gouhenans, qu'il a gardées.

« Plus, 1,900 fr., 5 0[0 échéants au 22 juin prochain.

« Remis à Goubie pour l'encaissement, les 1,055 fr. au 22 septembre dernier. »

« 17 février.

« Remis à Goubie 6,000 fr. sur Mallet frères, au 17 février, pour l'encaissement.

« 20 février.

« Remis à Goubie 20,000 fr., succession d'Eichtal, au 20 courant, pour l'encaissement.

« 27 février.

« Reçu de T....., sur Paris, au 1er mars :

15,957 fr.	50 c.	sur Gautier, à Lyon, au domicile Pillet-Will.
25,000	»	idem.
27,000	»	sur Robin et compagnie, au Havre, domicile Jacques Laffitte.
27,750	»	id., au domicile Fould et Ce.
95,687	50	à employer en bons du trésor à six mois pour son compte.

« 14 mars.

« Reims à Grenoble, un mandat sur la banque de	151,000 fr.
« Sur Delamarre,	11,775
« Sur Benoist,	500
« Billet Delaporte,	1,580
« Il me doit 6,000 fr. rentes 5 0/0,	161,000 fr.

« 21 mars.

« Demander à Roquebert de me rendre les pièces de Gouhenans qu'il a gardées.

« Remis à Goubie à-compte, du Paris, qu'il doit me livrer, 15,000 fr.

« 116 appoint. Je lui reste devoir 1,000 fr., il m'a livré pour 16,116 fr. de Paris.

« 2 mars 1844.

« Remis à M. Martin Saint-Léon les quatorze actions du gaz de M. de Gruel, pour en recevoir les intérêts.

« 6 mars.

« Remis à Dubois, agent de change, cinq cents actions du chemin de fer de Strasbourg, en un titre sur lequel il en prendra cent soixante-quinze qu'il a vendues au comptant, il m'en rendra trois cent vingt-cinq en me payant celles vendues.

« 17 mars.

« Remis à Lionnel mes coupons d'emprunt pour avoir mes 700 fr., rentes 5 p. 0[0, du quinzième payement mensuel.

« 4 mai.

« Remis à Goubie, pour livrer en liquidation d'avril, vingt-cinq actions de la banque, 5,000 fr., 5 p. 0[0.

« Et donné sur Dubois une délégation de 85,000 fr. pour le payement de vingt-cinq banques à compenser avec lui. De cette manière, je lève les vingt-cinq banques de Dubois, et je livre à Goubie vingt-cinq banques qu'il a vendues pour moi sans déplacement de titre.

« Je donne, sur Goubie, une délégation à Baudon, de 200,000 fr. payables en liquidation,

« 9 mai.

« Remis à Lionnel, caissier du trésor, soixante-quinze coupons d'emprunt, du 5 p. 0[0, pour faire le versement du dix-septième payement, avec 21,187 francs en un bon sur la banque de France, 10,187 fr. 50 c.

« Et en billets de banque, 11,000

« Total, 21,187 fr. 50 c.»

M. LE CHANCELIER. — La cour ordonne la communication de ces pièces à M. le procureur général ; elles devront sans doute être, de sa part, l'objet d'un examen très-attentif. J'ai fait appeler aussi M. Goubie, agent de change, dont le témoignage peut être nécessaire. Je ne sais pas s'il est arrivé ; je vais m'en informer. Aussitôt qu'il sera arrivé, je lui présenterai ces pièces, pour savoir les explications qu'il aura à donner à la cour.

M. LE GÉNÉRAL CUBIÈRES. — La position si peu prévue pour moi, que j'ai été obligé de prendre, en devenant forcément accusateur, le profond chagrin que j'en ai ressenti, ont pu jeter quelque obscurité dans mes déclarations. Avant que ces débats se terminent, j'éprouve le besoin, dans l'intérêt de mon honneur, de réunir, de résumer les déclarations que j'ai faites jusqu'ici. Oui, je dois l'avouer, quoiqu'il m'en coûte, j'ai cru à la corruption, j'ai cru qu'elle était non pas seulement utile, mais nécessaire au succès de l'affaire dont j'étais chargé.

Je l'ai cru dès les premières ouvertures qui eurent lieu entre moi et M. Pellapra, je l'ai cru d'après les récits de chaque jour qu'il me faisait de ses entretiens avec le ministre, auquel, disait-il, il avait promis 100,000 fr. Toutefois j'ai dû hésiter, j'ai presque abandonné cette idée de corruption, lorsque j'ai vu que l'ordonnance royale était si peu d'accord avec les promesses qui avaient été faites.

Mais j'ai dû y croire de nouveau, et j'y ai cru, en effet, lorsque M. Pellapra m'affirma qu'il avait donné 100,000 fr. au ministre. Je n'avais aucun motif de suspecter cette affirmation, car sans cela je n'aurais pas payé 40,000 fr. à M. Pellapra.

Précédemment, je lui avais remis huit actions de Gouhenans, qui, pour moi, représentaient une valeur de 40,000 fr. En même temps, je lui ai souscrit une promesse de quatre actions représentant une valeur de 20,000 fr. ; aussi l'importance de mes sacrifices y compris les frais de réméré s'élevaient dans ce moment-là à environ 102,000 fr.

La vérité, la vérité tout entière, la vérité complète, celle que je puis affirmer sur l'honneur, c'est que je n'ai jamais eu de rapports personnels avec le ministre des travaux publics, en ce qui touche la question d'argent, c'est par l'intermédiaire de M. Pellapra que tout s'est fait ou a dû se faire. Mais j'ai honte de le déclarer : je ne saurais considérer et n'ai jamais considéré M. Pellapra comme un malhonnête homme. C'est lui qui a réduit mes sacrifices de moitié, pour la somme de 15,000 fr. Il m'a rendu mes huit actions, et il a annulé la promesse des quatre actions. Je suis resté chargé seulement des 55,000 fr., en y comprenant les frais ; si je n'ai pas hésité à lui en faire compte, c'est que j'étais convaincu qu'il était à découvert de cette somme.

Messieurs, c'est avec une douloureuse tristesse que je confirme ces déclarations qu'on ne m'aurait pas arrachées, si mon honneur n'avait pas été compromis, si je n'eusse été redevable à la cour de la vérité, ou du moins de la part de la vérité que je puis affirmer, si je n'avais cru devoir cette vérité à l'armée dans laquelle j'ai tenu si longtemps un rôle actif, à mes anciens compagnons d'armes, aux débris de la bataille de Waterloo. Enfin, j'ai dit tout ce que je savais. Je ne sais pas un mot de plus. On peut me condamner, on ne me déshonorera pas. (Profonde sensation.)

Permettez-moi d'ajouter un mot : j'ai la confiance la plus entière dans les juges devant lesquels je suis traduit ; je sais que la vérité seule peut avoir crédit sur eux. Cependant, qu'il me soit permis d'appeler l'attention de ces juges (non pas que je redoute qu'ils se laissent ébranler) sur ces bruits qui nous environnent de toutes parts. Tantôt c'est un accusé absent qui doit se représenter et jeter les autres dans l'embarras, tantôt on pénètre jusque dans l'intérieur des familles ; on invente des lettres qu'on attribue aux femmes des accusés ; on voudrait faire croire que les accusés travaillent à combiner leur défense ; enfin on a été plus loin, on a dit que le défenseur du général Cubières, homme connu par sa loyauté autant que par ses talents, jouissant de l'estime du barreau de la capitale, dont il est le chef, faisait tous ses efforts pour m'empêcher de parler, de dire tout ce que je savais, en s'interposant entre son client et la vérité. Messieurs les pairs, c'est un indigne mensonge ; c'est le contraire qui est la vérité.

Me Baroche n'a cessé de me presser de mettre de côté tous les scrupules. Il les a combattus de toute l'énergie de sa parole ; il n'a cessé de me dire : pensez à vous, pensez à votre famille, à vos enfants. Dites la vérité tout entière. Voilà le rôle qu'il a joué près de moi. (Sensation.)

Mais, messieurs, vous le savez, je ne voulais accuser ni dénoncer personne. Vous avez entendu l'accusation se servant comme d'une espèce de tenaille de ce dilemme : ou vous êtes des corrupteurs, ou vous êtes des escrocs ; vous l'avez entendu, avec une voix sévère, m'interroger, me presser, au nom de l'honneur que j'entends et que je n'avais pas besoin qu'on me rappelât, de dire la vérité. Je l'ai dite ; j'ai dit tout ce que je savais ; je n'ai pas un mot de plus à ajouter.

M. Teste. — Messieurs les pairs, je viens de reconnaître comme émanant de moi cinq ou six billets que j'aurais écrits à M. Pellapra, soit avant, soit depuis l'ordonnance de concession. L'accusation, a dit M. le chancelier, empruntera à ces documents nouveaux tout ce qu'elle croira propre à soutenir l'imputation de corruption à laquelle je suis en butte. Ce droit de l'accusation ne peut être contesté. Je me réserve d'expliquer cette correspondance, je me réserve d'expliquer le sens complétement insignifiant dont elle me paraît uniquement susceptible.

M. le général Cubières vient d'achever ce qu'il appelle la vérité. Il me confère ainsi le droit, droit dont j'userai, de prendre sa correspondance à sa source, et d'en faire ressortir l'impossibilité absolue qu'une corruption ait été pratiquée, d'en faire ressortir tout ce qu'il y a d'inexact, de propre à fasciner la pensée des intéressés de Gouhenans sur la marche pourtant régulière et simple de cette affaire.

M. le général Cubières vient de dire, toujours et comme complément de la vérité, ce qu'il avait su de M. Pellapra, se dégageant de toute espèce de rapport direct avec moi, qu'il avait su de bonne heure que le pacte de corruption avait été consommé entre M. Pellapra et moi, que ce pacte avait été réalisé. M. le général Cubières oublie qu'avant-hier il a reconnu comme émanant de lui, comme étant l'explosion d'une juste colère, d'une résistance à la spoliation tentée contre lui, d'autres documents sur lesquels j'établirai la discussion. Je mettrai la cour à portée de voir ce qu'il y a de conciliable entre le langage actuel de M. le général Cubières et ce qu'il écrivait en présence de lui-même et de ses souvenirs ; je ferai ressortir combien résistent à s'unir, à se confondre, son langage actuel et les documents non suspects, puisqu'il les reconnaît, et qui sont depuis trente-six heures l'objet de l'attention de la cour.

Je ne veux pas anticiper sur cette discussion. Ce dont je me réjouis, c'est que de la part d'un absent arrivent enfin les documents dont depuis si longtemps, et à l'aide d'une rumeur qui s'enflait chaque jour, j'étais menacé. Cette apparition met, je crois, un terme aux découvertes espérées. Le procès est complet, il ne manque qu'un homme, et vous devez comprendre à présent combien étaient sincères les regrets que j'éprouvais de cette absence. L'accusation devient plus directe contre moi, je n'ai nul intérêt à le dissimuler ; mais maintenant je sais sinon à qui désormais, du moins à quoi m'en prendre, et une discussion, je l'espère, dissipera ces nuages nouveaux, comme se sont dissipés les bruits dont se plaignait tout à l'heure mon coaccusé, avec bien moins de raison que je pourrais le faire. Que n'a-t-on pas fait circuler dans cet étrange et mystérieux procès !

Tantôt c'étaient des lettres de ma femme qui allaient apparaître, et qui auraient apporté la révélation la plus entière d'une opération illicite consommée à mon profit ; tantôt on ne pouvait expliquer, sans avoir recours à des malversations honteuses, l'énorme fortune dont je jouissais, la dot qui aurait été constituée à mon fils, et le mariage opulent dont cette dot aurait été la cause. Voilà ce qu'on a dit, voilà ce dont j'ai eu moi-même les oreilles rebattues depuis deux mois. Ces illusions sont détruites ; j'ai porté le défi devant la commission elle-même qu'on pût administrer une preuve, un témoignage quelconque émané de celle qui porte mon nom. Et mon défenseur a dans la main, je l'ai annoncé à l'une des précédentes audiences, la preuve, la démonstration complète que je suis sorti du ministère plus pauvre que je n'y étais entré. A cet égard, ce ne sont pas des agents de change, ce sont tous les hommes qui se mêlent d'affaires qu'on peut placer en face de moi. Mon patrimoine est connu, de telle sorte qu'on ne peut élever aucun doute, et comme tant de richesses supposées, il fallait faire résulter une grande munificence paternelle, les bruits injurieux auxquels je faisais allusion, en sont sortis. Eh bien, quand j'ai marié mon fils, le contrat de mariage est là, il a reçu 5,000 francs de rente, ou un immeuble acheté par moi quelque temps auparavant au prix de 86,000 francs. Voici sa dot.

Ma belle-fille est orpheline de père et de mère ; l'avenir est fermé pour elle ; le compte de liquidation est là, le contrat de mariage en recèle la substance : elle a eu 15,000 francs de rentes en rentes 5 p. 100 et 3 p. 100. Voilà mon patrimoine unique. Un ménage commun nous réunit, et si, grâce à la confiance du roi, mon fils et moi n'avions pas exercé des fonctions publiques, nous serions littéralement dans le besoin depuis que je suis sorti du ministère. Pour payer une dernière acquisition que j'ai faite, j'ai été forcé de vendre une ferme de 71,000 francs. Tout cela vous sera démontré. Où donc ont roulé les flots d'or, que la corruption aurait amenés dans ma caisse? Et pour qui ai-je trahi ainsi mes devoirs essentiels, moi qui pendant trois ans et plusieurs mois ai manié au ministère des travaux publics les affaires les plus importantes ; moi qu'on a vu repousser, dans l'intérêt public, cette foule de solliciteurs avides qui se précipitaient sur des entreprises auxquelles je devais donner mon approbation d'abord, pour solliciter ensuite celle des chambres.

C'est avec regret que je suis amené à vous donner ces détails, mais cependant j'en éprouve l'impérieux besoin. Comment pouvait-il y avoir de prix pour un acte qui était loin d'être une faveur, mais qui était un acte de justice commandé par les plus puissantes considérations. Non-seulement je n'ai pas dépassé les limites de la justiee, mais peut-être dans l'affaire de Gouhenans suis-je resté en deçà.

De nouveaux rayons paraissent s'étendre sur cette ténébreuse affaire; permettez-moi de vous dire que je m'en réjouis. Il est temps d'en finir. A mon insu, mon existence était empoisonnée. J'ai su depuis cette catastrophe qui vient de jeter sur ma vieillesse un crêpe si affreux, j'ai su qu'au lieu d'une accusation publique circulaient des rumeurs accusatrices, injurieuses, capables de flétrir mon caractère dans l'opinion de ceux à qui elles arriveraient. Eh bien, les voici, le combat est à front découvert. Le ministère public est armé, je l'en félicite; qu'il me permette de m'en féliciter aussi. Nous verrons dans une discussion qui exigera encore de ma part quelques détails, qui, je l'espère, n'entraveront pas la marche du procès, sur qui doit retomber le blâme, quelles manœuvres coupables vous aurez à punir. Pour mon compte, j'ai pleine confiance dans votre justice ; je me borne à solliciter de M. le chancelier la communication la plus prompte des nouveaux documents qui viennent d'être présentés à la cour. (Sensation.)

M. LE CHANCELIER. — Je crois que M. le général Cubières pourrait avoir quelque chose à ajouter aux nombreux éclaircissements qu'il vient de donner; je crois qu'il a omis, dans ce qu'il a dit tout à l'heure, une partie de ses déclarations précédentes sur laquelle je suis obligé de l'interroger de nouveau. Il a reconnu les originaux des lettres écrites par lui, et dont les copies ont été fournies à l'avant-dernière séance à la cour. Dans ces copies, comme dans ces lettres, il y a un passage fort remarquable où il supplie en quelque sorte M. Pellapra d'intervenir auprès de M. Teste pour lui faire restituer ce qu'il avait indûment perçu, et voulût bien le soulager des pertes énormes que cela lui faisait éprouver. Cela est peut-être la démonstration la plus forte, si M. de Cubières le confirme, de la complète conviction où était le général Cubières de la réalité des sommes que M. Pellapra avait données.

M. CUBIÈRES. — Cette phrase est la conséquence de la croyance que j'ajoutais à ce que M. Pellapra m'avait dit ; car il est clair que s'il ne m'avait pas été dit, si je n'avais pas cru que l'argent eût été remis à une personne, je n'aurais pas, dans mes lettres, invoqué par sa bouche, son appui auprès de cette personne, son intermédiaire, pour qu'une partie du sacrifice me fût rendue.

M. Teste. — Je demande à M. le chancelier s'il est dans les intentions de la cour d'aborder immédiatement la discussion incidente, celle à laquelle peuvent donner lieu les documents qui viennent d'être communiqués, ou bien si, sans intervertir l'ordre, l'on se propose de passer à l'interrogation des témoins ; car si je croyais qu'on voulût aborder cette discussion, la discussion incidente, je demanderais la communication immédiate des pièces qui viennent d'être lues.

M. le chancelier. — Autre est la discussion qui peut avoir lieu sur ces pièces, autre chose est la vérification qui pourrait être faite, même en dehors de vous. Cependant, si vous le désirez, je puis sur-le-champ vous faire une question à laquelle il vous sera possible de répondre, qui est importante, en présence des témoins qui vont être appelés, c'est celle relative à cette espèce de compte que M. Pellapra tient avec lui, de cette somme de 93,000 francs qui aurait été, à votre profit, convertie un 95,000 francs de bons royaux. Vous souvenez-vous de cette opération-là, et avez-vous eu effectivement en votre possesion ces bons royaux ?

M. Teste. — Non, mais j'expliquerai cette partie de l'accusation après qu'on m'aura fourni les éléments de l'opération, car, dans les comptes mêmes, je puis trouver un antidote à l'imputation elle-même. Je fais remarquer à la cour que, dans l'audience d'avant-hier, des pièces originales ont été déposées par M. le général Cubières. J'ai évité de m'expliquer sur la teneur de ces pièces, car, en effet, il fallait m'en bien pénétrer. Il faut que je me rappelle ces souvenirs de cinq ans. A chaque heure, à chaque instant, de nouveaux documents apparaissent. Il est de la justice de la cour de me laisser le temps de lire ces documents. Je n'ai pas hésité à les reconnaître. (Marques d'assentiment sur les bancs de la cour.)

M. le chancelier. — M. Teste peut toujours dire s'il a souvenance d'avoir fait des opérations financières avec M. Pellapra, et si M. Pellapra a négocié pour lui, à son occasion, des effets de commerce quelconques.

M. Teste. — Je ne crois pas que M. Pellapra ait négocié des effets de commerce que je lui aurais remis ; je suis certain que M. Pellapra n'a pas fait cette conversion de valeurs contre les bons du Trésor à mon profit, moi le sachant, et pour me les remettre. Ces réponses n'ont pas besoin d'être méditées et réfléchies. Mais quant à la discussion, à la contradiction à établir là-dessus, je serais véritablement dans l'impuissance actuelle de m'y livrer. Je n'ai pas même compris l'économie de ces comptes-là.

M. le chancelier. — C'est précisément pour les rendre clairs que j'appelle l'agent de change qui a fait les opérations.

M. Goubie est introduit.

M. le chancelier. — Vos noms et prénoms, votre âge, le lieu de votre naissance, votre profession et votre domicile ?

Le témoin. — Joseph Goubie, âgé de cinquante ans, né à Bordeaux, agent de change, domicilié à Paris, rue Taitbout.

M. le chancelier. — Que l'on présente cette pièce à M. Goubie, afin qu'après en avoir pris connaissance, il puisse dire s'il la reconnaît.

Le témoin examine pendant quelques instants la pièce qui lui a été présentée par M. le greffier adjoint, au milieu d'un mouvement général d'attention.

LE TÉMOIN. — Je ne reconnais là l'écriture d'aucun de mes employés.

M. LE CHANCELIER. — Vous devez pouvoir constater, par vos livres, si ces opérations ont été faites par vous?

R. Oui, j'ai là mes livres, et si vous voulez me permettre de les examiner, dans quelques minutes je pourrai m'en assurer. L'acte doit avoir une date.

Un huissier apporte les livres de M. Goubie qui sont placés sur une petite table au milieu de l'hémicycle.

LE TÉMOIN (après avoir examiné ses livres). — Cette négociation a bien été faite par mon entremise : je la trouve sur mes livres.

M. LE CHANCELIER. — Lisez le passage de vos livres ; qu'est-ce qu'il y a sur vos livres?

LE TÉMOIN. — Le passage de mes livres est très-succinct. (Lisez! lisez!)

Il y a d'un côté, Greene et compagnie; de l'autre, négocié à Pellapra. Ces effets, je crois, sont des effets sur Paris. Le détail de la négociation s'en trouve consigné ici. La date est la même que celle du bordereau. (Lisez! lisez!) Sur ce livre il n'y a que deux noms, celui du négocié et celui qui prend.

D. La date? — R. La date porte ici le 9 janvier 1843.

M. LE CHANCELIER. — On ne dit pas qu'il y ait irrégularité.

LE TÉMOIN. — Greene négocie à Pellapra 20,000 fr. sur G... et Ce, au 20 février, c'est ici; 15,957 fr. sur Gauthier, au 1er mars; 25,000 fr. sur Gauthier, au 1er mars; 27,000 fr. sur M. Robin, au 1er mars; 8,710 fr. 96 c. sur MM. Lemaître et Doré, au 1er mars également. Total : 121,820 fr. 96 c. net, et qui sont faites à l'escompte de 5 1/2 pour 100. C'est identique avec le bordereau de négociation que M. le chancelier me représente.

M. LE CHANCELIER. — On trouve sur un compte que M. Pellapra tenait chez lui-même, on trouve le compte que voici. M. de la Chauvinière va en donner lecture.

M. DE LA CHAUVINIÈRE. — 27 février 1843, reçu de T..., sur valeurs au 1er mars, 19,957 fr. 50 cent. sur Gauthier, de Lyon, au domicile Pillet-Will; 27,000 fr. au même domicile Pillet-Will; 27.000 sur Robin et compagnie, au Havre, au domicile Jacques Laffite; 27,750 fr. sur idem, au domicile V... et compagnie. Total, 95,687 fr. 50 cent., à employer en bons du Trésor, à six mois, pour son compte.

M. LE CHANCELIER. — Vous souvenez-vous d'avoir fait cette opération? Vous devez la retrouver sur vos livres.

LE TÉMOIN. — Je ne retrouve sur mes livres que la négociation primitive. Quant à l'emploi en bons du Trésor, je ne sais ce que cela veut dire.

M. LE CHANCELIER. — Vous avez la négociation primitive; ce n'est pas la même chose que la seconde. Dans la première négociation, vous aviez négocié au compte de Pellapra un certain nombre d'effets dont vous venez de donner l'énumération. Maintenant, dans une autre opération, vous avez été chargé par M. Pellapra d'employer ces mêmes effets, appartenant à M. Teste, de les vendre, de les changer à son compte pour des bons du Trésor. Voilà ce que je vous demande.

M. Teste. — Il me semble qu'il serait dans les strictes convenances d'une instruction de la nature de celle-ci, de ne pas remplir les noms propres, car il n'y a sur les registres que des initiales de nom ; il faudrait, avant tout, savoir à quel nom s'appliquent les initiales.

M. le chancelier. — Je mets M. T. Je prie le témoin de chercher sur les registres ce que je lui ai demandé.

M. Goubie et M. de la Chauvinière font cette recherche.

Le témoin. — Je ne puis répondre que, postérieurement au 10 janvier 1845, qui est, je crois, la date du bordereau, je n'ai point acheté des bons du Trésor pour M. Pellapra. J'en ai acheté antérieurement ; ils sont sur mes livres ; l'opération remonte au mois de février.

M le chancelier. — M. Pellapra a-t-il revendu les effets dont vous avez parlé tout à l'heure, et que vous avez acheté à son compte.

Le témoin. — Il ne les a pas revendus. Du moins, je ne retrouve pas non plus cette opération sur mes livres.

M. le procureur général. — Ces effets vous ont été confiés pour en toucher le montant.

Le témoin. — J'ai pu donner à M. Pellapra un, de mes garçons de caisse pour faire le recouvrement, mais ce n'est pas une affaire d'agent de change ; je n'ai pu les faire encaisser qu'officieusement.

M. le procureur général. — Vous venez de dire que vous avez acheté des bons du Trésor.

Le témoin. — Le 20 ou le 21 février, j'ai acheté pour le compte de M. Pellapra.

M. le procureur général. — En trouvez-vous dans le mois de janvier, à partir du 9 ?

Le témoin. — Si la cour veut, je vais vérifier encore ; mais mes vérifications sont déjà faites ; je puis répondre d'avance qu'il n'y a pas d'achat.

(On passe le livre du témoin à M le procureur général.)

M. le chancelier. — M. Goubie sait-il si M. Pellapra était dans l'habitude de prendre lui-même ses bons du Trésor au Trésor, ou de les faire prendre, ou de les faire acheter?

Le témoin. — M. Pellapra a pu me donner l'ordre, à moi, comme à d'autres agents de change, de lui trouver des bons du Trésor, et cela n'est pas facile, surtout quand on veut des appoints fixes ; il a donc pu les faire prendre au Trésor, cela me semble naturel.

M. Teste. — La cour voudrait-elle bien ordonner que M. Goubie délivrera un extrait de son livre pour les parties qui ont été examinées.

M. le chancelier. — Le livre doit rester déposé ; on en prendra copie.

Vous avez fait beaucoup d'affaires avec M. Pellapra, il est difficile que vous ne sachiez pas un peu sa manière d'opérer et de tenir ses comptes, il paraît que M. Pellapra n'a pas de registre chez lui. Pour chaque affaire, pour chaque mois, il établit des comptes sur des feuilles de papier ; et, après avoir traité avec son agent de change, il bâtonne, il raye sur ces feuilles les opérations terminées. Je prie le greffier de montrer à M. Goubie la feuille, et lui demander s'il en a vu quelquefois de pareilles entre les mains de M. Pellapra.

Le témoin, après avoir examiné la feuille. — Cette feuille est de l'écriture de M. Pellapra ; j'ai constamment vu M. Pellapra tenir des notes semblables, mais j'ignore s'il avait à part de cela des registres plus réguliers.

M. L'AVOCAT GÉNÉRAL. — M. Goubie était-il habituellement l'agent de change de M. Pellapra? — R. M. Pellapra avait d'autres agents de change.

D. Pourriez-vous indiquer les agents de change qui opéraient pour son compte? — R. J'ai rencontré chez lui MM. Boileau, Laurent....

D. Vous ne vous rappelez aucun autre nom? — R. M. Dubos.

M. TESTE. — Monsieur le chancelier, le greffier a donné à la cour lecture de notes; le témoin a été appelé pour donner à ce sujet certaines explications; il les a fournies. Ces notes sont passées dans les mains du ministère public ; elles y deviennent l'objet d'une sorte de discussion, de l'énonciation de certaines probabilités, eh bien ! ces pièces je ne les ai pas.

M. LE CHANCELIER. — Le témoin peut se retirer ; cet examen sera repris quand la vérification du teneur de livres que j'ai commis en vertu de mon pouvoir discrétionnaire aura lieu.

M. VIENNET. — M. de Cubières a parlé d'une obligation de 40,000 fr. sur laquelle deux payements partiels ont été faits. Cette obligation a dû être retirée quand le général a souscrit les trois autres billets dont il nous a été parlé samedi. Peut-il la reproduire à la cour? — R. Je n'ai pas cette obligation; elle aura dû être annulée.

M. VIENNET. — Et les billets qui ont servi à la renouveler? — R. Je crois les avoir dans mon compte.

M. VIENNET. — Il y a dans les pièces deux minutes d'une seule et même lettre; dans la première, en date du 29 avril, on lit ces mots : « D'une obligation pour fin de compte avec M..., » et dans celle du 5 mai, ceux-ci : « D'une obligation que j'ai souscrite à votre profit. » Le général veut-il expliquer pourquoi cette différence entre les deux textes? — R. Cela est tout simple J'avais souscrit l'obligation au profit de M. Pellapra ; mais, dans ma pensée, c'était pour M.... Donc, c'est la seconde minute qu'il faut prendre pour bonne.

M. VIENNET. — Si c'est la seconde, c'est donc celle où vous avez dit : « A votre profit? » — R. Oui, au profit de M. Pellapra.

M. TESTE. — Je prie la cour de bien retenir les dernières expressions de M. de Cubières : « La minute du 5 mai est la bonne. »

DÉPOSITIONS DES TÉMOINS.

JEAN-JACQUES ROQUEBERT, notaire à Paris, né à Bayonne, âgé de quarante-deux ans, demeurant à Paris, rue Sainte-Anne, 71.

M. LE CHANCELIER. — Vous jurez de dire toute la vérité.

LE TÉMOIN. — Avant de jurer, monsieur le chancelier, je dois respectueusement faire observer à la cour que, comme notaire de M. Pellapra, j'ai reçu de lui, à partir de 1844, certaines confidences que je crois en conscience ne pouvoir pas livrer à la publicité. (Interruption, chuchotements, mouvements divers.) Depuis les poursuites qui ont été exercées, j'ai été appelé à plusieurs reprises auprès de M. Pellapra ; j'ai entendu ses confidences ; je demande à la cour si consciencieusement je puis les livrer. (Nouveau mouvement.)

PLUSIEURS PAIRS. — Très-certainement.

LE TÉMOIN. — Si la cour l'ordonne, je suis à ses ordres.

M. LE CHANCELIER. — Commencez par écouter les questions que je vous ferai. Vous avez été parfaitement libre de faire cette observation à la cour, mais vous êtes cité comme témoin, et vous devez répondre aux questions qui vous seront faites.

LE TÉMOIN. — Je jure de dire toute la vérité. (Marques d'assentiment.)

M. LE CHANCELIER. — Vous venez de dire que vous étiez notaire de M. Pellapra. Ne vous a-t-il pas consulté sur la question de savoir s'il pouvait acheter avec sécurité les vingt-cinq actions créées par l'acte passé devant Me Lamboley, le 20 février 1842?

M. ROQUEBERT. — A une époque que je ne saurais préciser, mais qui, d'après l'instruction, doit remonter vers le 25 avril 1842, M. Pellapra m'a envoyé l'acte passé devant Me Lamboley, et m'a demandé s'il pouvait acheter ou prêter, je ne me le rappelle pas bien, une certaine somme sur les vingt-cinq actions indiquées dans cet acte. Je l'examinai en conséquence, et cinq minutes après je le renvoyai à M. Pellapra en lui disant que ces vingt-cinq actions signifiaient je ne sais quoi, et qu'en tout cas il me paraissait impossible que dans une société civile il pût y avoir des actions au porteur à côté d'actions nominatives ; je l'engageai à ne pas se mêler de cette affaire.

M. LE CHANCELIER. — Que savez-vous de la vente à réméré faite à M. Pellapra par M. Parmentier, par acte passé par-devant vous le 18 juin 1842? — R. A quelque temps de là, M. Pellapra me renvoya l'acte passé devant Me Lamboley, en me faisant dire qu'on lui proposait un réméré sur vingt-cinq actions nominatives. M. le général Cubières, que je ne connaissais point, M. Parmentier, que je n'avais jamais vu, vinrent chez moi et me donnèrent des explications sur l'acte Lamboley, ainsi que sur les affaires de la société. L'acte Lamboley ne contenait pas les renseignements nécessaires pour préparer l'acte. Je fis un projet d'acte qui fut communiqué à M. Parmentier, et j'indiquai plusieurs renseignements qui étaient nécessaires pour le compléter. M. Parmentier, par des notes mises en marge de ce projet, le compléta. Rendez-vous fut pris alors chez M. Pellapra pour signer cet acte. Je demandai notamment si les 100,000 fr. avaient été versés comme l'acte le constatait : il me fut répondu que c'était une affaire réglée.

La conférence se borna à une discussion sur les droits d'enregistrement, le général doit se le rappeler. Je sortis ensuite, ignorant complétement l'acte sous seing privé signé ce jour-là même, et que je n'ai connu que par l'instruction.

Deux jours après la signature de cet acte, je le fis enregistrer ; j'en envoyai une expédition à M. Parmentier lui-même, parce que je n'avais pas de relations à Lure, en lui demandant de le faire signifier. J'ai dans ma poche copie de ma lettre indiquant cet envoi ainsi que les renseignements que je demandais pour compléter un acte que je considérais comme très-sérieux.

Un mois après environ, vers le mois de juillet, ne recevant pas de réponse, j'écrivis de nouveau à M. Parmentier, sur la demande de M. Pellapra qui voulait avoir ses actes en règle. Je reçus deux jours après une lettre de M. Parmentier, que je puis déposer, dans laquelle il disait qu'il ne comprenait pas que je lui réclamasse la signification convenue, attendu que, d'après des conventions avec M. de Cubières, elle ne devait avoir lieu qu'après l'obtention de la concession. Je rapportai cela à M. Pellapra, qui me dit d'en rester là, ce qui dut avoir lieu effectivement, car je ne retrouve plus de trace de cette affaire jusqu'au mois de janvier 1843, époque à laquelle la signification eut lieu. Or je ne serais pas resté cinq mois sans mettre cet acte en règle, si l'on ne m'avait pas ordonné de suspendre. Au mois de décembre, la ratification fut signifiée par Mme Parmentier, et la notification faite au mois de janvier 1843.

Je m'adressai alors, non plus à M. Parmentier, mais à un huissier de Lure, M. Petigny, dont je pris le nom sur l'almanach. A cette même époque de janvier 1843, M. de Cubières vint chez moi. Il dit à mon maître clerc qu'il était convenu avec M. Pellapra de lui céder huit actions de Gouhenans; qu'il désirait que je me trouvasse à cinq heures chez M. Pellapra pour signer l'acte de cession. Mon maître clerc le prépara. Il laissa en blanc l'énonciation du prix suivant lequel la vente était consentie. Je me rendis chez M. Pellapra, et là ces messieurs me dirent que le prix était de 40,000 fr., plus dix actions achetées dernièrement d'après l'acte énoncé dans mon acte même, avaient été vendues moyennant 50,000 fr Le général doit se le rappeler également.

Je n'entendais plus parler de cette affaire, et M. Pellapra ne m'en parla qu'avec la pensée d'y entrer pour une somme assez considérable, car il croyait que c'était une très-belle affaire; et son intention était d'y apporter des capitaux considérables.

Et puis, en 1844. M. Pellapra vint un matin chez moi, à neuf heures; il me dit : « Le général Cubières va se brûler la cervelle. » (Mouvement prolongé.) Et il me raconta que 100,000 fr. avaient été donnés par lui, que l'on en demandait la restitution; qu'on demandait que le réméré fût rendu, et que le général, tourmenté par M. Parmentier, croyant que l'acte ne pouvait être annulé qu'au moyen d'une procuration qui lui aurait été envoyée par M. Parmentier, ne savait comment se tirer d'affaire. Je courus bien vite, avec M. Pellapra, chez le général Cubières; je lui expliquai que l'acte de réméré pouvait parfaitement être quittancé sans une procuration de M. Parmentier. Le général et M. Pellapra passèrent dans une pièce à côté du cabinet de M. de Cubières; ce qu'ils y firent, je ne l'ai su qu'après. Je partis avec M. Pellapra, après être convenus que la quittance serait préparée pour quatre heures. Et puis, en route, M. Pellapra me dit qu'il était convenu avec M. de Cubières de laisser pour un tiers à sa charge, les sacrifices qu'il était obligé de faire par suite du payement qu'il avait fait de 100,000 fr.

Le général Cubières devait lui donner un bon de 40,000 fr. A quatre heures, ces messieurs se trouvèrent chez moi; ma quittance était prête; ces messieurs la signèrent. Au moment de la signer, M. de Cubières me demanda un morceau de papier; il signa au profit de M. Pellapra un bon de 40,000 fr., ne sachant pas le moins du monde si je connaissais quel était l'objet de la signature de ces 40,000 fr. Du reste, je ne connaissais pas le compte; je n'en savais que ce que m'avait dit M. Pellapra.

En 1846, au mois de mai, M. Pellapra m'apporta ce bon de 40,000 fr. que je connaissais; il me dit que M. de Cubières lui avait payé une somme de 20,000 fr. à valoir sur ce bon de 40,000 fr , mais qu'il se refusait à payer le surplus. J'écrivis au général, qui eut l'obligeance de venir chez moi; il se plaignait à M. Pellapra d'une vente d'actions qu'il disait avoir faite à vil prix. J'en parlai à M. Pellapra; M. Pellapra avait longtemps cherché à vendre ses actions; il m'avait demandé si je ne pouvais pas lui trouver un acquéreur (ce n'est pas notre métier de trouver ces acquéreurs), mais je savais qu'il avait cherché à vendre ses actions, qu'il était très-tourmenté de la position de la société qui était grevée d'un passif considérable; qu'il craignait qu'on vînt lui demander de contribuer pour sa quote-part à l'acquit de ce passif. Je dis au général que je pensais que M. Pellapra lui vendrait très-volontiers les actions dont il était possesseur, et M. Pellapra me dit : « Si le général veut m'en donner 15,000 fr., je les lui donnerai très-volontiers. » J'en parlai au général; il me dit qu'il n'avait pas d'argent; je lui répondis: « M. Pellapra vous vendra sur votre bon. »

Le général a énoncé un fait inexact dans l'instruction : il a prétendu que j'avais rédigé alors un acte, qu'il l'avait signé sans l'avoir lu. Le général m'envoya en ce moment l'acte de rétrocession des 15,000 fr., écrit en entier de sa main; je puis encore le représenter à la cour.

A la suite de la signature de cet acte de transport, le général se trouvait débiteur envers M. Pellapra d'une somme de 15,000 fr., montant de la rétrocession des actions qu'il avait achetées; de 20,000 francs, solde du compte de 40,000 fr.; ça faisait 35,000 fr. Ces 35,000 fr. furent ainsi payés : une partie par un mandat sur une société de chemins de fer, je ne sais plus laquelle; ça dû être payé immédiatement. Pour le surplus, il y avait deux bons, montant ensemble à 15,000 fr., qui étaient le prix de la vente du réméré, et pour le solde des 40,000 fr., un bon de 5,000 et tant de francs, payable en juillet.

M. Pellapra n'eut plus aucune relation avec M. de Cubières; les lettres qui ont été publiées me montrent aujourd'hui pourquoi ils étaient brouillés. M. Pellapra m'envoya à chaque échéance ces billets, afin de les faire toucher chez M. de Cubières. J'ai trouvé la date de ces payements sur mes livres; ils ont été entièrement acquittés.

M. LE CHANCELIER. — M. le procureur général a-t-il quelques questions à adresser au témoin?

M. LE PROCUREUR GÉNÉRAL. — M. Pellapra vous a-t-il parlé de ses rapports avec M. Teste?

LE TÉMOIN. — Il m'a dit qu'il voyait souvent M. Teste.

M. LE PROCUREUR GÉNÉRAL. — Ces relations avaient-elles un caractère d'intimité?

LE TÉMOIN. — Il ne m'a pas parlé de ses rapports intimes avec M. Teste.

M. LE PROCUREUR GÉNÉRAL. — Vous a-t-il parlé des 100,000 fr. donnés à M. Teste? (Mouvement général d'attention. Le témoin garde le silence pendant quelques instants. Il est très-ému; des larmes remplissent ses yeux.)

M. ROQUEBERT. — Il m'a dit qu'il avait donné 100,000 fr. à M. Teste. (Sensation.)

L'émotion du témoin est extrême. Il étouffe ses sanglots, qui bientôt éclatent. Cet incident impressionne vivement l'auditoire.

M. TESTE. — A quelle époque vous a-t-il fait cette confidence? (M. Teste est très-pâle. Une vive anxiété se manifeste sur son visage.)

M. ROQUEBERT. — En 1844, quand le réméré a été détruit; pas avant, je ne l'ai jamais su auparavant; j'ai été étranger complétement à ce qui n'est pas constaté dans les actes avant l'époque de 1844.

M. LE CHANCELIER. — Avez-vous été consulté au sujet de la décharge des deux actes donnés par M. de Cubières à M. Pellapra, le même jour 25 mai 1846?

LE TÉMOIN. — C'est moi qui ai conseillé ces deux décharges. Le général avait payé une somme de 20,000 fr. à compte à M. Pellapra sur le bon de 40,000 fr. Le reçu de M. Pellapra résultait de la correspondance qu'il avait eue avec le général Cubières; les reçus ne pouvaient pas être rapportés, ou du moins ils résultaient de diverses correspondances. Je dis à M. Cubières qu'il me paraissait convenable de donner décharge à M. Pellapra: en même temps je tirai de M. Pellapra une autre lettre pouvant servir de décharge à M. de Cubières. C'est la lettre qui a été également publiée dans les journaux.

M. LE PROCUREUR GÉNÉRAL. — J'adresserai une dernière question au témoin. M. Pellapra est-il un homme à faire une déclaration de la nature de celle que vous venez de rapporter à la cour, si la chose n'eût pas été vraie?

M. ROQUEBERT. — Je vais d'abord expliquer ma position personnelle vis-à-vis de M. Pellapra. Non-seulement je suis notaire de M. Pellapra, mais depuis huit ans, j'étais maître clerc dans mon étude. A l'époque où je me suis établi, M. Pellapra fut le premier à m'offrir ce qui me serait nécessaire pour m'établir; je lui demandai 100,000 fr., il me les a remis, et je lui dois encore.

Quant à la question qui m'est faite par M. le procureur général, je déclare que M. Pellapra est considéré dans les affaires comme un homme roide, un peu dur quelquefois, mais comme un homme très-juste. Quant à faire une escroquerie, il en est complétement incapable.

M. LE PROCUREUR GÉNÉRAL. — Tout à l'heure, en commençant votre déclaration, vous avez rappelé que M. Pellapra vous avait parlé de torts qu'il avait à réparer. Quels étaient ces torts?

M. ROQUEBERT. — Les 100,000 francs qu'il avait donnés étaient un tort considérable; il devait être désolé d'avoir fait ce qu'il avait fait.

M. LE CHANCELIER. — Vous avez dit que M. Pellapra avait donné 100,000 fr. à M. Teste; savez-vous en quelle nature d'espèces il aurait donné cette somme?

M. ROQUEBERT. — Il m'a dit qu'il l'avait remise partie en un bon qui lui était dû de 20 ou 25,000 fr., et le surplus, je crois, en billets de banque. Je ne me rappelle pas bien; c'était en 1844. Du reste, la communication était assez délicate pour que je ne lui demandasse pas plus de renseignements qu'il ne voulait m'en donner.

M. LE PROCUREUR GÉNÉRAL. — Depuis le commencement du procès, n'avez-vous pas reçu des confidences?

M. ROQUEBERT. — Je suis le conseil et l'homme le plus dévoué à M. Pellapra; lorsque l'affaire a éclaté, j'ai été le premier appelé dans la famille. M. Pellapra m'a rappelé sa position, c'est-à-dire qu'après avoir donné 100,000 fr., il s'était trouvé ne rentrer que dans une partie de cette somme.

M. LE PROCUREUR GÉNÉRAL. — Il a dit qu'il avait donné 100,000 fr. et qu'il n'avait reçu que les 55,000 fr. de M. de Cubières.

M, Roquebert. — M. Pellapra avait reçu le bon de 40,000 fr. Quant à la rétrocession d'un bon de 15,000 fr., je ne sais pas si M. Pellapra n'avait pas payé quelque chose sur cette vente de huit actions. M. Pellapra considérait qu'elles ne valaient rien, et il avait été enchanté de les donner pour 15,000 fr. A propos de l'acte qui a été passé devant moi, on m'a déclaré, d'une manière formelle, que la vente était faite moyennant 40,000 fr. Dans l'instruction et dans ses confidences, M. Pellapra a toujours dit qu'il avait payé une certaine somme, qu'il avait considéré les actions comme achetées à bon marché, mais non pas gratuitement. Si les actions avaient été données gratuitement, ce que M. Pellapra a toujours nié, ce seraient 55,000 fr. qu'il aurait reçus.

M. le procureur général. — Ce que nous voulons constater, c'est qu'en 1844, M. Pellapra a déclaré avoir donné 100,000 fr. à M. Teste, c est qu'en 1846, lorsqu'un compte a été fait par M. de Cubières, il l'a déclaré encore, c'est que depuis le procès commencé vous avez de nouveau entendu cette déclaration sortir de sa bouche.

Le témoin. — Oui, monsieur.

M. le chancelier. — Représentez à M. Roquebert cette note contenant des comptes qui vient d'être lue à la cour.

Le témoin. — C'est probablement la note faite par M. Pellapra en 1844. Les titres n'avaient pas encore été remis.

M. le chancelier. — Est-ce l'écriture de M. Pellapra?

Le témoin, après avoir jeté les yeux sur la pièce. — C'est son écriture ; je la reconnais parfaitement.

M. le procureur général. — Pellapra avait-il des livres ?

Le témoin. — M. Pellapra tenait une infinité de petites notes pour le recouvrement de ses créances. Il enveloppait ses titres de créances dans une chemise sur laquelle il inscrivait toutes les échéances pour les payements et les remises de pièces ; à mesure qu'on lui remettait des pièces ou qu'on lui faisait des payements, il effaçait sur cette chemise la date de l'échéance. L'envoi que j'ai fait des pièces pour la signification à Lure est du 16 janvier, d'une part, et le 20, je crois, de l'autre.

M. le procureur général. — Il y a constatée sur cette note une opération faite dans l'intérêt de M. Teste.

Le témoin. — M. Pellapra m'a dit qu'il avait envoyé les fonds remis à M. Teste en divers mandats. Je ne sais pas si c'est à cela que se rapporte cette note.

M. le chancelier. — Les accusés ont-ils quelques questions à adresser au témoin?

M. le général Cubières. — Je n'ai aucune question à lui adresser.

M. le chancelier. — Le témoin peut se retirer. La cour a rendu justice à la délicatesse de ses sentiments et à la convenance de ses expressions. (Assentiment sur les bancs de la pairie.)

Pendant cette déposition, M. Teste reste silencieux sur son banc. Ses traits sont profondément altérés, ses regards fixes, et on croirait que cet homme, tout à l'heure encore si plein de fermeté et d'ardeur, dont la parole retentissait énergique et vibrante, est accablé par les émotions de l'audience et absorbé dans de sinistres pensées.

M. Renaud, propriétaire à Vesoul (Haute-Saône).

Après avoir prêté serment, le témoin déclare qu'il est encore propriétaire de six parts dans l'établissement de Gouhenans.

D. Savez-vous de quelle personne on parlait pour tenir l'entrepôt de Paris? — R. On avait promis la place de directeur de cet entrepôt à une personne que recommandait M. Cubières; mais la compagnie exigeait un cautionnement de 100,000 fr. : il ne pouvait le fournir. Alors l'entrepôt fut accordé à d'autres personnes, au nombre desquelles je me trouve. Depuis, j'offris à M. de Cubières la part de bénéfices qui pouvait lui revenir dans l'exploitation de l'entrepôt. M. Cubières refusa cette part de bénéfices par le motif qu'il n'avait pas participé aux charges.

D. Avez-vous eu connaissance des manœuvres employées à Paris pour obtenir la concession? — R. Il m'est resté dans la mémoire que M. Parmentier n'a nullement dit qu'il s'agit de corrompre; il a dit qu'il nous fallait à Paris quelqu'un de puissant, qui pourrait écarter la demande en concurrence, et qu'il fallait intéresser ce quelqu'un.

D. Puisque vous avez été dans toutes les confidences de M. Parmentier, ainsi que cela résulte de sa correspondance, il a dû vous dire, à vous, ce qu'il n'a pu dire aux sociétaires assemblés? — R. Dans l'origine, M. Parmentier n'a pas parlé de corruption. Plus tard, il m'a dit que ces actions lui avaient été demandées par M. Pellapra, qui voulait en faire un usage quelconque; les donner au ministre, par exemple; mais j'ai toujours cru que M. Pellapra n'avait donné ces actions à personne, et que M. Cubières avait été sa dupe. C'était aussi l'opinion de M. Lanoir, qui s'est mêlé de l'affaire beaucoup plus que moi, qui suis resté à Vesoul.

M. le chancelier au témoin. — Parmentier ne vous a-t-il pas parlé plusieurs fois de la menace de publier les lettres?

M. Renaud. — Oui, monsieur, et quand je lui ai fait observer que c'était là une mauvaise action, que d'ailleurs jamais M. Cubières ne nous avait fait de mal, qu'au surplus, il s'abusait peut-être sur le résultat de cette publication, il me répondit : « Laissez-moi faire, j'ai même le moyen de le rendre bienveillant! » (Mouvement.)

M. le procureur général. — Quand vous a-t-il dit qu'il ne croyait pas à la corruption? Est-ce avant l'obtention de la concession?

Le témoin. — Non, ce n'est qu'après la concession qu'il a tenu ce langage.

M. Parmentier. — Je demanderai au témoin à quelle époque ont cessé les relations d'amitié et d'estime réciproque qui existaient entre M. Renaud et moi?

M. Renaud. — Ces relations et ces sentiments dont vous parlez ont cessé du jour où vous m'avez menacé moi-même d'un procès que vous m'avez intenté, du jour où vous m'avez écrit des menaces et essayé de m'intimider en me prévenant que vous me feriez perdre l'estime, non-seulement de tous les honnêtes gens, même celle de mes amis eux-mêmes. Depuis ce moment, j'ai rompu avec vous.

Me Dehaut. — Nous trouvons dans le procès-verbal écrit de la main de M. le général Cubières, que cette idée, que la corruption n'avait pas existé n'était pas seulement sortie de la bouche de M. Parmentier, mais de la bouche d'un des deux autres associés présents à cette réunion du 24 août.

M. le chancelier. — Vous souvenez-vous de la circonstance qui vient d'être rappelée dans cette lettre, et savez-vous quelle était la personne dont le témoignage était invoqué?

Le témoin. — Il me semble que la personne à laquelle était fait allusion est M. Capin qui était l'ami et le parent de M. Lanoir, et qui se trouvait avec moi.

M. le procureur général. — C'est tout le contraire.

M. Teste vivement. — Vous vous hâtez bien. M. le procureur général ?

M. le procureur général. — C'est l'instruction.

M. Teste. — Nous verrons.

M. le baron de Bussières demande à M. Parmentier comment il se fait qu'il ait pu dire, s'il ne croyait pas à la corruption, que la publication de ce qui s'était passé perdrait M. Teste?

M. Parmentier. — Je n'ai pas dit cela : c'est M. de Cubières qui l'a écrit.

Après une suspension d'audience d'une demi-heure, M. le chancelier commet M. Delépine, expert teneur de livres, pour examiner les livres de M. Goubie, agent de change, et lui fait prêter le serment prescrit par la loi.

M. Legrand, sous-secrétaire d'Etat au ministère des travaux publics. — Si la cour le permet, je suivrai l'ordre des dates. Mes premiers rapports avec M. de Cubières remontent au mois de janvier 1842 ; à cette époque, M. Cubières s'est présenté chez moi ; je ne lui avais pas donné d'audience ; mon huissier, entendant le nom de M. Cubières, et se rappelant qu'il avait été ministre du roi, crut devoir le faire entrer immédiatement. L'entretien dura quelques minutes.

J'ai peut-être reçu ce jour-là dix ou douze autres personnes ; on comprendra qu'à cinq années de distance, je ne puisse me rappeler les termes d'une conversation improvisée ; il me serait plus facile de déclarer ce que je n'ai pas dit que ce que j'ai pu dire, car pour cela je n'ai pas besoin de ma mémoire, je n'ai besoin que de ma conscience.

Nous étions à l'origine même de l'instruction de l'affaire ; les demandes étaient seulement affichées ; il n'y avait ni avis d'ingénieur, ni avis de préfet, ni délibération du conseil des mines ; je ne pouvais avoir aucune opinion : je ne pouvais donc éveiller ni craintes ni espérances, et, pour les personnes qui connaissent ma réserve habituelle, il est facile de présumer dans quelles limites je me suis tenu. Depuis lors, je n'ai pas revu M. de Cubières pour l'affaire de Gouhenans ; je n'ai vu aucun membre de la compagnie à laquelle M. Cubières appartenait, ni aucun membre des compagnies rivales.

Je dois relever une erreur qui se trouve dans une des lettres de M. Cubières, que l'instruction seule a portée à ma connaissance.

Je n'ai pas pu dire à M. Cubières : « Prenez vos précautions, profitez des délais, afin de tout disposer pour la réussite de votre affaire ; » j'ai pu lui dire : « L'instruction est ouverte, réunissez vos moyens, produisez vos pièces ; elles seront examinées avec soin. » C'est le langage que j'aurais tenu à toute personne, aux concurrents de M. Cubières comme à M. Cubières lui-même. Je n'ai pas pu dire non plus que les concessions de mines se délibéraient en conseil des ministres, puisque, en fait, depuis quinze ans que j'appartiens à l'administration des travaux publics, jamais concession de mine n'a été délibérée en conseil des ministres.

On m'a demandé si une question de cette nature pouvait y être portée; j'ai répondu que, en fait, cela n'avait jamais été; mais que, en droit, une concession de mine étant un acte de responsabilité, un ministre pouvait vouloir étayer sa responsabilité de celle de ses collègues.

Le second entretien que j'eus avec M. Cubières est du 25 mars; il eut lieu dans un couloir. Comme je sortais d'une séance du conseil des mines, M. Cubières m'aborda et me demanda si l'affaire de Gouhenans avait passé ce jour-là devant le conseil; je lui dis qu'elle avait été ajournée. Dans l'instruction, j'avais dit que je ne me rappelais pas lui avoir donné d'autres détails sur l'affaire de Gouhenans; mais, en recueillant mieux mes souvenirs, je me suis rappelé lui avoir donné des détails, non sur la mine de Gouhenans, mais sur celle de Gozon.

J'avais montré, dans ces conversations, mon opinion bien précise sur la situation illégale de quelques-uns de ces établissements, contre lesquels j'ai dû même faire marcher la force armée pour obtenir leur fermeture; ce que je dis là est à la connaissance d'une personne qui est derrière moi.

Il y a dans l'instruction écrite quelques formules de politesse que j'aurais employées, mais qu'on a eu le tort d'exagérer. La cour comprendra que vis-à-vis d'un lieutenant général des armées, d'un ancien ministre du roi, j'ai répondu avec la déférence que commandait sa haute position, mais de là conclure aux paroles qu'on m'a prêtées dans la correspondance, aux promesses que j'aurais faites de décisions *favorables*, il y a une distance énorme. Je proteste donc avec énergie contre les phrases du général Cubières. Du reste, M. Cubières a bien voulu à cette occasion m'écrire une lettre qui rétablit la situation.

Je n'ai pas à m'expliquer, messieurs, sur les faits de corruption, cette corruption, si elle a existé, n'ayant laissé aucune trace.

M. Teste. — M le sous-secrétaire d'Etat ne sait-il pas qu'à mon entrée au ministère des travaux publics j'ai annoncé l'intention de donner une impulsion plus active aux affaires, et de faire disparaître ces lenteurs qui avaient jusque-là force d'usage?

M. Legrand. — Oui, sans doute, M. Teste se fit remarquer par un zèle et une activité auxquels tout le monde a rendu hommage; M. Teste, pendant son séjour à Liége, avait été défenseur de concessionnaires de mines, et il avait sur ces sortes d'affaires des connaissances étendues, en sorte qu'il apportait au conseil des mines des lumières infiniment vives.

M. Teste. — M. le sous-secrétaire d'Etat ne sait-il pas aussi qu'il était dans mes habitudes d'apporter toujours de l'ardeur, une certaine vivacité dans la discussion des affaires? Comment expliquait-il cette vivacité?

M. Legrand. — La question est délicate; chacun apporte dans les discussions les allures qui lui sont propres. M. Teste, dont l'esprit est naturellement vif, se faisait remarquer par un langage animé. Je dois dire que je n'ai vu dans cette animation de langage que des intentions excellentes et le désir d'arriver au but.

M. Teste. — Est-il à la connaissance de M. le sous-secrétaire d'Etat que la séance du conseil des mines, que j'ai présidée, ait été orageuse et fort longue?

M. Legrand. — Non, elle ne fut pas orageuse et ne dura pas neuf heures, comme on l'a dit: elle commença à midi et fut levée à cinq heures; la discussion fut calme et digne comme toujours.

M. Teste. — Ainsi le rapport sur cette séance, pour employer l'expression de M. le procureur général, le rapport est mensonger.

M. Cubières. — Je ferai remarquer que ce n'est pas moi qui ai fait la relation de cette séance.

M. Teste. — En adressant la question, monsieur, je ne faisais pas d'application. Je prie M. le sous-secrétaire d'Etat de déclarer si les principes de mon administration, qu'il a pu connaître dans nos conversations particulières et dans mes actes de ministre, ne m'avaient pas décidé à présider souvent les deux conseils dépendant du ministère des travaux publics.

M. Legrand. — Je l'ai dit dans l'instruction.

M. Teste. — Et que j'ai souvent et tout particulièrement présidé le conseil des mines, alors surtout qu'il s'agissait de concessions de mines.

M. Legrand. — Je n'ai pas dans la mémoire le nombre de fois que M. Teste a présidé le conseil des mines, mais il présidait souvent les deux conseils, et celui des mines, et celui des ponts et chaussées...

M. Teste. — N'ai-je pas aussi souvent présidé le conseil d'Etat?

M. Legrand. — Cela doit être. Il appartient à un ministre de présider le conseil d'Etat toutes les fois qu'il s'y agite des questions dépendant de son département.

M. de Cheppe, maître des requêtes au conseil d'Etat, chef de division au ministère des travaux publics, est introduit.

M. le chancelier.—Vous devez avoir, comme chef de la division des mines au ministère des travaux publics, une connaissance de tout ce qui s'est passé dans l'affaire de la concession de Gouhenans? Avez-vous été souvent dans le cas, pendant le cours de l'instruction, de voir M. Cubières et M. Parmentier? — R. J'ai vu M. Parmentier avant l'instruction, autant que mes souvenirs me le rappellent, et je l'ai vu pendant l'instruction.

D. Vous avez eu certainement connaissance, lorsque l'affaire a été portée au conseil des mines, de la délibération de ce conseil. Avez-vous communiqué ces détails à quelqu'un? — R. A qui que ce soit.

D. M. Pellapra, que vous connaissez sans doute, n'a-t-il pas essayé de s'entretenir avec vous de cette délibération du conseil des mines? — R. Je ne crois pas avoir vu M. Pellapra pour cette affaire-là.

D. Les résultats des délibérations du conseil des mines ne sont-ils pas d'ordinaire communiqués aux parties? — R. Jamais les délibérations ne sont communiquées; je réponds en ce qui me concerne.

D. Mais est-il à votre connaissance que, d'autre part que de la vôtre, ces délibérations aient été parfois communiquées aux parties? — R. Jamais.

D. Est-il à votre connaissance que M. Parmentier ou M. Cubières ait été instruit des difficultés qui s'élevaient entre le ministre des travaux publics et le ministre des finances? — R. Non, monsieur.

D. Il résulte de l'examen du dossier que, comme cela devait être, la minute de toutes les lettres importantes auxquelles cette affaire a donné lieu, est de votre main. Il y a cependant une lettre du 14 août 1842, adressée par le ministre des travaux publics au ministre des finances, qui n'est pas de votre main. — R. Cette pièce a été rédigée par le chef de la division des mines, et copiée par un expéditionnaire de la division.

D. Il y a dans cette lettre adressée de ministre à ministre un passage qui semblerait indiquer qu'elle n'est pas l'ouvrage exclusif de la division des mines. — R. Il est certain que le chef de la division des mines n'aurait pas pu prendre sur lui de tenir ce langage, s'il n'y avait été autorisé par le ministre.

M. André Guenyveau, inspecteur général des mines, en retraite, rappelle qu'il a été chargé de rédiger un rapport comme inspecteur de la division dans laquelle était située la mine de Gouhenans.

L'affaire a suivi un cours régulier, ajoute le témoin. Aucune sollicitation n'a été exercée au delà de celles qui sont permises et que l'usage autorise. J'ai vu deux ou trois fois M. Parmentier et M. Cubières, qui m'ont donné des détails sur leur affaire. Ces communications sont utiles pour faire connaître aux rapporteurs des choses que l'instruction écrite ne peut leur révéler.

M. Teste. — Le témoin a dit dans l'instruction qu'avec ma vivacité toute méridionale, je lui avais demandé un rapport du jour au lendemain, et que je l'avais forcé à passer la nuit ; eh bien, je rappellerai au témoin qu'il a eu deux mois pour faire son rapport, et que le second rapport demandé par le conseil des mines n'était qu'un rapport de forme infiniment plus court que le premier, et que, pour le rédiger, le témoin a encore eu près de quinze jours.

M. Guenyveau pense que M. Teste confond ses souvenirs ; quant à lui, il se rappelle parfaitement avoir passé la nuit.

M. Teste. — M. de Cheppe se souvient-il que la demande en autorisation de reprendre les travaux dans la saline de Gouhenans se fondait sur ce qu'il ne s'agissait pas d'une concession nouvelle, mais d'un établissement en exploitation?

M. de Cheppe. — Oui ; mais l'établissement de M. Parmentier était considéré commé illégal et avait même été mis en interdit.

M. Teste. — M. de Cheppe ne sait-il pas que l'établissement s'était soumis à la perception de l'impôt par des déclarations à l'octroi?

M. de Cheppe. — Oui ; mais aux termes de la loi de 1840 et des lois postérieures, M. Parmentier s'était mis dans une position illicite : pour faire croire qu'il exploitait non du sel gemme, mais de l'eau salée, il introduisait de l'eau douce par un puits foré près de la mine, et faisait remonter cette eau par un autre puits, après l'avoir promenée sous la mine pour faire croire qu'il n'exploitait uniquement que de l'eau salée.

Me Paillet. — N'est-il pas à la connaissance du témoin que l'administration des travaux publics était pressée de faire droit aux demandes des départements de l'Est.

M. de Cheppe. — Cela est vrai ; de nombreuses réclamations étaient adressées pour cet objet ; beaucoup de demandes de concessions étaient faites, et M. le ministre s'attachait à presser indistinctement toutes ces affaires.

Le témoin ajoute que, dans l'exercice de ses fonctions, il n'a jamais eu à subir d'exigences de la part de l'ancien ministre des travaux publics ; quant à l'intervention animée que le ministre aurait apportée dans les affaires, le témoin l'explique par la nature des affaires traitées dans le conseil des mines : ceux, dit-il, qui connaissent les affaires des mines savent très-bien que la loi est médiocrement claire et très-peu détaillée, difficile à appliquer, et, en conséquence, il y a lieu d'étendre la jurisprudence.

La naïveté de ces paroles excite une hilarité que partagent la plupart des membres de la cour.

M. Charles-Edouard Thirria, ingénieur en chef des mines, secrétaire du conseil général des mines.

J'ai vu une seule fois au ministère M. Parmentier, en compagnie de M. Cubières. Ces messieurs restèrent un quart d'heure dans mon cabinet ; ils me parlèrent de l'intérêt qu'il y avait pour eux à obtenir la concession de la mine de sel gemme dans les limites de la mine de houille dont la compagnie était déjà concessionnaire. Je me renfermai dans la réserve que j'observe toujours en pareil cas, et me bornai à dire à ces messieurs qu'ils pourraient avoir toute confiance dans les lumières et dans l'équité du conseil des mines.

M. Teste. — Veuillez demander au témoin s'il se rappelle des faits desquels il résultât que le ministre cherchait à exercer des influences quelconques.

Le témoin. — M. le ministre m'a appelé une seule fois dans son cabinet pour l'affaire de Gouhenans ; il n'a cherché à exercer aucune influence sur moi ; il m'a prévenu seulement que l'affaire portée pour le 24 devait être remise à une autre séance.

M. Teste. — Le témoin se rappelle t-il comment les voix ont été distribuées dans la délibération du conseil des mines ?

Le témoin. — Cinq voix contre quatre, et je me rappelle que M. le ministre s'est abstenu de voter.

Me Paillet. — Le témoin se rappellet-il que la séance ait été orageuse ?

Le témoin. — Non, elle a été calme.

M. le chancelier. — Messieurs, d'après ce qui s'est passé au commencement de l'audience, j'ai cru devoir ordonner des recherches au Trésor public, recherches qui me paraissent de nature à éclairer la situation des choses. Les recherches ont été faites, il va être donné connaissance à la cour de leur résultat.

M. de la Chauvinière, sur l'ordre de M. le chancelier, donne lecture des pièces dont voici le texte :

Cour des pairs.

Nous Etienne-Denis, duc Pasquier, chancelier de France, président de la cour des pairs,

Ordonnons qu'il sera vérifié, au Trésor royal :

1° Si, depuis le 27 février 1845, et dans les premiers jours de mars suivants, il a été pris au Trésor, par ou pour M. Pellapra, des bons royaux à 6 mois, et pour quelle somme ;

2° Si ces billets étaient au porteur ou à ordre ;

5° Dans ce dernier cas, il sera vérifié à quels noms les bons ont été passés successivement.

Commettant à cet effet M. Dieudonné (Michel-François), juge d'instruction près le tribunal civil de la Seine.

Signé Pasquier.

Cour des pairs.

L'an 1847, le lundi 12 juillet, à trois heures et demie de l'après-midi ;

Nous, Michel-François Dieudonné, juge d'instruction près le tribunal de première instance de la Seine séant à Paris, assisté de Jean-Baptiste-Adolphe Caron, commis-greffier près ledit tribunal,

Conformément à l'ordonnance de M. le chancelier de France, président de la cour des pairs, en date de ce jour,

Nous nous sommes transportés au ministère des finances, bureaux du trésor public, où nous avons trouvé M. Lionnet, caissier central, auquel nous avons fait part de notre mission, et, après qu'il eut pris connaissance de ladite ordonnance, il s'est livré aux recherches nécessaires pour y satisfaire, desquelles il est résulté que, le 2 mars 1843, il a été versé, par M. Pellapra, une somme de 94,000 fr. en capital, contre quatre bons, dont trois de 25,000 fr., et le quatrième de 19,000 fr., payables à son ordre à l'échéance du 2 septembre 1843, et payé le 12 septembre 1843 ; et qu'à la même date du 12 septembre il a été versé, par M. Teste, député, une somme de 95,000 fr. en un seul bon à son ordre, le 12 mars 1844, et remboursé à l'échéance. Les cinq bons ci-dessus désignés ont été déposés à la cour des comptes, à l'appui des comptes présentés par le caissier central, pour la gestion de 1843 et 1844. Ils sont compris, savoir : les quatre premiers, ordre Pellapra, dans la liasse n° 14, gestion 1843, et le dernier, ordre Charles Teste, dans la liasse n° 8, gestion de 1844.

Sur notre invitation, M. Lionnet nous a remis, en échange de deux copies paraphées par nous, les bulletins de versements certifiés pour la somme de 94,000 fr. par M. H. Pellapra, et pour celle de 95,000 fr. par M. Charles Teste.

N'ayant plus rien à constater, nous avons clos le présent procès-verbal, que nous avons signé avec M. Lionnet et le greffier après lecture.

Signé Dieudonné, Caron et Lionnet.

Bulletin de versement du 2 mars 1843.

Par M. Pellapra (Henry), demeurant quai Malaquais, 17, contre bons du Trésor public, à six mois, à son ordre.

DÉTAIL DES COUPURES.

5518	25000	575
19	25000	575
20	25000	575
21	19000	285
Total. .	94000	1410

De la somme de. . . . 94,000 fr. 00 c.

Certifié par la partie versante,

H. Pellapra.

Vu au contrôle.

Bulletin de versement du 12 septembre 1843.

Par M. Charles Teste, député conseiller référendaire à la cour des comptes, demeurant à Paris, rue Saint-Dominique-Saint-Germain, 58, contre bons du Trésors public, à six mois, à

DÉTAIL DES COUPURES.

16591	95000	1425
Total. .		

De la somme de. . . . 95,000 fr. 00 c.

Certifié par la partie versante,

CH. TESTE.

Vu au contrôle.

Le profond silence au milieu duquel cette lecture a été faite, indique, en se prolongeant quelques instants, l'impression produite sur l'assemblée par les faits que ces documents constatent.

M. LE CHANCELIER. — Introduisez un témoin... M. Teste a-t-il quelque chose à dire?

M. TESTE. — J'ai à demander copie de ces documents, qui me paraissent être personnels à mon fils. Je demande que cette communication me soit faite le plus tôt possible, car je n'ai reçu les lettres imprimées que fort tard dans la journée d'hier.

M. LE CHANCELIER. — Il a fallu le temps de les imprimer.

M. Grillet, âgé de cinquante-sept ans, avocat, ancien juge de paix, demeurant à Lure (Haute-Saône).

M. LE CHANCELIER. — Vous êtes l'un des propriétaires de l'entreprise de l'exploitation des mines de Gouhenans, par conséquent vous devez être fort instruit de tout ce qui se passait relativement à l'obtention de la concession, et les mesures qui ont été prises dans la société pour obtenir cette concession. — R. J'ai été le premier fondateur de l'affaire de Gouhenans; je n'ai plus d'intérêt maintenant dans cette affaire; ce sont mes enfants qui les ont conservés. J'ai assisté à l'acte qui a été passé à Vesoul, le 5 février 1842. J'avais été engagé à m'y présenter par une lettre que M. Parmentier m'avait adressée de Paris. Quand cet acte a été rédigé, on ne nous a nullement parlé qu'il fût question de faire un autre emploi des actions de Gouhenans que d'y intéresser des capitalistes et des personnes en état de nous aider de leur crédit pécuniaire et de leurs connaissances en chimie, parce qu'on devait en faire un établissement de produits chimiques. Nous pensions d'ailleurs que nos droits à la concession étaient trop bien établis pour que nous ne puissions pas obtenir justice à cet égard.

D'un autre côté, j'avais par madame Grillet, des protections puissantes qui devaient nous aider, par des moyens tout légaux et tous honnêtes.

Madame Grillet n'était pas une jeune femme, elle avait quarante-huit ans quand elle est venue ici. (On rit.)

J'ajouterai qu'elle avait eu douze enfants. (Hilarité générale.) Je tiens à ce que cela soit dit, à cause de certains propos déplacés qui ont été tenus à cette époque. (Nouveaux rires.)

La mémoire me revient. Dans l'origine je ne voulais pas signer cet acte...

M. CAPIN, avocat à la cour royale de Paris. — J'ai eu l'honneur, dit le témoin, d'être procureur général à la cour royale de Nîmes, vers 1834. Là, j'ai connu M. Teste, alors député du département, et j'ai eu avec lui les rapports les plus agréables. Je dois ajouter qu'à ma sortie de Nîmes, je suis venu à Paris, et là, j'ai retrouvé M. Teste, bâtonnier de l'ordre des avocats, qui m'a honoré d'une bienveillance dont je garderai un éternel souvenir.

Le témoin a été chargé par M. Lanoir, aujourd'hui décédé, son parent et son ami, de voir M. Teste pour lui parler en faveur de la société des mines de Gouhenans. Il vit M. Teste, à ce sujet, deux ou trois fois; mais, ayant su que M. le général Cubières se mêlait de cette affaire, le témoin cessa ses démarches. Ayant appris plus tard la concession, il vit à Paris, en 1845, M. Lanoir. Il le félicita sur la concession, et M. Lanoir lui dit qu'il s'était passé dans cette affaire des choses très-regrettables; que M. Parmentier avait dans les mains une correspondance qui causerait un grand scandale si elle était publiée.

Je lui disais que je croyais M. Teste incapable d'avoir reçu quoi que ce soit, pour faire justice. M. Lanoir me dit : « Oh! non; ni M. Teste, ni ces messieurs, n'ont rien reçu; mais nous avons été trompés par quelqu'un qui a gardé des valeurs considérables que l'on avait cru devoir créer pour aider au succès de la demande. »

Plus tard, M. Parmentier me confirma ces faits, il me lut même quelques phrases des lettres qu'il avait dans les mains. M. Parmentier a donné dans l'instruction, sur notre entrevue, des détails contre lesquels je proteste. Il m'a dit qu'ils avaient été trompés, mais j'affirme que jamais M. Parmentier ne m'a dit qu'il n'avait pas cru à la corruption, et de m'en souvenir dans l'occasion. A mes yeux, un pareil calcul de sa part et mon témoignage futur auraient été une espèce de guet-apens contre le général Cubières, guet-apens auquel je me serais associé, et j'en suis incapable. (Mouvement.)

M. Parmentier. — Je n'ai pu dire ce que rapporte M. Capin qu'avant la concession; car, depuis la concession jusqu'en 1846, je n'ai pas remis le pied à Paris; qu'il recueille donc ses souvenirs, il verra que c'est en 1842 que je lui ai dit cela.

M. Capin. — Je ne peux pas me rappeler les paroles de M. Parmentier. Je n'ai vu M. Parmentier, qui n'est pas mon ami, qu'après M. Lanoir. Je le voyais ce jour-là pour la première fois : il serait fort étonnant qu'il m'eût fait une pareille confidence. Jamais il ne m'a fait la recommandation qu'il prétend m'avoir faite. Ma dénégation est formelle.

Je finis par un mot : Je ne veux pas dire que jamais j'aie cru à la corruption du ministre ou de personne de l'administration; car M. Lanoir ne m'a pas dit qu'on ait donné à MM. Parmentier et Cubières une somme de 200,000 fr. pour le ministre et la corruption, mais pour arriver à la concession, et l'on comprend que dans de pareilles affaires, il faut pour les faire rouler un fonds important.

M. Mazères, préfet du Cher, ancien préfet de la Haute-Saône. — Avant de dire tout ce que j'ai su de l'affaire de Gouhenans, je dois dire à la cour qu'il existe des liens d'amitié entre moi et la famille de M. Cubières; j'ai été élevé dans les sentiments de la plus vive affection pour M. le général Despans-Cubières en particulier.

Je n'ai pas besoin de dire à la cour : ces renseignements n'altèrent en rien la sincérité de mon témoignage.

Ici le témoin rend compte des démarches faites par la société Gouhenans dans la demande de concession.

Le témoin ajoute : La cour sait qu'un certain nombre d'actions avait été réservé pour un emploi indéterminé. Les sociétaires disaient que ces actions étaient réservées pour être vendues à des capitalistes ; déjà, dans le public, on a cru qu'elles étaient destinées à être données à des hommes puissants. J'ai appris ces bruits fâcheux, et n'y ai pas ajouté foi ; je n'ai pas compris pourquoi on voulait demander à la corruption ce qu'on devait attendre de la justice.

Ces bruits de corruption ont amené entre M. le ministre des travaux publics et moi plusieurs conférences ; dans toutes, je l'ai trouvé non pas indifférent, mais froid, calme, s'animant un peu seulement au souvenir des différends qu'il avait eus avec le ministre des finances.

Dans une de ces conférences, je lui dis : « Il est temps de terminer : la compagnie se plaint. » Je stimulais le ministre, j'y mettais de l'ardeur. J'ai été sur le point, en lui parlant, de lui faire part des bruits qui couraient; mais en le voyant si calme, si digne, je n'ai pas voulu lui apprendre que le soupçon avait pu l'atteindre.

M. Teste. — Je prie M. le chancelier de demander au témoin si, dans ma correspondance ou dans mes relations avec lui, je lui ai seulement touché un mot sur l'étendue du périmètre ?

Le témoin. — Jamais; j'ajoute que je n'ai jamais été simulé par M. Teste dans cette affaire de Gouhenans.

M. Parmentier. — Sous quel rapport M. Mazères a-t-il connu M. Lanoir ?

M. Mazères. — Comme un parfait et excellent homme.

M. Lenoir fils, étudiant en droit, appelé à la requête de M. Parmentier, dépose que son père était très-lié avec M. Parmentier, et qu'à plusieurs reprises il a entendu ce dernier exprimer l'opinion qu'il ne croyait pas et ne croirait jamais à la corruptibilité de M. Teste.

L'audience est levée à six heures et demie et renvoyée à demain midi.

5e *Audience.* — 13 *juillet.*

Ce procès ne devait pas être seulement mémorable par la nature de l'accusation, par le rang des accusés, par la haute juridiction à laquelle il est déféré, et comme s'il fallait que ce débat, inouï dans nos annales judiciaires, eût encore un caractère qui n'a été celui d'aucun autre, chaque jour, depuis la première audience, a amené un incident nouveau, qui jetait de plus vives lueurs sur les mystères de l'accusation ; et ce matin c'était le tragique événement de la prison du Luxembourg qui devait clore le dernier jour de débat.

Nous rapportons plus bas les détails qui ont précédé et suivi cette tentative désespérée, qui était, avant l'ouverture de l'audience, l'objet de toutes les conversations. On racontait les scènes déchirantes d'accablement et de douleur qui s'étaient passées durant la nuit dernière dans la prison de l'accusé, et l'on annonçait qu'une lettre adressée par lui à M. le chancelier laissait enfin échapper le fatal aveu.

A midi et demi MM. les pairs entrent en séance.

M. le général Cubières se place sur son banc et paraît accablé. Mes Paillet et Dehaut, avocats de M. Teste, entrent seuls à l'audience, et entre eux reste inoccupé le siége de M. Teste. La vue de cette place vide produit sur l'auditoire une impression profonde ; c'est là comme le premier dénoûment de ce grand drame judiciaire.

M. Eugène Cauchy, greffier en chef, procède, sur l'ordre de M. le chancelier, à l'appel nominal, qui constate la présence de cent quatre-vingt-neuf pairs.

M. LE CHANCELIER. — M. le greffier en chef adjoint va donner lecture des procès-verbaux qui ont été dressés depuis hier à la prison du Luxembourg.

M. Léon de la Chauvinière lit deux procès-verbaux ainsi conçus (profond silence) :

« L'an 1847, et le 12 juillet, à neuf heures trois quarts du soir ;

« Nous, François-Paul-Amand Monvalle, commissaire de police de la ville de Paris, spécialement du quartier du Luxembourg, officier de police judiciaire auxiliaire de M. le procureur du roi ;

« Informé par M. le grand référendaire que M. Teste, détenu à la prison du Luxembourg, venait de tenter de se suicider, nous sommes rendu immédiatement en ladite prison, et, conduit par M. le directeur dans une chambre au deuxième étage, nous y avons trouvé couché dans son lit ledit accusé et près de lui M. Antoine Laurent Jesse-Bayle, âgé de quarante-sept ans, docteur, professeur et agrégé de la Faculté de médecine de Paris, demeurant rue Taranne, 14 ;

« Nous étant approché du lit de M. Teste, nous l'avons interpellé sur la tentative dont il s'agit, et il nous a répondu ce qui suit :

« Il est vrai que j'ai tenté aujourd'hui de me suicider, parce que j'ai toujours préféré l'honneur à la vie, et je regrette de n'y avoir pas réussi. Je ne veux pas faire connaître la personne qui m'a procuré les armes dont je me suis servi, mais ce n'est pas mon fils, et ce serait lui que je l'en remercierais comme d'un acte de véritable piété filiale.

« Lecture faire, M. Teste a persisté et a signé avec nous.

« J.-B. TESTE, MONVALLE.

« A cet instant, nous avons requis M. le docteur Bayle d'examiner M. Teste et de nous faire son dire sur son état, ce à quoi obtempérant, serment préalablement prêté en nos mains aux termes de la loi, il nous a déclaré ce qui suit :

« Ce soir, à neuf heures environ, j'ai été appelé par M. Cauchy, greffier en chef de la cour des pairs, pour constater l'état de M. Teste, détenu à la prison du Luxembourg, qui venait de tenter de se suicider, et pour lui donner des soins s'il y avait lieu.

« A mon arrivée dans cette chambre, j'ai trouvé M. Teste dans son lit, couché sur le dos, paraissant dans un état de calme. le pouls plein sans être fréquent. Lui ayant demandé le siége de sa blessure, il m'a montré le côté gauche de sa poitrine. J'ai remarqué dans cet endroit une tache de sang sur sa chemise ainsi que sur le gilet de laine placé dessous, mais sans aucune ouverture ou déchirure de ses vêtements. Après avoir soulevé ceux-ci, j'ai constaté sur la peau au-dessous du sein gauche une contusion sans solution de continuité, d'une forme à peu près circulaire, d'une étendue de quatre à cinq centimètres. Dans cet endroit la peau était rouge et couverte d'une légère couche de sang.

« Il y avait au-dessous et autour de la contusion, de la dureté et du gonflement dans le tissu cellulaire subjacent. Ayant appris que depuis la tentative de suicide, M. Teste avait changé de chemise, je me suis fait représenter celle qu'il portait au moment de l'événement. J'ai remarqué dans la partie de la chemise qui recouvrait la région du cœur une large tache brunâtre, au centre de laquelle se trouvait une dépression arrondie, telle que serait celle que pourrait faire une balle qui n'aurait point pénétré. En effet, je n'ai trouvé aucune solution de continuité à cette chemise. Le fait de non-pénétration d'une balle ne pourrait guère s'expliquer que par l'application immédiate du bout du pistolet sur la poitrine ou par une très-faible charge de poudre. J'ai conseillé à M. Teste de se laisser faire une saignée ou appliquer des sangsues. Il s'est refusé à l'un et l'autre moyen, et n'a voulu consentir qu'à l'application d'un cataplasme émollient.

« Il résulte de ce qui précède que la contusion que M. Teste porte au côté gauche de la poitrine peut être le résultat d'un coup de pistolet dont la balle n'aurait pas pénétré, et que cette blessure n'offre aucune gravité.

« Lecture faite, M. le docteur Bayle a persisté et signé avec nous.

« Bayle, Monvalle.

« Sur notre demande, M. Trevet, directeur de la prison du Luxembourg, nous fait le dépôt de deux pistolets de poche dits coups de poing, à crosse d'ivoire ; l'un est déchargé, une capsule éclatée est encore sur la cheminée, l'autre paraît chargé et est dépourvu de capsule, et rien n'indique sur la cheminée la trace d'une capsule qui aurait été déposée ou qui aurait éclaté.

« Il nous fait également le dépôt de la chemise que portait M. Teste au moment de la tentative. Elle porte au côté gauche et à hauteur de la poitrine une large tache noirâtre au centre de laquelle on remarque une dépression qui semble indiquer l'action d'une balle qui n'aurait pas traversé, ou du bout du pistolet, qui alors aurait très-fortement appuyé. Cette dépression présente une teinte noire plus prononcée que le reste.

« Nous mettons cette chemise sous scellé, avec étiquette indicative dûment signée. Nous mettons également sous scellé les deux pistolets dont s'agit, pour le tout être transmis comme pièce de conviction.

« A cet instant, M. le procureur du roi, informé de l'événement par M. le chancelier, est intervenu et, après avoir pris connaissance de nos procès-verbaux, il nous a invité à continuer nos interrogatoires en sa présence, et a, M. le procureur du roi, signé avec nous. Félix Boucly, Monvalle. Et continuant ladite opération, nous avons fait dans la chambre occupée par M. Teste, et où avait eu lieu la tentative de suicide, nos recherches exactes à l'effet de retrouver la capsule dont le pistolet avait éte amorcé, et la balle dont il avait été chargé. La capsule a été retrouvée à peu près au milieu de la chambre sur le plancher, et son état nous a paru indiquer que, depuis qu'elle avait servi, elle avait dû être foulée aux pieds.

« La balle a été retrouvée aux pieds et à droite d'un buffet faisant face aux fenêtres, ce qui nous a paru d'accord avec la situation que

M. Teste a indiquée comme celle qu'il avait prise au moment où il a tenté de se suicider. — Il nous a dit, en effet, qu'il était placé obliquement et appuyé contre le mur devant la fenêtre du fond.

« Nous avons mis cette capsule et cette balle sous deux scellés différents, et nous avons contresigné les étiquettes qui y ont été apposées.

« Et a, M. le procureur du roi, signé avec nous après lecture.

« Félix Boucly, Monvalle.

« De tout ce que dessus nous avons rédigé le présent procès-verbal, qui sera transféré à qui de droit.

« Signé Monvalle.

« L'an 1847 le 12 juillet, nous, François-Paul-Amand Monvalle, commissaire de police de la ville de Paris, spécialement du quartier du Luxembourg, officier de police judiciaire auxiliaire de M. le procureur du roi,

« Procédant à une enquête par suite de la tentative de suicide de M. Teste, détenu à la prison du Luxembourg, nous avons entendu les personnes ci-après, qui nous ont fait les déclarations suivantes :

« 1° M. Trevet Gervais-Pierre-François-Guillaume, âgé de 50 ans, directeur de la prison du Luxembourg, y demeurant, lequel a déclaré :

« Ce soir, vers neuf heures, me trouvant dans la cour de la prison, j'ai entendu une légère détonation; j'ai cru que c'était un de nos quinquets qu'un des soldats de garde refermait brusquement; j'ai demandé de suite à ce soldat si c'était lui qui avait fait ce bruit, il m'a répondu non.

« Afin de connaître la cause de ce bruit, je me suis dirigé vers l'escalier conduisant au logement de M. Teste, et j'ai rencontré au bas le nommé Goupillon, surveillant, qui descendait rapidement, qui m'a dit : Montez de suite, monsieur ! Et il n'a pu rien ajouter. Je suis alors monté précipitamment, et, arrivé près de la porte du logement de M. Teste, j'ai trouvé son domestique assis sur l'une des marches, pâle et défait, ne pouvant articuler un seul mot. Je me suis précipité dans la chambre à coucher, suivi que j'étais de mon brigadier et d'un surveillant, et j'ai vu M. Teste debout, vêtu seulement de sa chemise et de son pantalon, portant la main droite étendue vers la région du cœur, et qui m'a dit d'un air calme : « Qu'avez-vous, vous paraissez bien effrayé ? » Au même moment, et comme il retirait sa main, j'ai aperçu une large tache noirâtre à sa chemise Je lui ai dit : « Je craignais, monsieur, qu'il ne vous fût arrivé quelque accident. — Mais, non du tout, a-t-il répondu, ce n'est rien, vous êtes plus effrayé que moi. » Je lui ai pris la main droite, comme pour lui tâter le pouls, mais encore pour m'assurer s'il était ou non blessé.

« J'ai aussitôt envoyé le brigadier Jubert prévenir M. le chancelier et M. le grand référendaire, et j'ai fait en même temps appeler le docteur Rauget, qui, étant absent, a été remplacé par M. le docteur Bayle. M. le préfet de police a été également informé par mes soins. Quittant alors M. Teste, que j'ai laissé à la garde de deux surveillants et de M. Arbousse, chef de la comptabilité du Luxembourg, qui se trouvait dans la cour avec moi lorsque la détonation a eu lieu, j'ai interpellé de nouveau le domestique, qui était resté dans le même état de stupeur, et qui n'a pu faire de réponses à mes nombreuses questions.

« Rentré près de M. Teste, j'ai cherché l'arme dont il avait fait usage ; mais il m'a prévenu, et m'a dit : « Je vais vous épargner la peine de chercher ; vous trouverez les pistolets dans le premier carton de gauche de mon bureau, » où, en effet, je les ai trouvés.

« Lecture faite, le sieur Trevet a persisté, et a signé avec nous.

« G. TREVET, MONVALLE. »

2° M. Jean-Alphonse Arbousse, âgé de 55 ans, chef de la comptabilité de la chambre des pairs, demeurant au palais du Luxembourg, lequel déclare :

« Je confirme la déclaration de M. Trevet dans tout son contenu. Etant arrivé presque aussitôt que lui dans le logement de M. Teste, avec lequel je suis resté pendant que M. Trevet était allé informer de l'événement M. le chancelier et M. le grand référendaire, M. Teste a devant moi conservé un très-grand calme, et nous avons parlé de choses étrangères à la tentative dont s'agit. Il a ensuite appelé son domestique pour se coucher.

« A cet instant, M. le colonel Pozac, commandant militaire du palais, est arrivé, puis ensuite le grand référendaire, et je me suis retiré.

« Ainsi que M. Trevet, je n'ai entendu qu'une faible détonation, semblable au bruit d'une planche.

« Lecture faite, le déclarant a persisté et a signé avec nous,

« ARBOUSSE, MONVALLE. »

« 3° Le nommé Poignard, Etienne-Joseph, âgé de 32 ans, valet de chambre au service de M. Teste, demeurant rue de Lille, 88 bis,

« Lequel nous a déclaré :

« M. Teste fils est venu accompagner son père aujourd'hui à la fin de l'audience, et il est allé dîner avec sa mère ; puis il est revenu vers huit heures et s'est trouvé avec MM. Paillet et Dehaut, qui avaient dîné et passé la soirée avec M. Teste. Vers neuf heures ils sont sortis tous les trois ensemble, et je suis resté seul avec le détenu, c'est-à-dire qu'il était dans sa chambre et moi dans la mienne, la porte de communication seulement poussée tout contre. Cinq minutes après, comme je m'étais jeté tout habillé sur mon lit, j'ai entendu un léger coup, et j'ai vu une petite clarté dans la chambre de mon maître ; je m'y suis précipité en criant : « Mon Dieu ! M. le président !... — Taisez-vous ! » m'a-t-il répondu avec beaucoup de calme et sans se relever de la chaise sur laquelle il était assis au pied de son lit. Je suis alors sorti en criant au secours ; mais les forces m'ont manqué, et je suis tombé comme anéanti sur les premières marches de l'escalier, où M. le directeur m'a trouvé en montant.

« M. Teste a dîné comme à l'ordinaire, et rien n'a pu me faire pressentir sa détermination. J'ignore qui a pu lui fournir les pistolets dont il s'est servi, et je n'en ai jamais vu en sa possession, quoiqu'il y ait six ans que je suis à son service. Je n'en ai jamais vu non plus chez M. Teste fils.

« Lecture faite, le déclarant a persisté et a signé avec nous.

« E.-J. POIGNARD, MONVALLE. »

M. LE CHANCELIER. — M. le rapporteur va donner à la cour lecture d'une lettre que M. Teste m'a adressée ce matin.

« Paris, 15 juillet 1847.

« Monsieur le chancelier,

« Les incidents de l'audience d'hier ne laissent plus de place à la contradiction en ce qui me concerne, et je considère à mon égard le débat comme consommé et clos définitivement. (Mouvement.) J'accepte d'avance tout ce qui sera fait par la cour en mon absence. Elle ne voudra sans doute pas, pour obtenir une présence désormais inutile à l'action de la justice et à la manifestation de la vérité, prescrire contre moi des voies de contrainte personnelle, ni triompher par la force d'une résistance désespérée. Je la prie aussi d'être convaincue que cette résolution, irrévocable de ma part, se concilie dans mon cœur avec mon profond respect pour le caractère et l'autorité de mes juges.

« J'ai l'honneur d'être, monsieur le chancelier, votre très-humble et très-obéissant serviteur,

« J.-B. TESTE. »

M. LE CHANCELIER. — M. le greffier en chef adjoint va donner lecture d'un autre procès-verbal dressé ce matin.

« L'an 1847, le 15 juillet, onze heures et demie du matin,

« Je, André-Jean-Baptiste Jouanne de Beaulieu, huissier assermenté près la cour des pairs, en vertu de l'ordre de M. le chancelier de France, président de la cour des pairs, me suis rendu, en la forme ordinaire, en la maison de justice de la rue de Vaugirard, à l'effet d'extraire de cette maison les trois accusés qui y sont détenus et qui doivent être conduits à l'audience de ce jour.

« MM. de Cubières (Amédée-Lucien) et Parmentier (Marie-Nicolas-Philippe-Auguste) ont déclaré qu'ils étaient prêts à me suivre.

« Quant à M. Teste (Jean-Baptiste), il s'y est refusé.

« Vu lequel refus, je me suis présenté de nouveau dans la chambre dudit accusé, cette fois assisté de la force publique, et, en vertu des mêmes ordres, je l'ai sommé au nom de la loi d'obéir à justice et de comparaître cejourd'hui à l'audience de la cour des pairs, lui déclarant qu'à défaut par lui de se rendre devant la cour, il sera procédé conformément à l'art. 9 de la loi du 9 septembre 1835.

« M. Teste m'a déclaré que, tout en protestant de son respect pour la cour, il lui est impossible de consentir à reparaître devant elle par les motifs exprimés dans la lettre qu'il a déjà eu l'honneur d'adresser à M. le chancelier, et où il expose que sa comparution est désormais inutile en présence de la preuve acquise de l'unique faiblesse qu'il ait eu à se reprocher dans sa vie et qu'il expie si cruellement. (Sensation prolongée.) Qu'il persiste donc formellement dans son refus de se rendre à l'audience, s'en remettant, au surplus, à la justice de la cour, sur tout ce qui doit suivre la présente déclaration.

« Dont de tout ce que dessus j'ai dressé le présent procès-verbal, pour servir et valoir ce que de raison, et pour être immédiatement remis entre les mains de M. le chancelier de France, président de la cour des pairs, et a ledit sieur Teste, signé avec moi après lecture faite.

« Signé, TESTE, JOUANNE DE BEAULIEU.

Immédiatement après la lecture de ces pièces, qui produisent sur l'assemblée une impression que nous renonçons à décrire, M. le chancelier prononce l'ordonnance suivante :

« Nous, chancelier de France, président de la cour des pairs;

« Vu les pièces dont il vient d'être donné lecture à la cour ;

« Vu l'article 9 de la loi du 9 septembre 1835 ;

« Faisant usage du droit qui nous est conféré par cet article ;

« Ordonnons que, nonobstant l'absence de Jean-Baptiste Teste, l'un des accusés traduits devant la cour, il sera passé outre aux débats. »

M. LE CHANCELIER. — M. le procureur général a la parole.

M. le procureur général Delangle se lève, et, au milieu du silence et de l'attention générale, s'exprime en ces termes :

Réquisitoire.

Messieurs les pairs, le procès est fini ; il n'est plus besoin de rechercher, de discuter la culpabilité des accusés, elle est constante, et la déclaration faite par M. Teste, en ruinant dans sa base la défense depuis si longtemps préparée par Parmentier, met un terme complet aux débats.

Que pourrions nous dire, en effet, messieurs, pour éclairer vos consciences, quand les accusés eux-mêmes ont pris soin de lever les doutes; quand, amenés par l'enchaînement fatal des circonstances à renoncer à des systèmes qui ne pouvaient pas les sauver, ils ont fait l'aveu public du crime qui leur est imputé?

Notre tâche est finie, la vôtre commence.

Un grand crime a été commis, l'expiation doit être éclatante, le pays le demande; il faut épouvanter les fonctionnaires qui seraient tentés de sacrifier leur devoir ; il faut épouvanter les hommes cupides qui seraient tentés de spéculer sur la faiblesse des fonctionnaires.

Que le général Cubières soit frappé de toute la rigueur de la loi pénale; qu'il soit exclu de l'armée, qu'il a déshonorée, exclu de la pairie que sa présence souillerait désormais. (Mouvement.) Que pourrait-on dire, messieurs, pour alléger sa peine? qu'il a expié en partie sa faute par les angoisses au milieu desquelles il a vécu depuis 1845 ; par sa position humiliée devant un homme tel que Parmentier; par les pertes d'argent qu'il a subies; par la cruelle douleur que lui a infligée l'accusation d'escroquerie si longtemps suspendue sur sa tête? N'oubliez pas, messieurs, que c'est de lui qu'est partie la première pensée de corruption; il l'a écrite en 1843, il l'écrivait en 1844, il la répétait en 1846. N'oubliez pas qu'il a cherché, avec une persévérance déplorable, à égarer la justice, qu'il a persisté devant l'évidence; n'oubliez pas, enfin, qu'il a eu l'honneur de siéger dans les conseils de la couronne, et qu'il est d'autant plus coupable d'avoir violé les lois de son pays.

Pour M. Teste, ah! messieurs, après ce que je viens d'entendre, je ne me sens pas le courage de mesurer l'abîme au fond duquel il a été entraîné par son avidité!

Pour Parmentier, pour cet homme qui a spéculé sur sa propre turpitude, que la main de la justice s'appesantisse sur lui!

Je comprends que, dans l'élan d'un sentiment patriotique, on dénonce de grands coupables, et qu'on appelle sur leurs têtes les foudres de la loi ; mais dénoncer dans l'intérêt de sa cupidité, pour punir une résistance à une exaction illégitime, une telle conduite doit exciter l'indignation de tous les honnêtes gens ; elle doit provoquer leur sévérité.

Et quant à Pellapra, qu'il apprenne, dans l'asile où se cache sa vieillesse déshonorée, comment la loi réprime les outrages faits à la probité.

Qu'il me soit permis, messieurs, de présenter deux observations qui naissent de ce procès. Un bruit a été accrédité, un bruit funeste au pays : c'est qu'il est des coupables qu'on ne peut atteindre, c'est qu'il est des crimes sur lesquels on n'ose appeler l'attention publique. Quel plus éclatant démenti contre ces injustes rumeurs que le procès qui vous est soumis! Jamais l'égalité devant la loi a-t-elle été plus vraie, l'action de la justice plus ferme, sa volonté plus inébranlable d'atteindre, de punir les crimes, quelle qu'en fût la nature et à quelque hauteur que les coupables fussent placés?

On dit, messieurs, que la corruption déborde, qu'elle envahit et dévore le corps social, qu'il n'est plus de devoir qui ne cède au culte des intérêts matériels. Cette accuaation est-elle vraie, le temps où nous vivons pire que les temps qui l'ont précédé? Non, messieurs, et je n'en veux d'autre preuve que le procès actuel. Jamais les investigations de la justice n'ont été plus vives, plus persévérantes : tout a été examiné, interrogé, fouillé. Au ministère des travaux publics, aux finances, partout on a cherché les traces de la corruption ; et les fonctionnaires les plus humbles, et ceux que leur situation semblait exposer davantage à la séduction, on les a trouvés honnêtes, désintéressés, purs, au-dessus du soupçon. Et, il faut le dire pour l'honneur de l'administration, on a appris en même temps combien un ministre lui-même avait peu d'action sur les hommes placés sous sa main.

Messieurs, l'opinion publique est devenue plus susceptible; il faut l'en louer ; ce qui, dans d'autres temps, éveillait à peine les scrupules, trouble et inquiète aujourd'hui la société : elle s'exagère le mal; la plainte va au delà du but. Votre arrêt, en montrant la mesure exacte du mal, rassurera les bons citoyens.

Dupuis 1830, des défis audacieux ont été jetés par les partis à votre haute justice, et plus d'une fois elle a réprimé leurs excès; sa fermeté a rétabli le calme dans le pays.

Aujourd'hui, messieurs, vous avez à calmer les craintes du pays, raffermir la morale et l'ordre, à venger la société des atteintes qui ont été portées à sa confiance. C'est un immense service à rendre à la France, et nous avons confiance dans la haute mission qui vous est déférée. (Sensation.)

Me Baroche. — Messieurs les pairs, après les incidents si nombreux et si graves qui viennent d'éclater à la fin de ces débats; après la terrible catastrophe qui les a terminés; en proie à une émotion dont je n'ai pas besoin, je crois, de m'excuser devant vous, j'ai à peine la force de recueillir les idées que je voulais vous présenter dans l'intérêt de M. le général de Cubières. Je ne voulais le défendre devant vous qu'en vous démontrant que, dans ses dernières déclarations et depuis que des révélations inattendues et non provoquées par lui avaient dû vaincre les scrupules de sa conscience, il vous avait dit toute la vérité, la vérité comme il la savait, comme elle lui avait été révélée par M. Pellapra, de qui seul il pouvait l'apprendre.

Je voudrais vous faire connaître par quel triste enchaînement de circonstances il avait été entraîné dans cette voie fatale dont son honorable inexpérience ne lui avait pas permis d'apercevoir tous les périls, et au bout de laquelle sa faiblesse, la bonté de son cœur, son inaltérable attachement à la foi jurée envers ceux-là même qui l'avaient si gravement compromis, devaient creuser un abîme au fond duquel son honneur a failli s'engloutir à jamais.

Eh bien, messieurs, tous ces faits que je voulais vous faire connaître, vous les connaissez maintenant Personne de vous ne peut au moins douter aujourd'hui de la vérité complète des explications qui vous ont été données par M. de Cubières. Tous vous avez déjà compris à quel fatal entraînement il a cédé. Aurais-je encore (je ne le croyais pas avant les laconiques et si cruelles paroles de M. le procureur général), aurais-je encore à défendre devant vous son honneur contre ces accusations qui, depuis si longtemps, planent sur sa tête ? Son honneur, auquel, lui aussi, il tient plus qu'à la vie; son honneur, dont il doit compte à l'armée, dans les rangs de laquelle il occupe depuis si longtemps une glorieuse place; son honneur, dont il doit compte au pays, qui l'a jusqu'ici rangé au nombre de ses plus vaillants défenseurs et de ses plus illustres enfants.

J'avoue que j'avais espéré que l'attitude prise par M. de Cubières à la fin de ces débats lui aurait valu l'indulgence de M. le procureur général, et lui aurait épargné les paroles si cruelles qui viennent de retentir jusqu'au fond de son cœur et du mien.

Mais enfin on insiste avec un laconisme auquel je tâcherai de me conformer, mais qui cependant ne peut pas être absolument imité par moi, puisqu'il faut bien que je vous donne quelques explications pour démontrer qu'il n'est pas exact, comme on vient de le dire tout à l'heure, que ce soit M. Cubières qui ait conçu ces pensées de corruption, que ce soit M. de Cubières qui les ait développées, que ce soit dans son âme, dans son cœur, qu'elles aient pris naissance, et qu'il faut au contraire que je prouve, ce que je croyais dès à présent établi, qu'il a été poussé à cette déplorable pensée par des séductions étrangères, dans un intérêt qui était à peine le sien au moment où le projet a été formé, et qu'ainsi, de tous ceux peut-être qui paraissent devant vous, il mérite le plus l'indulgence de M. le procureur général, l'indulgence et l'intérêt de la cour.

C'est au mois de mars 1839, comme vous le savez, que, pour son malheur, M. le général Cubières entra dans cette affaire de Gouhenans; il n'y avait d'abord qu'un bien faible intérêt, un centième qu'il avait acheté 25,000 fr. Parmentier, qui comprit dès l'abord combien pouvait être utile pour cette affaire l'influence et le crédit de M. de Cubières, le poussa à des acquisitions successives qui devaient augmenter son intérêt personnel.

Ainsi, le 5 septembre 1841, M. le général de Cubières acheta un second centième, au prix de 20,000 fr., d'un M. Fumerey, et, enfin, à partir de mars 1842 (j'ai l'honneur d'appeler l'attention de la cour sur cette date), à partir de mars 1842, deux parts furent achetées par lui, de M. Grillet, au prix de 54,000 fr., et trois autres de diverses personnes, au prix de 80,000 fr.; de sorte, qu'à fin de 1842, l'intérêt de M. le général de Cubières était de 159,000 fr.; mais veuillez bien retenir ce fait essentiel, à la fin de 1841, au commencement de 1842, au mois de janvier, au mois de février 1842, M. le général de Cubières ne possédait que deux parts d'intérêt qui ne représentaient pour lui qu'un capital de 45,000 fr.

M. Parmentier, au contraire, avec lequel nous allons le voir constamment en rapport, possédait cinquante centièmes, c'est-à-dire la moitié du montant total de cette opération. Il n'est peut-être pas inutile non plus de vous faire remarquer que tous ces actes qui ont été reprochés à M. Parmentier sur son exploitation illégale, sur cette espèce d'indignité que, par sa conduite, il avait créée à la société, qui semblait se personnifier en lui, sont antérieurs à l'entrée de M. le général Cubières dans l'affaire.

M. Baroche passe en revue les faits du procès, et soutient que le général Cubières a été étranger aux premières pensées de corruption.

Ainsi donc, d'une part, M. le général Cubières, connaissant à peine le ministre, non plus que ses agents; étranger à cette jurisprudence de quelques financiers; de l'autre, M. Pellapra, ami intime du ministre, ayant avec lui les relations les plus actives, connu comme un spéculateur lancé depuis longtemps dans toutes les entreprises... Je ne veux pas aller plus loin, mais, tout en m'arrêtant, je dis qu'il est facile de comprendre que cette malheureuse idée ait pu germer dans l'esprit de M. Pellapra, mais qu'elle ne pouvait pas naître dans la conscience de M. de Cubières.

Je sais bien que l'accusation peut répondre que M. le général Cubières lui-même n'a pas fait tout d'abord la déclaration que je fais en son nom; qu'il a parlé de plusieurs individus qu'il n'a pas voulu nommer, et qui l'auraient circonvenu en murmurant à son oreille des propos de corruption; enfin, qu'il a déclaré que ces individus étaient placés au dernier degré de l'échelle sociale.

Ici, messieurs, permettez-moi de vous présenter une réflexion qui doit exercer une grande influence sur l'appréciation morale de la position de M. le général Cubières. Sans doute il a persisté bien longtemps dans une voie fâcheuse de réticences et de déceptions; mais, messieurs, c'est à votre conscience que j'en appelle; est-ce sérieusement qu'on pourrait lui en faire un reproche? Les motifs de M. le général Cubières ont été très-bien appréciés à la séance de samedi dernier, si je ne me trompe, par un des honorables membres de la cour, qui faisait cette observation : le général, depuis le commencement de l'instruction, et encore pendant le cours des débats, a été placé sous le poids de cette idée, que, quoi qu'il pût arriver, il ne voulait être le dénonciateur de personne; cette idée a pu le saisir par une apparence de générosité.

Et, en effet, messieurs, vous avez entendu le général lui-même, à la première séance, vous dire, avec un accent que vous avez dû comprendre : Quoi qu'il pût m'arriver, quelques sacrifices que j'eusse à faire, j'aimerais mieux les subir tous que d'en venir à accuser un homme!

Voilà, messieurs, quelle était sa pensée; voilà quel est le motif qui l'a dirigé dans cette longue série de dénégations qu'il a opposées aux premières demandes qui lui ont été adressées dans l'instruction.

Eh bien, je le demande, messieurs, à la cour devant laquelle je parle, est-ce qu'il n'y a pas quelque chose d'honorable dans cette opiniâtreté d'un homme qui semble plus préoccupé du soin de sauver les autres, que de se sauver lui-même; qui ne craint rien davantage que de pouvoir être considéré comme dénonciateur des autres accusés, de ceux qu'on lui a donnés pour complices? Est-ce qu'il n'y a pas quelque chose qui part d'un bon sentiment, d'un sentiment élevé dans ce silence obstiné qu'a voulu garder le général Cubières, puisque sa parole, et sa parole seule, dans ces premiers moments, aurait pu être une accusation contre les autres personnes comprises dans l'instuction? Voilà, messieurs, pourquoi il a parlé. Il avait en lui, il y a encore en lui, messieurs, cette pensée éminemment pénible, que c'est lui qui a compromis tous les autres, que c'est sur lui que doit retomber la responsabilité de tous les malheurs que cette accusation a engendrés!

Cette douleur, messieurs, il l'a bien cruellement ressentie; hier encore, au moment de la catastrophe dont on vous rendait compte tout à l'heure, il versait des larmes amères, il se reprochait d'avoir poussé à un acte de désespoir celui qui venait ainsi d'attenter à sa personne. Ah! j'ai droit de dire, je crois, du moins, au général Cubières : Votre douleur vous honore; mais, cette douleur, vous ne devez pas la ressentir; ce n'est pas sur vous que doit retomber la responsabilité de ce procès et de tous les malheurs qui en ont été la suite.

Ce n'est pas sur vous, et si, malheureusement, après son honneur perdu, le sang d'un père de famille avait dû couler encore, le sang d'un homme, jusque-là honoré, d'un homme que nous avons tous si longtemps aimé; si ce sang avait dû couler mêlé aux larmes de trois familles, ce ne serait pas sur vous, général, qu'il devrait retomber, ce serait sur celui qui, pour satisfaire la plus odieuse et la plus basse cupidité, par je ne sais quel insensé besoin de vengeance et de haine, n'a pas craint d'ouvrir cette voie fatale où trois familles ont été précipitées par ses mains; sur celui qu'aucun sentiment honorable n'animait, mais qui, au contraire, a lâchement cédé à ce que la cupidité a de plus ignoble et de plus infâme. (Mouvements).

Ainsi, j'ai le droit de dire : Le général Cubières a eu tort, dans le commencement de ce procès, de se faire un cas de conscience de ne pas compromettre les autres. Non, le général Cubières, dans ces derniers temps, comme toujours dans cette affaire, a été dupe; il a été victime; mais coupable à l'endroit de l'honneur, je dis qu'il ne l'a pas été, et j'espère le démontrer. Voilà donc, messieurs, l'explication de ces dénégations obstinées que le général Cubières avait si longtemps opposées aux demandes de l'instruction.

Eh bien, maintenant que vous en comprenez le motif, maintenant que vous avez reconnu tout ce qu'il y avait d'honorable même dans cette exagération de scrupules de la conscience, je dis qu'il faut croire d'autant plus volontiers, avec d'autant plus de confiance les déclarations du général de Cubières, qu'elles lui ont été pour ainsi dire arrachées malgré lui, qu'il les a faites à son corps défendant, que vous l'avez vu, lorsque l'évidence brillait aux yeux de tous, lorsque hier la dénégation était impossible, opposer encore je ne sais quelle dénégation, qui pouvait, qui devait, je vous demande pardon de le dire, exciter votre impatience, parce qu'enfin il est un terme à tous les sacrifices, fussent-ils fondés sur les sentiments les plus honorables et les plus élevés.

Croyez donc, messieurs, le général de Cubières quand il vient vous dire, non pas spontanément, non pas comme un homme qui veut se sauver en rejetant sur les autres une part de responsabilité, mais quand la vérité est d'accord avec les paroles, que la première pensée de cette corruption malheureuse, avérée aujourd'hui, lui a été suggérée par celui qui, depuis le commencement jusqu'à la fin, a été l'intermédiaire de cette corruption, l'agent principal de ceux qui l'ont préparée et qui l'ont mise en réserve ; qu'il me soit permis de vous dire, messieurs, en terminant sur ce point, qu'il n'était pas possible que le général de Cubières conçût cette pensée pour lui, qu'il n'est pas possible que vous croyiez que ce soit lui qui, de propos délibéré, sera entré dans le cabinet d'un ministre du roi, pour lui proposer ce honteux marché, pour en discuter avec lui les conditions : oh ! non. Si jamais le général avait pu malheureusement concevoir une pareille pensée, avant d'entrer dans le cabinet du ministre, avant d'en franchir le seuil, tout son sang, ce sang qu'il a si souvent versé pour la défense de la patrie, serait remonté sur son cœur et l'aurait étouffé !

Son passé se serait immédiatement dressé devant lui, et il n'aurait pu faire un pas de plus dans cette voie dans laquelle on l'avait lancé, mais au seuil de laquelle il se serait senti invinciblement arrêté. Mais il y avait là un intermédiaire, et la nature indirecte des négociations déplorables que cet intermédiaire conduisait, faisait, jusqu'à un certain point, illusion au général, sur ce que les négociations avaient de fâcheux et de coupable. Sans doute, je n'en veux pas disconvenir, le général, en écoutant ces négociations, a commis une faute grave, une faute, quoi qu'on puisse dire, qu'il expie bien cruellement aujourd'hui. Mais enfin n'y avait-il pas quelqu'atténuation, quelque excuse à cette faute? Il vous l'a fait remarquer lui-même, s'il ne se fût agi que de son intérêt personnel, il ne se serait pas décidé à servir même d'intermédiaire pour de pareilles négociations ; mais il s'agissait d'intérêts plus considérables que les siens, et il a cru devoir faire ce qu'il a fait : transmettre au principal intéressé les ouvertures qui lui étaient adressées à lui-même.

Et puis, en outre, il y avait toujours cette illusion que l'on peut comprendre : la demande était juste, et la légitimité du but, jusqu'à un certain point, pouvait faire illusion, en quelque sorte, sur les moyens que l'on employait pour y parvenir. Est-ce donc, d'ailleurs, un crime, que de subir la nécessité de sacrifices pour obtenir une chose que l'on croit juste? Qu'il me soit permis de faire une observation et d'en appeler au souvenir de M. le procureur général lui-même. Ce n'est pas la première fois, malheureusement, que des procès de ce genre sont déférés, non pas à la haute cour des pairs, mais à la justice ordinaire.

Vous vous rappelez un procès qui a eu un grand retentissement, et lors duquel un employé supérieur de l'administration municipale de Paris était traduit devant la cour d'assises de la Seine comme ayant cédé à des promesses qui lui avaient été faites par certains individus intéressés à obtenir sa faveur. Eh bien, messieurs, dans ce procès, suivi à la requête de M. le procureur général d'alors, qui fut porté devant les assises, l'homme que je n'ai pas besoin de nommer, que je ne dois pas nommer, a été condamné pour avoir reçu des dons ou accepté des promesses qui lui avaient été faites. Et savez-vous quel est le rôle que l'on a fait jouer à celui dont la promesse écrite, trouvée chez le fonctionnaire, devait être la cause première, la cause unique de la condamnation.

Le rôle de témoin ! le rôle de témoin ! Il avait été d'abord compris dans la poursuite ; il ne fut pas renvoyé devant la cour d'assises, et il vint à la cour d'assises, libre et comme témoin, déposer de la réalité de cette promesse qui pouvait amener la condamnation de l'accusé principal, de l'accusé unique, que l'on avait alors déféré à la justice du pays. N'y a-t-il pas dans tout ceci de quoi faire illusion dans certaines circonstances et dans certaines positions ? N'y a-t-il pas, comme je le disais tout à l'heure, des motifs graves et sérieux d'atténuation dans cette faute, que le général Cubières a commise ? Dans cette faute, d'ailleurs, préparée par une suggestion, qui venait de Parmentier, en 1841, relativement à M. le ministre des finances, et qui, en 1842, venait encore assaillir le général Cubières, de la part de Pellapra, relativement à un autre ministre.

Voilà, messieurs, au premier point de ce débat, ce que je tenais à constater devant vous.

Me Baroche entre ensuite dans la discussion rapide des faits reprochés au général de Cubières, et arrivant à la consommation du fait de corruption, Me Baroche continue ainsi :

C'est, dit l'accusation, aux mois de janvier, de février et de mars 1843, que la corruption a été consommée. Permettez-moi, messieurs, de ne pas m'appesantir sur ce point, de ne pas entrer dans les détails de ces actes déplorables, qui ont été révélés à votre audience d'hier.

Permettez-moi de détourner les yeux de cette partie des débats. Je ne veux à cet égard faire remarquer qu'une chose, c'est que les valeurs qui, d'après la déclaration même de l'accusation, auraient servi à la corruption, ne sont pas, à cette époque, sorties des mains de M. Cubières. M. de Cubières vous a dit, il vous a répété qu'il n'avait jamais eu avec le ministre des travaux publics aucun rapport personnel, soit pour la négociation, soit pour la remise des fonds.

Eh bien, les découvertes qui ont été faites hier ont démontré, en effet, que les choses s'étaient passées entre d'autres personnes, que je n'ai pas besoin de nommer ; elles ont démontré en même temps que, comme l'a dit le général de Cubières, il n'a pris part, en aucune manière, dans cette première période, aux sacrifices faits pour la corruption, que l'accusation poursuit et veut faire punir.

C'est ici que vont commencer les tortures morales du général de Cubières, cette expiation bien dure et bien cruelle à laquelle il a été condamné depuis le mois de janvier 1842. Vous l'avez vu depuis cette époque constamment pressé entre Pellapra, qui veut rentrer dans les fonds qu'il dit avoir déboursés, et Parmentier, qui demande la restitution de son réméré, et dont les exigences vont sans cesse croissant et arrivent enfin jusqu'à la dernière limite de la fraude et du dol.

Ici l'avocat parle des exigences de Parmentier et des efforts tentés pour y satisfaire. M. de Cubières avait espéré être quitte moyennant le sacrifice de 55,000 fr.

Etait-ce tout ? continue Me Baroche ; non, on n'en a jamais fini avec un homme comme Parmentier.

C'est alors que cet individu a imaginé cette monstrueuse pensée de demander au général, sous peine de voir publier les lettres qu'il tenait suspendues depuis si longtemps sur sa tête, de demander au général, avec un sang-froid admirable, dans cette lettre que vous avez tous lue, de lui acheter, moyennant 2 millions de prix principal, et avec des accessoires qui ne s'élevaient pas à moins de 500,000 fr., quoi? sa part d'intérêt dans l'affaire de Gouhenans, dont il n'avait pas pu trouver 1,200,000 fr., dont on lui avait à peine proposé 1,100,000 fr., et il pousse cette ironie infernale jusqu'à dire au général que c'était une excellente affaire, puisqu'il lui proposait un placement à 15 et à 20 p. 0[0.

« Achetez-moi mes actions pour 2,500,000 fr., je vous accorderai des délais, vous ne me payerez que 1 million comptant ! » Il terminait ainsi : « Vous êtes libre de repousser mes propositions, mais je suis libre aussi de publier *un petit mémoire auquel je travaille déjà !* » Etrange liberté qu'il accordait là au général, ou de passer sous ses fourches caudines, ou bien de s'attendre à la publication de ces lettres, qu'il s'était efforcé de faire oublier depuis 1842.

Parmentier a fait quelque chose de plus. Repoussé par M. le général Cubières, il a eu le courage, non, il a eu l'audace d'écrire à Mme de Cubières une lettre qu'il a eu soin, dit-il, de lui envoyer par la poste pour qu'elle ne lui arrivât pas, et dans laquelle il donnait à la femme du général, à la mère de ses enfants, copie de cet infâme mémoire qu'il tenait prêt et qu'il ne voulait pas supprimer à moins de 2,500,000 fr.

Eh bien, que voulez-vous ! il y a dans les esprits les plus faibles je ne sais quelle réaction inconcevable. Puis d'ailleurs il y a une limite à tous les sacrifices humains. Cette fois, Parmentier n'a pas réussi. On ne lui a donné ni 2,500,000 fr., ni quoi que ce soit, et c'est alors que, je ne sais dans quelle hallucination haineuse, il a publié ces lettres, qui devaient être aussi fatales pour lui (je me trompe, elles ne peuvent pas lui être aussi fatales, il est des positions qui peuvent tout braver), mais qui devaient être si fatales pour celui qui était encore là hier (le défenseur montre la place de M. Teste), pour celui qui est là près de moi, et pour un autre qui a été obligé, comme le disait M. le procureur général, d'aller cacher ailleurs sa vieillesse, sur laquelle Parmentier a déversé le déshonneur.

Voilà, messieurs, comment le général de Cubières, de 1845 à 1846, a expié, par des peines bien cruelles, la faute qu'il avait commise un jour, faute commise par les suggestions de Parmentier lui-même, qui l'avait initié, en 1841, aux moyens de faire alliance avec un ministre, faute à laquelle il avait été poussé par un homme qui apparemment ne mesurait pas, lui non plus, la gravité des conseils qu'il donnait, faute dans laquelle avait donné tête baissée le général, comprenant sans doute qu'il agissait plutôt dans l'intérêt des autres que dans le sien, comprenant sans doute que, ne demandant rien que de juste, il n'y avait pas un crime à obtenir, au prix des sacrifices auxquels on était contraint, ce qu'on aurait dû obtenir gratuitement sans bourse délier.

Eh bien, maintenant, que Parmentier jouisse de son triomphe ! qu'il compte les victimes qu'il a faites ; mais, comme je l'ai dit en commençant, qu'il accepte pour lui tout seul la responsabilité de tous ces malheurs ; et qu'il me soit permis de répéter au général Cubières que, au moins à cet égard, il n'a rien à se reprocher, car il poussé jusqu'à la dernière limite les sacrifices qu'il était possible de faire dans son intérêt, dans l'intérêt de tous. Voilà, messieurs, le triste drame que je devais une dernière fois ou une fois de plus dérouler devant vous. (Marques d'approbation sur les siéges de la cour.)

C'est à vous maintenant de prononcer le dernier mot sur cette affaire, de dire si les paroles de M. le procureur général doivent être vérifiées, s'il faut que le général Cubières perde en un jour ce qu'il a mis quarante-cinq ans à acquérir; c'est à vous que je m'adresse, à vous tous, et à vous spécialement qui avez vu le général gagner ces titres qu'on veut lui enlever aujourd'hui, c'est à vous de dire si le général Cubières doit perdre tout cela !

Vous comprenez bien que je ne viens pas discuter devant vous la question de droit criminel, que je ne viens pas comparer, comme quelques auteurs l'ont fait, le texte de l'article 177 avec celui de l'article 179. Ce n'est pas ainsi que le général peut et doit être défendu. C'est à votre conscience, c'est à l'omnipotence de votre haute magistrature que je m'adresse. Je demande si, en examinant avec les lumières de la raison, avec les inspirations de la conscience, la culpabilité relative du corrupteur et du corrompu, il faut les placer sur la même ligne, si la même sévérité doit les atteindre.

Après quelques considérations générales sur la position relative du corrupteur et du corrompu, M. Baroche termine ainsi :

Ainsi le général Cubières n'est pas un corrupteur, n'est pas un agent de corruption. Ai-je besoin d'ajouter, ainsi que vous l'avez déjà trop bien entrevu dans le récit que vous avez bien voulu entendre, que si M. le général Cubières avait commis une faute (M. le procureur général a cherché à réfuter cette objection), il l'avait depuis longtemps bien expiée par cette torture morale bien plus grave qu'il subit depuis six mois, qu'il subit sur ce banc, sur lequel Parmentier l'a fait asseoir.

Est-ce que tout cela, messieurs, ne serait pas pour tout le monde une circonstance, je ne dirai pas, je ne veux pas dire atténuante, mais une expiation suffisante et complète pour tout le monde, presque pour Parmentier, et je ne crois pas pouvoir dire plus.

Mais de quoi s'agit-il donc devant vous? et sur quoi avez-vous à prononcer votre arrêt? Il m'est bien permis de le dire en terminant, car enfin si on demande si sévèrement compte à un homme d'une seule action mauvaise qu'il aura commise dans sa vie, il faut bien lui tenir compte aussi de bonnes et brillantes actions qu'il aura faites. Un si grand malheur était-il réservé à un soldat qui, jusqu'ici, n'avait rien à envier au plus brave, au plus honorable. Je ne vous apprendrai rien, messieurs, en vous disant en quelques mots cette vie du général de Cubières, vous le savez comme moi; sous-lieutenant à dix-sept ans; en 1804, il était nommé par l'empereur, à Leipsik, colonel; à vingt-cinq ans colonel et officier de la Légion d'honneur. Son sang a coulé pour le pays sur les champs de bataille d'Austerlitz, d'Eylau, d'Essling, de Waterloo.

En 1815, blessé à l'affaire des Quatre-Bras de onze coups de sabre, en enfonçant un carré, il recevait le soir, du 1er léger, qu'il avait l'honneur de commander alors, le témoignage unanime que ce colonel de vingt-cinq ans était le plus brave soldat du régiment. Blessé à l'affaire des Quatre-Bras, je crois, deux jours après, il reparaît à la bataille de Waterloo; la mort du maréchal Beaudron l'appelle au commandement d'une brigade, il la commande tout le jour, un bras en écharpe, à cause de ses blessures de la veille; il s'élance à la tête de son régiment, du 1er léger, à l'attaque d'une ferme crénelée, la ferme d'Hougoumont, qu'il avait reçu l'ordre d'enlever.

Il tombe avec trente des plus braves qui l'avaient suivi; il tombe sous son cheval, qui vient d'être tué sous lui. Le courage de ce jeune colonel, combattant ainsi blessé, a excité l'admiration des ennemis, et c'est un fait que l'histoire a constaté; quand ils pouvaient, au moment où il se dégageait de son cheval mort, le fusiller à bout portant, pleins d'admiration, ils ont retenu leurs armes; pas un seul coup de feu n'a été tiré, et le général, se relevant avec cette main qui n'était pas encore réduite à l'impuissance par la nouvelle blessure qu'il devait recevoir bientôt après, s'est éloigné en saluant les ennemis généreux qui avaient épargné son courage qui l'avait porté jusqu'au pied même de ces créneaux. (Profonde sensation.)

Voilà, messieurs, comment le général Cubières s'est conduit à Waterloo ; quoique blessé encore à l'épaule, il est resté le dernier sur le champ de bataille.

Voilà l'homme, voilà comment il a mérité ses titres et ses dignités qu'on veut lui ravir, voilà comment il a gagné ses épaulettes, voilà comment il a gagné ses grades, voilà comment il a mérité deux fois la confiance royale, voilà comment il a mérité l'insigne honneur de s'asseoir sur vos bancs.

Ah ! je le disais tout à l'heure, si l'on a droit de reprocher avec sévérité à un homme une seule mauvaise action commise dans tout le cours de sa vie, la justice veut qu'on n'oublie pas cette longue carrière d'honneur et de courage, la justice veut qu'un seul jour d'erreur et de faiblesse n'anéantisse pas, ne fasse pas perdre le bénéfice de tout ce glorieux passé.

Je crois donc que si le général Cubières a commis une faute, il faut le reconnaître, cette faute a été bien cruellement expiée et bien rudement punie jusqu'ici; qu'ensuite cette faute doit disparaître en présence d'une vie pure de soixante années, en présence de quarante-cinq années de services (il est entré au service de son pays à dix-sept ans), et il lui a consacré toute sa vie. En présence de ces faits, qu'il était du devoir de son défenseur de faire valoir devant vous, je ne voudrais pas, messieurs, qu'une illustration de notre armée pérît en un seul jour, et qu'elle pérît des mains d'une chambre aussi éclairée, aussi amie du pays, aussi admiratrice des belles actions, d'une chambre qui compte parmi ses membres tous ceux qui, dans les différentes carrières où on sert l'Etat, se sont illustrés par de grands et loyaux services.

Voilà, messieurs, ce que j'avais à dire pour le général de Cubières. Il me semble, d'après cela, que craindre une condamnation contre lui, ce serait douter de votre justice, ce serait faire une injure aux nobles sentiments qui vous animent. Ce n'est pas pour rien que la haute cour des pairs a été instituée, que cette justice, qui n'a pas d'autre règle et d'autre limite que la raison de ceux qui la rendent, a été établie. Il vous appartient, messieurs, d'apprécier au point de vue de la conscience, de l'équité et de la raison, les actes de ceux qui vous sont déférés; vous n'êtes pas, comme un tribunal ordinaire, enfermés dans la lettre de la loi; vous avez une haute indépendance, c'est pour cela que vous êtes la première cour de justice du royaume; vous avez une haute indépendance, c'est à cette indépendance que je fais un appel, et je crois maintenant pouvoir remettre avec toute espèce de sécurité dans vos mains l'honneur du général de Cubières, l'honneur de toute sa famille.

M. LE CHANCELIER. — La parole est aux défenseurs de M. Teste.

Me DEHAUT. — Messieurs, l'infortuné dont la place reste vide devant vous aurait voulu en appeler immédiatement à la justice divine et épargner à la cour la triste mission qui lui reste à remplir. Mais le sort ou la Providence le condamne à la justice humaine.

Il a voulu que ce fût moi qui vinsse, comme pour lui rendre les derniers devoirs, apporter devant vous les seules paroles qui pussent trouver place ici au lieu d'une défense impossible. Vous pardonnerez, messieurs, à l'émotion avec laquelle j'accomplis ce mandat ; c'est un acte de reconnaissance pour celui qui, dans des jours meilleurs, a guidé au barreau mes premiers pas, et a couvert ma jeunesse d'un patronage que nulle circonstance n'a le droit de faire oublier.

Je viens donc vous le dire, la plus grande douleur qui, au milieu des angoisses qui déchirent son cœur, ne peut être acceptée par lui, c'est l'étrange fatalité qui, en révélant devant vous une faute unique et exclusivement personnelle, a mêlé dans cette triste affaire le nom de son fils innocent, de son fils qui a tout ignoré, de son fils pour lequel le moindre soupçon d'une complicité morale serait la plus affreuse injustice, de son fils dont l'attitude, pendant tous ces débats, n'a certainement laissé personne sans émotion. C'est la préoccupation constante qui, au milieu des circonstances solennelles qu'il vient de traverser, s'échappe constamment de sa bouche, et que je voudrais faire retentir ici avec cette énergie qu'il savait donner à ses paroles.

Voilà, messieurs, la seule chose qu'il m'ait chargé de vous dire ; mais si, dans sa résignation, il s'oublie lui-même, vous qui êtes ses juges, vous n'oublierez pas de lui tenir compte de ses longues et inexplicables angoisses ; vous n'oublierez pas cette incontestable vérité, que, s'il a eu l'incroyable faiblesse d'accepter une rémunération volontairement offerte par un tentateur infernal, du moins il n'a rien accordé qu'on ne fût en droit d'exiger de la justice la plus rigoureuse.

Enfin, en vous retraçant les tristes incidents qui, à l'ouverture de cette audience, si je ne me trompe, ont ému tous vos cœurs, vous n'oublierez pas cette parole de Bossuet : « Que la miséricorde est une partie intégrante de la justice ! » (Sensation.)

Après une suspension qui a duré près de trois quarts d'heure, la séance est reprise.

M. LE CHANCELIER. — La parole est au défenseur de Parmentier.

Me BENOIT-CHAMPY commence ainsi :

Messieurs les pairs, un avocat, dont le caractère est aussi noble que le talent est élevé, Me Berryer, devait présenter devant vous la défense de M. Parmentier. L'état de sa santé ne lui a pas permis d'accepter cette tâche, il a bien voulu me la confier ; en me résignant à cette triste et périlleuse mission, j'en ai compris toutes les difficultés... hélas ! je n'en avais pas pressenti les cruels et douloureux épisodes !

Un seul espoir a soutenu mon courage. Si peu digne que je fusse de ce témoignage d'estime, j'ai pensé qu'il me serait possible de le justifier au moins par l'honorabilité des sentiments et la dignité de la défense.

Je viens donc remplir ce devoir, et pour rester fidèle aux obligations qu'il m'impose, voici les premières paroles que je dois prononcer :

Le défenseur du général Cubières n'a épargné à M. Parmentier ni les humiliations ni les outrages ; peut-être eût-il été plus généreux de se montrer plus réservé envers un accusé ; eh bien, ces humiliations, ces outrages, je les excuse. Il y a des douleurs que je comprends, il y a des ressentiments que je dois pardonner. J'ajoute que le défenseur de M. Parmentier repousse bien loin de lui la pensée d'un délit infamant, qui a plané sur la tête du général Cubières, et qu'il est heureux dans les explications qu'il doit vous soumettre, d'écarter complétement des débats ce triste incident. Et maintenant qu'il s'agit d'examiner la part de culpabilité que l'accusation impute à M. Parmentier, dans le crime qui vous est déféré, j'ai besoin de toute votre indulgence, de toute votre attention pour entendre et apprécier les justifications que je dois vous soumettre. (Parlez ! parlez !)

L'accusation a été brève à l'égard de Parmentier ; elle se borne à vous dire : le système de Parmentier est impossible, invraisemblable. C'est là ce qu'il faut examiner.

Que dit Parmentier ? Une somme d'argent a été demandée à la société de Gouhenans. A qui devait-elle être remise ? A un fonctionnaire public dont le crédit devait assurer la concession. Cet argent a-t-il eu cette destination ? Nous le savons aujourd'hui, nous en avons acquis la triste preuve : mais cela était-il hors de doute pour l'accusé jusqu'à cette dernière phase de l'affaire, et s'il a pu rester un doute dans son esprit, diriez-vous encore que son système est impossible, invraisemblable, et le condamnerez-vous ?

Je me sépare sur un point du défenseur du général Cubières.

Sans doute votre omnipotence est fort étendue, mais elle a ses limites. Je parle, non pas devant une chambre, mais devant une cour de justice. Vous n'êtes pas législateurs ici, vous êtes juges, chargés d'appliquer les lois. Vous oublierez donc les injures, les humiliations, et moi, fidèle à la défense comme un soldat à son drapeau, je vous dirai : Cour criminelle, résistez à ces rumeurs du dehors ; ne laissez pas votre justice céder à des préventions ; vous ne verrez que les faits et ne prononcerez que suivant votre conviction.

Après cet exorde, le défenseur entre dans l'examen des faits. Il cherche à démontrer que la compagnie avait un droit incontestable à la concession de la mine de sel gemme ; il invoque sur ce point les témoignages de M. Mazères, préfet alors de la Haute-Saône, et d'autres témoins entendus par la cour ; que si jusqu'en 1842 une corruption a été combinée, elle ne l'a pas été et n'a pu l'être par Parmentier. On lui disait qu'il était le principal intéressé dans l'affaire : on lui faisait entrevoir la possibilité de voir couronner tous les sacrifices que l'entreprise lui avait déjà coûtés, et dans une lettre fatale on lui affirme qu'un dernier sacrifice est nécessaire ; Parmentier a cédé, il a consenti au sacrifice.

Le moyen de suffire aux exigences imposées n'émane pas de Parmentier, ce n'est pas lui qui a conçu l'idée de transformer les cent actions primitives de la société en cinq cent vingt-cinq nouvelles actions. Cette idée est venue ou au général de Cubières ou à Pellapra. La preuve se trouve dans le silence que Parmentier a gardé lorsqu'il a reçu lettre du général de Cubières lui communiquant ce projet. Parmentier n'a jamais cru à la corruption; c'est à l'accusation à prouver par ses actes, par ses démarches, que Parmentier en a imposé à la justice sur ce point, de prouver que Parmentier a toujours cru à la corruption. Rien ne prouve que Parmentier ait jamais été convaincu que les vingt-cinq actions nouvellement créées devaient parvenir, à titre de rémunération, entre les mains d'un homme haut placé, dans une position opulente. Malheureusement, un déplorable incident est venu prouver que la corruption a existé, mais Parmentier n'y a point participé.

Le défenseur s'attache à démontrer qu'en effet M. Parmentier a pu penser que la rémunération exigée devait rester entre les mains de l'intermédiaire, qui avait le triste courage de vendre ses services, et il cherche en vain dans les écrits, les démarches, les paroles de Parmentier, la preuve qu'il ait jamais su de quelle corruption il s'agissait.

En terminant, Me Adrien Benoît appelle l'indulgence de la cour sur son client, moins encore pour lui-même qu'en faveur de celui qui, par piété filiale, est venu depuis l'ouverture de ces tristes débats s'asseoir chaque jour à côté de son père.

(Les regards se portent sur le jeune Parmentier, qui n'a pas quitté un seul instant son père pendant ces longs débats.)

M. LE CHANCELIER. — Parmentier, vous désirez prendre la parole?

L'accusé se lève, mais se rasseoit en voyant que M. le procureur général se dispose à répliquer.

M. LE CHANCELIER. — La parole est à M. le procureur général pour la réplique.

M. DELANGLE, procureur général :

Messieurs les pairs,

Je ne voudrais pas prolonger ce débat, mais je croirais manquer à mon premier devoir, si je ne protestais pas au nom de la loi, au nom de la morale publique, au nom de l'intérêt même de mon pays, contre les espérances que n'a pas craint de manifester le défenseur du général Cubières. J'aurais compris qu'en son nom on essayât, non pas de désarmer complétement votre justice, mais d'affaiblir ses coups. Mais demander un acquittement au nom du général Cubières, j'avoue que mon étonnement a été tel, en entendant ces mots, que je ne pouvais en croire mes oreilles. Eh quoi! une audacieuse corruption a été commise, elle est aujourd'hui avouée, vous en connaissez tous les détails, et quand la conscience publique a protesté, quand l'honneur français a failli être compromis, on demande un acquittement! J'ose dire qu'en pareil cas, il serait impossible de voir un scandale plus grand.

Et au nom de qui vient-on vous demander cet acquittement? Eh quoi! c'est un général, un pair de France, un ancien ministre du roi, un homme qui s'est rendu compte des actes qu'il commettait, qui a su ce qu'il voulait, ce qu'il faisait, c'est cet homme-là qu'on vous présente comme digne d'indulgence et au nom duquel on ose demander un acquittement! Que diriez-vous à un homme des degrés inférieurs de la société qui se serait rendu coupable des crimes que nous reprochons au général Cubières? Non! non! le pays tout entier demande compte au général des émotions douloureuses que lui ont causées ces honteux débats.

Est-il donc besoin, pour repousser la prétention du défenseur du gé néral Cubières, d'examiner les motifs sur lesquels il a espéré établir la nécessité de l'indulgence qu'il sollicite?

On a dit que ce n'était pas le général qui avait eu la première pensée de la corruption. Je condamne, pour toute réponse, le général Cubières à relire ses lettres du 14 janvier 1842, du 25 janvier, du 5 février! Sa lettre du 14 janvier, surtout, où il dit :

« Il serait puéril de compter sur notre droit; le gouvernement est dans des mains avides et corrompues! »

Qu'il relise ses autres lettres, et il n'aura pas le courage de répéter ce qu'a dit son défenseur. Non, ce n'est pas de Parmentier qu'est venue la première idée de corruption; Parmentier, lui, en 1841, avait eu une idée semblable, quand il avait proposé une alliance avec l'ancien ministre des finances, M. Humann; mais cette idée, il l'avait bientôt abandonnée. En 1842, l'initiative a été prise par le général Cubières; c'est lui qui presse la réunion des actionnaires auxquels on doit proposer la corruption; c'est lui qui est dépositaire des fonds destinés à la corruption.

Enfin c'est lui qu'on voit pressant tout le monde, talonnant le ministre, comme il l'a dit lui-même; qu'on ne parle donc pas d'atténuation en sa faveur; la pensée originelle de la corruption est venue de lui, et c'est lui qui en a pressé l'exécution.

A ce premier tort il en a joint un autre, c'est le silence qu'il a gardé dès l'origine de ce procès; et lorsqu'il a été interrogé à cette audience même, son défenseur a dit qu'il avait été victime d'un faux point d'honneur qui ne lui permettait pas de se faire le dénonciateur de ses coaccusés. Non, non! s'il a parlé, on ne doit pas lui en faire un mérite, c'est quand il s'est trouvé en face d'une accusation d'escroquerie; c'est qu'aux yeux de ses anciens frères d'armes, il ne pouvait pas rester plus longtemps sous le coup d'une pareille imputation. Il a fallu lui arracher la vérité.

On a parlé encore des tortures qu'il avait éprouvées pendant ces longs débats : oui, il a éprouvé des tortures, nous le concevons sans peine; mais ces tortures sont le cortége obligé des mauvaises actions de la nature de celles qu'il a commise. Est-ce à dire pour cela qu'il ait suffisamment payé sa dette à la société pour l'exemple fatal qu'il lui a donné? Le mal de sa conduite est-il donc réparé par les douleurs de sa position actuelle? et parce qu'il se sera soumis à des exigences abominables, faudra-t-il lui faire grâce? faudra-t-il l'exonérer complétement? Non! non! il a mérité les tortures qu'il a subies à l'avance; c'est la juste punition de son crime. Il a manqué à l'honneur, lui ministre honoré de la confiance du roi, lui général, lui pair de France, lui placé dans une situation qui commande le respect; il a porté à son pays le plus grand dommage par sa conduite.

Il ne faut pas qu'une pareille conduite puisse jouir du bénéfice de l'impunité. Le sort du général de Cubières ne peut pas être séparé de celui du principal de ses complices. Ils ont été associés pour le crime, il faut qu'ils soient encore associés dans sa répression!

Comment peut-on donc supposer que le général puisse un jour remettre le pied dans cette enceinte! A-t-on songé que s'il se présentait un jour un procès de la nature de celui qui a si douloureusement impressionné vos esprits, le général de Cubières siégerait au nombre des juges! qu'il pourrait discuter un fait de corruption? Non, cela n'est pas possible!

Est-ce que vous infligeriez à l'armée la présence d'un chef sur la tête duquel on a appelé les vengeances de la loi? Non, messieurs, vous ne le voudrez pas pour l'honneur de la loi.

Il y a chez nous un principe au salut duquel est attaché le salut de la société, c'est celui d'une égalité absolue devant la loi. Aux yeux de la loi tous les accusés ont concouru au même but, tous doivent être frappés des mêmes peines. Il n'y a pas plus de motifs d'atténuation de peine dans la conduite du général Cubières que dans celle de ses coaccusés.

Le crime est énorme, il est immense; ils ont causé à leur pays un tort considérable, il faut qu'ils soient tous punis; et quand on entend dire de tous les côtés que les croyances s'affaiblissent, que l'honneur français va se perdant de jour en jour, que le culte des intérêts matériels s'en va envahissant toutes les consciences, il faut que les juges soient impitoyables. La culpabilité de tous les accusés est la même, il faut que les peines soient égales.

Quant à M. Parmentier, son défenseur a essayé de vous prouver qu'il n'avait pas cru à la corruption. En vérité, messieurs les pairs, ce serait abuser de votre temps que de le perdre à la réfutation d'un tel moyen.

Prenez ses lettres, vous serez convaincus! Il les conteste, soit. Alors, prenez ses actes : c'est lui qui réunit les actionnaires pour leur soumettre les projets de la corruption : c'est lui qui les décide à faire les fonds de la corruption, et quand la somme se trouve insuffisante, il l'augmente de ses ressources personnelles. Les mandataires de la corruption, vous les voyez là. Ce sont Parmentier et le général de Cubières. Partout vous voyez Parmentier. C'est lui qui réalise les moyens de corrompre, et qui les donne à son complice.

Sans doute, quand la concession a été obtenue, Parmentier s'est repenti des sacrifices qu'il avait faits; il a voulu ressaisir les sommes qu'il avait avancées, et ce n'est que par une série d'actions détestables qu'il est arrivé à ce résultat; mais est-ce que vous voudrez lui tenir compte de ce repentir, et le récompenser de ces actes détestables? Non, messieurs, il n'a aucun droit à votre intérêt.

Voici donc ce procès réduit à la plus simple appréciation. Nous sommes arrivés, dans cette enceinte, avec des conjectures graves, avec des présomptions d'une telle nature, qu'elles nous conduisaient à la conviction de la culpabilité; chaque jour la vérité a fait un pas, et elle est enfin arrivée à ce point que vous avez vu apparaître une quittance du fonctionnaire prévaricateur!

La vérité aujourd'hui est éclatante : je demande, dans l'intérêt du pays, que la peine à appliquer soit éclatante comme la vérité!

Me Baroche. — M. le procureur général a été sévère, permettez-moi de le dire : il a été injuste envers le général de Cubières. Ce serait pour vous, a-t-il dit, un scandale que l'acquittement que je sollicite. J'ai la ferme conviction que mes paroles ne vous ont pas paru un scandale. A mon tour, je m'étonne que devant une cour de justice, quand l'arrêt à rendre n'est pas plus connu de M. le procureur général que de moi, on ait osé dire que la décision, telle qu'on la suppose, pourrait être un scandale.

C'est une témérité de la part du ministère public, et j'espère que vous ne croirez pas vos consciences enchaînées par ses paroles. Quel que soit l'arrêt que vous rendiez, ce sera la décision d'hommes éclairés et indépendants, et personne n'aura la pensée d'y voir un scandale; un arrêt signé de ces noms que nous entendons au commencement de chacune de ces audiences ne scandalisera personne. Permettez-moi de relever l'indépendance de la cour, que l'on semble menacer de l'opinion du pays, et permettez-moi de croire que l'acquittement que je sollicite de vous sera accueilli par l'opinion publique comme un acte de justice.

Laissons donc de côté les mots et toute cette sévérité de paroles qui ne vous trompera pas; allons au fond. Quand on accuse, il faut prouver, et c'est ce qu'on n'a pas fait.

J'ai examiné si la première pensée de la corruption était venue au général de Cubières. Pour décider cette question, vous vous demanderez s'il a cédé à ses propres inspirations, ou s'il n'a pas plutôt obéi à des suggestions étrangères.

Ici Me Baroche discute rapidement les principaux faits de l'instruction, puis il continue ainsi : j'ai parlé des tortures qu'avait subies le général. Est-il rien de plus pénible, en effet, que ce débat public qui dure depuis huit jours, qui depuis huit jours le tient cloué sur ce banc, sous le coup des réquisitions de M. le procureur général? N'est-ce pas là payer suffisamment sa dette d'expiation à la société? Oh! messieurs, inventez tel crime que vous voudrez, et à côté du crime mettez la peine qu'a subie le général, et vous le trouverez plus puni qu'il ne pourrait l'être par la peine que le ministère public invoque contre lui.

Mais M. le procureur général n'attend pas votre arrêt : de sa propre autorité, il prononce que le général a manqué à l'honneur, il prononce une peine qu'il n'avait que le droit de requérir. Je ne puis croire que la cour prononce que le général a manqué à l'honneur, et je vous supplie d'interroger vos consciences, comme j'ai interrogé la mienne : elles vous feront les mêmes réponses.

M. le procureur général dit qu'il est impossible que l'armée conserve dans ses rangs le général Cubières. J'ai, moi, la ferme conviction que le général de Cubières trouvera encore un asile dans les rangs de ses anciens amis, et qu'il ne sera pas repoussé par ceux qui l'ont vu, depuis 1804, combattre à leur côté et verser son sang sur les champs de bataille.

Ah! messieurs, ne proclamez pas ce système d'infaillibilité qu'on vous propose! Ne soyons pas si sévères pour celui qui a eu le malheur de succomber une fois, et, à côté d'un jour de faiblesse, ne refusons pas de placer les années de courage et de vertu!

Vous voulez l'égalité devant la loi, je la veux comme vous, et ce que je dis ici pour le général de Cubières, je le dirais pour le plus humble des accusés; je le dirais si je défendais un de ces propriétaires accusés d'avoir fait une promesse de rémunération à un employé de la préfecture, pour obtenir plus tôt une chose à laquelle il aurait des droits incontestables.

Enfin, j'examinerais sa vie, je m'interrogerais moi-même, et je me demanderais s'il n'y a pas une différence entre le corrupteur et le corrompu; une différence entre celui qui se laisse entraîner à proposer la corruption, celui qui la subit pour ne pas laisser périr son bon droit, et celui qui accepte le salaire de la corruption.

Enfin, messieurs, nous sommes hommes, nous serons jugés par des hommes qui sauront faire la part de la faiblesse humaine, et accepter en compensation d'un instant d'erreur soixante années d'une vie irréprochable. Je demande qu'on traite le général comme dans un procès célèbre, auquel j'ai fait allusion, on a traité le propriétaire qui avait cru devoir promettre une rémunération : il ne fut pas même mis en jugement, et ne comparut au procès que comme témoin.

Il y a une autre égalité devant la loi que celle dont parle M. le procureur général. Il demande qu'on enveloppe tous les accusés dans un même sort : je ne veux parler que de ceux qui sont ici. On comprendra le sentiment qui m'interdit de parler de ceux qui sont absents de cette enceinte. Comment ! M. le procureur général voudrait que l'on punît de la même peine le général Cubières et Parmentier ! Mettre ces deux hommes sur la même ligne, est-ce que ce serait de la justice ! Le général Cubières, dont le défenseur a le droit de parler haut, et Parmentier ! Vous avez entendu son défenseur !.... Certes il est impossible de présenter ses moyens avec plus d'habileté, et surtout une convenance plus parfaite ! Mais, vous l'avez vu, obligé de mettre de côté certains faits comme un bagage trop lourd et dont il ne voulait pas se charger.

Il n'est pas possible de faire à ces deux hommes la même part.

Voilà, messieurs, les courtes réflexions que j'ai voulu vous soumettre en réponse à celles de M. le procureur général. Je suis profondément affligé d'avoir entendu condamner à l'avance le général Cubières avant un arrêt qui, j'en ai la confiance, sera tout autre qu'on ne le sollicite.

Vous avez dans vos mains non-seulement le sort du général, mais celui d'une famille tout entière. On vous demande de les faire décheoir de la position éminente qu'ils occupent ; ma conscience se révolte à cette idée, et je ne puis admettre un seul instant que votre arrêt soit celui qu'a provoqué M. le procureur général.

M. LE CHANCELIER. — La parole est au défenseur de Parmentier.

Me BENOÎT CHAMPY. — Je renonce à la réplique.

M. Parmentier se lève pour prendre la parole.

M. LE CHANCELIER. — Parmentier veut-il prendre la parole ?

L'accusé qui s'était d'abord levé se rasseoit ; un grand nombre de pairs lui crient : Parlez ! parlez ! Il se décide, se lève et prononce les paroles suivantes :

Le premier besoin que j'éprouve est celui de déclarer que personne n'est plus sincèrement, plus profondément affligé que moi des suites funestes et tout à fait imprévues qu'a produites la publicité des lettres que j'ai imprimées.

J'éprouve un autre besoin, c'est celui de protester avec toute l'énergie de ma conscience contre les imputations qui ont été dirigées contre moi par l'accusation et par M. de Cubières. Non, je ne suis point l'homme que l'on a dépeint surtout d'après les dépositions de témoins passionnés. Non, ce n'est point une basse cupidité qui a été le mobile de ma conduite contre le général de Cubières. J'ai été entraîné invinciblement à croire que M. de Cubières avait voulu me tromper : c'est sous l'empire de cette idée, qu'aujourd'hui je suis forcé de reconnaître erronée, que je me suis livré aux actes qui m'ont été reprochés.

Ces vérités ne tarderont pas à se faire jour, et j'ose espérer que vous serez les premiers à le reconnaître.

M. LE PROCUREUR GÉNÉRAL DELANGLE. — Nous requérons, au nom du roi :

« Attendu qu'il n'existe pas de preuves contre Amédée-Louis Despans-Cubières du délit d'escroquerie qui lui était imputé, le renvoyer de l'accusation sur ce chef ;

« Attendu qu'il résulte de l'instruction et des débats que ledit Despans-Cubières et Marie-Nicolas Philippe-Auguste Parmentier sont coupables d'avoir, en 1842, corrompu, par offres, dons et présents, le ministre des travaux publics pour obtenir la concession d'une mine de sel gemme située dans le département de la Haute-Saône.

« Attendu qu'il résulte de la même instruction et des débats la preuve que Jean-Baptiste Teste s'est rendu coupable, à la même époque, étant ministre des travaux publics, d'avoir agréé des offres et reçu des dons et présents, pour faire un acte de ses fonctions non sujet à salaire ;

« Crimes prévus par les art. 177, 179, 54 et 55 du Code pénal ;

« Il plaise à la cour :

« Déclarer les sieurs Despans-Cubières, Parmentier et Teste, coupables desdits crimes, et leur faire application desdits art. 177, 179, 54 et 55 du Code pénal.

« Signé DELANGLE,

« Procureur général du roi. »

M. LE CHANCELIER. — M. de Cubières a-t-il quelque chose à ajouter à sa défense ?

M. DE CUBIÈRES. — Je n'ai plus rien à dire après la plaidoirie de mon habile défenseur.

M. LE CHANCELIER. — Les défenseurs de M. Teste ont-ils quelque chose à ajouter ?

MM^es Paillet et Dehaut s'inclinent en faisant un geste négatif.

M. Parmentier déclare également n'avoir plus rien à dire pour sa défense.

M. LE CHANCELIER. — Je déclare les débats clos et l'audience continuée au jour qui sera ultérieurement indiqué pour prononcer l'arrêt.

Je préviens MM. les pairs que la cour se réunira demain à midi précis dans la chambre du conseil pour commencer la délibération.

L'audience est levée à cinq heures et un quart, au milieu d'une vive agitation.

6e *Audience. — 17 juillet.*

Après trois jours de délibération, aujourd'hui, à cinq heures moins un quart les portes de la salle ont été ouvertes au public.

M. le procureur général Delangle, assisté de M. Glandaz, avocat général, est venu prendre place au parquet.

Mes Baroche, Paillet et Adrien-Benoît Champy, étaient au banc des défenseurs.

M. le chancelier Pasquier a fait procéder, par le greffier en chef M. Cauchy, qu'assistait M. de la Chauvinière, greffier en chef adjoint, à l'appel nominal, qui a constaté la présence de cent quatre-vingt-cinq pairs.

M. le chancelier Pasquier a ensuite donné lecture de l'arrêt dont voici le texte :

« La cour des pairs,

« Vu l'arrêt du 26 juin dernier, ensemble l'acte d'accusation dressé en conséquence contre :

« Amédée-Louis Despans-Cubières, pair de France ;

« Marie-Nicolas-Philippe-Auguste Parmentier ;

« Jean-Baptiste Teste ;

« Ouï les témoins en leurs dépositions et confrontations avec les accusés ;

« Vu l'ordonnance de M. le chancelier de France, président de la cour, en date du 12 juillet, présent mois, rendue en exécution de l'article 9 de la loi du 9 septembre 1835, et portant que nonobstant le refus fait par Jean-Baptiste Teste de comparaître à l'audience, il sera passé outre aux débats ;

« Vu les sommations et procès-verbaux constatant qu'à l'égard de cet accusé il a été satisfait aux prescriptions des articles 8 et 9 de ladite loi du 9 septembre 1835 ;

« Ouï le procureur général du roi en ses dires et réquisitions, lesquelles réquisitions, par lui déposées sur le bureau de la cour, sont ainsi conçues :

RÉQUISITOIRE.

« Nous procureur général du roi près la cour des pairs,

« Attendu qu'il n'existe pas de preuves contre Amédée-Louis Despans-Cubières,

« D'avoir commis un délit d'escroquerie ou de tentatives d'escroquerie ;

« Requérons qu'il plaise à la cour le renvoyer de l'accusation sur ce chef.

« Mais attendu qu'il résulte de l'instruction et des débats la preuve que Amédée-Louis Despans-Cubières, Marie-Nicolas-Philippe-Auguste Parmentier, sont coupables d'avoir, en 1842, corrompu par offres, dons et présents, le ministre des travaux publics pour obtenir la concession d'une mine de sel gemme située dans le département de la Haute-Saône ;

« Que Jean-Baptiste Teste est coupable d'avoir, à la même époque, étant ministre des travaux publics, agréé des offres et reçu des dons et présents pour faire un acte de ses fonctions non sujet à salaire ;

« Que les crimes ci-dessus spécifiés et qualifiés sont prévus et punis par l'article 177, 179, 54 et 55 du Code pénal ;

« Requérons qu'il plaise à la cour,

« Déclarer Amédée-Louis Despans-Cubières, Marie-Nicolas-Philippe-Auguste Parmentier, Jean-Baptiste Teste, coupables desdits crimes, et leur faire application des peines prononcées par les articles cités

« Fait au parquet de la cour des pairs, le 15 juillet 1847.

« Le procureur général du roi,

« DELANGLE. »

« Après avoir entendu 1° Jean-Baptiste Teste, en personne, et par Me Paillet, son défenseur, aux audiences des 8, 9, 10 et 12 juillet, et Me Dehaut, en ses observations, pour le même accusé, à l'audience du 15 juillet; 2° Amédée-Louis Despans-Cubières, et Me Baroche, son défenseur; 3° Marie-Nicolas-Philippe-Auguste Parmentier, et Me Benoît-Champy, son défenseur;

« Et après en avoir délibéré dans les séances des 14, 15 16 et 17 de ce mois;

« En ce qui concerne le délit d'escroquerie et de tentative d'escroquerie :

« Attendu qu'il ne résulte des débats aucune preuve contre Amédée Despans-Cubières d'avoir commis le délit d'escroquerie ou de tentative d'escroquerie;

« Déclare Amédée-Louis Despans-Cubières acquitté de l'accusation portée contre lui sur le chef d'escroquerie ou de tentative d'escroquerie;

« En ce qui concerne le crime de corruption :

« Attendu que Jean-Baptiste Teste est convaincu d'avoir, en 1842 et 1843, étant ministre des travaux publics, agréé des offres et reçu des dons et présents pour faire un acte de ses fonctions non sujet à salaire;

« Attendu que Amédée-Louis Despans Cubières et Marie-Nicolas-Philippe-Auguste Parmentier,

« Sont convaincus d'avoir en 1842 et 1843 corrompu par offres, dons et présents le ministre des travaux publics, pour obtenir la concession d'une mine de sel gemme située dans le département de la Haute-Saône;

« Déclare Jean-Baptiste Teste coupable d'avoir en 1842 et 1843, étant ministre des travaux publics, agréé des offres et reçu des dons et présents pour faire un acte de sa fonction non sujet à salaire;

« Déclare Amédée-Louis Despans Cubières, Marie-Nicolas-Philippe-Auguste Parmentier coupables d'avoir, à la même époque, corrompu par offres, dons et présents le ministre des travaux publics, pour obtenir la concession d'une mine de sel gemme située dans le département de la Haute-Saône;

« Crimes prévus par les art. 177 et 179 du Code pénal;

« Vu les articles 34, 35, 52, 55, 56 et 180 du Code pénal,

« Déclare, aux termes de la loi, confisquée, au profit des hospices du lieu où la corruption a été commise, la somme de 94,000 fr. livrée à Jean-Baptiste Teste pour consommer la corruption;

« Condamne en conséquence et par corps ledit Jean-Baptiste Teste à verser ladite somme dans la caisse des hospices de la ville de Paris;

« Condamne Jean-Baptiste Teste à la peine de la dégradation civique, à 94,000 fr. d'amende et à trois années d'emprisonnement;

« Condamne Amédée-Louis Despans-Cubières à la peine de la dégradation civique, et à 10,000 fr. d'amende;

« Condamne Marie-Nicolas-Philippe-Auguste Parmentier à la peine de la dégradation civique, et à 10,000 fr. d'amende;

« Ordonne que chacun desdits condamnés sera tenu personnellement et sans solidarité des condamnations pécuniaires qui précèdent;

« Condamne:

« Jean-Baptiste Teste,

« Amédée-Louis Despans-Cubières,

« Marie-Nicolas-Philippe-Auguste Parmentier,

« Solidairement et aux frais du procès, desquels frais la liquidation sera faite conformément à la loi, tant pour la portion qui doit être supportée par les condamnés que pour celle qui doit demeurer à la charge de l'Etat;

« Fixe à cinq ans la durée de la contrainte par corps qui pourra être exercée à raison des condamnations pécuniaires prononcées par le présent arrêt;

« Ordonne que le présent arrêt sera exécuté à la diligence du procureur général du roi, imprimé, publié et affiché partout où besoin sera, et qu'il sera lu et notifié aux condamnés par le greffier en chef de la cour.

« Fait et délibéré à Paris, le 17 juillet 1847, en la chambre du conseil. (Suivent les noms des pairs déjà indiqués pages 75 et 80.)

L'audience est le public se retire en silence.

Immédiatement après l'audience, M. Eugène Cauchy, greffier en chef, s'est transporté à la prison du petit Luxembourg, et il a donné aux trois condamnés lecture de l'arrêt qu'on vient de lire.

On assure que M. Pellapra doit se présenter devant la cour des pairs pour être jugé contradictoirement.

PARIS. — TYPOGRAPHIE DE SCHNEIDER, RUE D'ERFURTH, 1.

www.ingramcontent.com/pod-product-compliance
Ingram Content Group UK Ltd.
Pitfield, Milton Keynes, MK11 3LW, UK
UKHW020244180726
13839UKWH00001B/167